CHEFS-D'OEUVRE

DE

LORD BYRON

TRADUITS EN VERS FRANÇAIS

PAR

A. REGNAULT

BIBLIOTHÉCAIRE ET ARCHIVISTE HONORAIRE DU CONSEIL D'ÉTAT
MEMBRE DE L'ACADÉMIE DE LYON

AUTEUR D'UNE HISTOIRE DU CONSEIL D'ÉTAT
D'UN VOYAGE EN ORIENT (GRÈCE, TURQUIE, ÉGYPTE)
ET DE NOTICES HISTORIQUES SUR MOSCOU ET SAINT-PÉTERSBOURG

—

TOME PREMIER

PARIS

AMYOT, LIBRAIRE-ÉDITEUR
8, RUE DE LA PAIX, 8

ET A LA LIBRAIRIE GALIGNANI
224, RUE DE RIVOLI, 224

—

1874

CHEFS-D'ŒUVRE

DE

LORD BYRON

I

PARIS. — IMPRIMERIE ARNOUS DE RIVIÈRE ET Cⁱᵉ,

26, RUE RACINE, 26.

CHEFS-D'ŒUVRE

DE

LORD BYRON

TRADUITS EN VERS FRANÇAIS

PAR

A. REGNAULT

BIBLIOTHÉCAIRE ET ARCHIVISTE HONORAIRE DU CONSEIL D'ÉTAT
MEMBRE DE L'ACADÉMIE DE LYON

AUTEUR D'UNE HISTOIRE DU CONSEIL D'ÉTAT
D'UN VOYAGE EN ORIENT (GRÈCE, TURQUIE, ÉGYPTE)
ET DE NOTICES HISTORIQUES SUR MOSCOU ET SAINT-PÉTERSBOURG

—

TOME PREMIER
—

PARIS

AMYOT, LIBRAIRE-ÉDITEUR

8, RUE DE LA PAIX, 8

ET A LA LIBRAIRIE GALIGNANI

224, RUE DE RIVOLI, 224

—

1874

Tous droits réservés

A M. F. G. EICHHOFF,

CORRESPONDANT DE L'INSTITUT.

Je ne veux pas faire ici une épître dédicatoire, ni vous infliger un éloge exagéré. Mais, c'est un devoir comme un bonheur pour moi, d'offrir cette traduction, fruit de longues études, à l'un de nos premiers philologues, à l'érudit actif, consciencieux, éloquent, dont je m'honore d'être l'ami ; hommage qui sera approuvé de tous ceux qui ont pu connaître son esprit et son cœur.

A. REGNAULT.

PRÉFACE

La traduction n'est pas seulement le calque plus ou moins exact, le reflet plus ou moins fidèle de la composition. Elle doit, dans la transformation, savoir s'en écarter quelquefois pour lui donner la couleur locale et la vie de la langue nouvelle dans laquelle le texte va passer. En un mot, elle doit cesser de paraître une copie, s'identifier, pour ainsi dire, avec l'œuvre elle-même et s'assimiler l'expression pure et naïve de l'original. L'intelligence d'un idiome étranger n'est donc point la seule condition de succès pour aborder le texte même le plus facile. Le plus habile helléniste qui réussira dans l'interprétation d'Homère peut échouer dans Anacréon. C'est l'affinité intime entre le génie de l'écrivain et l'esprit du traducteur qui produira la meilleure imitation et les confondra jusqu'à un degré possible aux yeux du lecteur versé dans la langue originale. C'est l'esprit élevé, le plus en harmonie avec le génie sublime d'Homère, qui rendra le mieux le poëte épique en reproduisant sur l'airain sonore les échos éclatants de la trompette épique. C'est la plume légère et élégante qui retracera avec le plus de bonheur le luth gracieux d'Anacréon.

Le précepte d'Horace, recommandant aux écrivains de choisir un sujet proportionné à leurs forces, peut s'adresser également aux traducteurs qui consulteront surtout leur goût et leur prédilection pour un auteur favori, dont ils auront étudié par avance le caractère, les mœurs, la vie intime dans toutes ses phases. La sympathie du traducteur pour l'écrivain croîtra en raison des situations où ils se seront trouvés tous les deux, des événements qui auront marqué leur carrière, de leurs plaisirs comme de leurs peines, des voyages communs à l'un et à l'autre, des épisodes et des aventures d'une existence accidentée, dans laquelle le copiste, acteur lui-même, se reconnaît et se retrouve en personne.

Byron, plus qu'un autre, appelle cette affinité chez tout admirateur qui osera tenter de le faire passer dans notre langue si délicate et si rebelle. Si celui-ci ne peut être Byron lui-même, il doit au moins avoir en lui, d'abord avec le feu sacré, quelque chose de *byronien*, avoir souffert et joui comme lui, voyagé comme le noble exilé, observé avec les mêmes yeux, le même sens, les hommes et les choses, la nature et les arts, parcouru les mêmes rivages, exploré les mêmes cités; il doit enfin, sauf ses principes et sa conduite, partager ses vives aspirations.

Mon entreprise sera jugée téméraire puisque Byron n'a été traduit en vers que partiellement par quelques adeptes animés d'une étincelle du feu sacré, et que, d'ailleurs, nos traductions en prose sont écrites dans un français très-pur. Mon essai sera du moins une protestation contre un système qui, en détruisant le rhythme et la cadence du vers original, éteint le flambeau vivant de la poésie.

Sans remonter jusqu'à Platon qui, dans son livre x de la République, disait : « Quelle figure font les vers dépouillés de leur coloris musical et réduits à eux-mêmes? C'est le visage qui perd sa beauté en perdant la fleur de sa jeunesse! » Je me borne à citer en faveur du rhythme, Voltaire lui-même, qui consacra toute la séance de sa réception à l'Académie française à proclamer en principe l'avantage des vers sur l'humble prose où cependant il excellait. Je ne saurais non plus invoquer un témoignage plus éclatant que la parole du premier poëte français contemporain, en faveur de cette poésie qui fit ses délices et sa gloire. Lamartine disait : « Nous raconterons la mort de
« Socrate, qui est le plus bel acte de sa vie,
« dans la langue où l'on doit consacrer les choses
« éternelles, c'est-à-dire dans la langue des vers. »

Il est inutile d'insister sur ce qui ne peut s'exprimer, mais ne fait que se sentir, *nequeo dicere, sentio tantum*, sur le charme de l'allure poétique dans cet immortel Childe Harold pendant les quatre cent soixante-quinze strophes d'une course rapide et variée. Certes, ce n'est pas le voyage pittoresque seul qui nous attire et nous intéresse. Quel touriste n'a vu, comme le poëte, le Portugal, l'Espagne, la Grèce, l'Italie? Mais c'est qu'en donnant à chacun de ces pays sa couleur locale, il leur imprime sa pensée, son souffle vivifiant; c'est qu'il prend tous les tons et qu'il façonne avec bonheur sa lyre si flexible à tous les sujets; c'est qu'il embouche la trompette guerrière dans le premier et le troisième chant; qu'il entremêle les joies sauvages de l'Espagnol dans ses combats nationaux et les douces émotions du cœur, puisées au miroir de ce lac de Genève, dont il partage le domaine avec Rousseau, cette autre nature sentimentale et maladive mais moins désenchantée; c'est qu'au deuxième chant le barde anglais réveille la Grèce qu'il cherche à régénérer dans toutes ses œuvres; c'est qu'au quatrième il évoque la cendre sacrée et les grands monuments de l'Italie; c'est, qu'en un mot, la fin de chacune de ses strophes a son intention marquée, son coup de fouet, souvent son coup de massue.

Ce fut avec ces grandes et larges touches que le poëte de la nature et du cœur excella dans la peinture des scènes sublimes de la création et du monde physique et moral, dont il développa les beautés et fouilla les replis les plus cachés. Il avait fait longtemps avant l'âge mûr qu'il atteignit à peine, une sérieuse étude du cœur humain et acquis cette science, le triste privilége des natures sensibles et maladives.

Puissant, nerveux et profond dans son *Childe Harold*, voyez-le regarder avec son héros le ciel d'où son pays et le soleil disparaissent à la fois, et railler son écuyer et son page de leurs larmes et de leurs craintes. Plaintif et gracieux dans son *Giaour*, gracieux dans les plaines de Cachemire, plaintif quand il pénètre sous l'ombre du cloître avec le coupable, jetant un regard désespéré sur le crucifix et l'encensoir.

Audacieux et effrayant dans le *Corsaire*, il s'appuie avec lui sur le pommeau de son épée près de la tour du guet, sombre, mystérieux, absorbé dans ses pensées de vengeance. Insaisissable dans *Lara*, voyez-le sourire derrière une colonne, assistant aux danses d'une fête sous le coup d'œil fixe et perçant d'Ezzelin, qui le surprend et le confond. Dans le *Siége de Corinthe*, suivez son regard, ou celui d'Alp le renégat, attaché au nuage fatal qui passe sur la lune. Léger, vif et moqueur dans le conte vénitien de *Beppo;* émouvant et terrible dans *Parisina*, où il juge Hugo à la barre; sombre et mystérieux dans Manfred, le drame lyrique imité du Faust de Goethe, mais plus excentrique, moins séduisant, et par suite moins dangereux que le poëme célèbre qui a perverti la jeunesse allemande; c'est Byron qui est le commencement, le milieu et la fin de sa propre poésie, le héros de ses récits, le point culminant de ses descriptions. C'est Byron anonyme, mais personnifié sous toutes ses faces, avec chacune de ses nuances; tandis que les autres grands génies comme Shakspeare, Molière, Schiller, Goethe, ne se sont guère personnifiés qu'une fois. Aussi, quand Byron se dissimule sous le prisme brillant de la *Fiancée d'Abydos*, Sélim est moins entraînant, parce qu'il est moins original. Mais, d'un autre côté, quoi de plus charmant que Zuleika, la perle de l'Orient? Toutefois les portraits de femme de Byron sont également de la même trempe : Haïdée et Julie, Leila et Zuleika se ressemblent; Gulnare et Médora semblent avoir été faites par opposition l'une à l'autre, et pourtant la différence n'est qu'une différence de situation. Un léger changement de circonstances aurait facilement donné à Gulnare le luth de Médora et armé Médora du poignard de Gulnare.

Ce fut surtout dans la description de la nature et la méditation de l'âme que se montra le génie de Byron. Sa manière, en effet, lui est propre et n'a pas d'égale. Elle est rapide, pittoresque, vigoureuse; les choix de ses sujets sont heureux, ses traits rares, hardis et saisissants. Sa description tire sa force, sa grandeur et son intérêt du sentiment même qui s'y mêle toujours. Les merveilles du monde extérieur, le Tage sillonné par les flottes puissantes d'Angleterre, les tours de Cintra dominant une âpre forêt de liéges et de saules, les rives historiques du Rhin, le paisible miroir du Léman, les glaciers de la

Suisse, les marbres éblouissants du Pentélique, la vallée d'Égérie avec ses oiseaux d'été et ses lézards glissant entre les ruines de Rome, l'Océan, les vallées, les montagnes, toutes ces circonstances forment le fond d'un tableau d'où sort en relief une figure austère et puissante. Jamais écrivain ne posséda et ne commanda à un degré si éminent l'éloquence du cœur et la misanthropie du désespoir. Cette source était intarissable, perpétuelle, quelquefois monotone. Mais jamais il n'y eut dans la monotonie même, une touche aussi large que celle de Byron.

Du rire de l'ironie moqueuse aux lamentations perçantes, désespérées, il n'est pas une note de l'agonie humaine dont il ne fût le maître. Il était né profondément sensible, et sa sensibilité avait été d'abord fortement éprouvée par l'irascibilité et les emportements de sa mère, par ses stériles amours d'enfant et par l'échec de ses premiers efforts littéraires. Gêné dans sa fortune, malheureux dans ses affections domestiques, il souffrit, et ses souffrances en firent le poëte de l'âme. Le caractère morose et quinteux de Byron, que l'on a cru et dit être imaginaire, n'est pas dû seulement à son imagination, il peut aussi s'attribuer au secret d'une triste infirmité dont ses plus intimes amis n'avaient pas soupçonné l'existence et qui devint une source d'irritation continuelle pendant sa vie. Le jeune pair d'Angleterre avait reçu de la nature toutes les qualités physiques ou morales les plus opposées : une grande puissance d'intelligence et un jugement peu droit, un cœur affectueux et tendre, avec un esprit fier, indépendant, qui se révéla dès le collége. Sa tête était admirée des statuaires et servait de modèle, mais il avait une marche dont l'inégalité était imitée par les mendiants des rues. Cette nature complexe était une antithèse vivante de bien et de mal, de faiblesse et de force. Lord peu riche comparativement à l'aristocratie anglaise, mais généreux comme elle, difforme et beau à la fois, il aurait eu, plus que tout autre sujet, besoin d'une main sûre pour le guider et d'un sage instituteur pour l'initier à la vie.

Sa mère, à qui cette tâche était dévolue, l'éleva encore plus capricieusement que la nature ne l'avait traité. Elle passait d'un excès de tendresse à un paroxysme de colère. Tantôt elle étouffait son fils à force de caresses, et tantôt lui reprochait durement le vice de sa conformation [1]. Le monde le traita également avec une indulgence et une rigueur outrées, jamais avec justice. Il le caressa et le punit sans discernement, en enfant gâté de la fortune et de la société. On reçut avec dédain ses premières poésies qui, toutes faibles qu'elles étaient, ne méritaient pas cet accueil [2]; et celles qu'il publia au retour de ses voyages furent au contraire exaltées au delà de leur mérite. A vingt-quatre ans il se trouvait au pinacle de la renommée littéraire, l'égal de Walter Scott, et reconnu supérieur à Wordsworth, à Southey, à Campbell, etc. L'histoire littéraire offre à peine l'exemple d'une élévation si subite dans une sphère capable de donner le vertige.

[1]. La mère de Byron, quand elle était en colère contre son enfant, l'appelait : Petit monstre, *You little difformity!*
[2]. *Hours of Idleness* (Heures de loisir) lui avaient suscité des provocations irritantes de la part de ses rivaux, contre lesquels il lança victorieusement ses *English Bards and Scotch Reviewers.*

Tout ce qui peut stimuler et satisfaire les plus forts penchants de notre nature, l'admiration des salons d'élite, les acclamations de la nation entière, les applaudissements des hommes les plus célèbres, l'amour et l'enthousiasme des femmes, le grand monde avec toute sa gloire, furent mis spontanément aux pieds d'un jeune homme que sa nature avait entraîné aux plus violentes passions, et que l'éducation n'avait jamais instruit à les maîtriser. Malgré ses défauts, les compatriotes de Byron, hommes ou femmes, voulurent l'aimer et l'admirer. On était déterminé à ne voir dans ses excès de jeunesse que l'ardeur d'un esprit volcanique, tel qu'il éclatait en ses poésies.

Au milieu de cette classe nombreuse de jeunes personnes, dont la lecture se borne aux ouvrages d'imagination, la popularité de lord Byron fut excessive. On achetait ses portraits, on recueillait les moindres reliques venant de lui ; on apprenait ses poëmes par cœur, et on les copiait de sa main. On s'appliquait même à reproduire son écriture et à s'habiller comme lui ; beaucoup s'étudiaient dans le miroir à imiter sa lèvre supérieure, qu'il avait coutume de crisper, et l'air refrogné qu'on trouve dans quelques-uns de ses portraits; ses imitateurs allèrent jusqu'à supprimer l'usage du col. Pendant des années, la *Presse*, la *Minerve* ne publièrent jamais un roman sans le visage d'un mystérieux et infortuné Lara.

Puis, comme toujours, vint la réaction. La société, capricieuse dans son indignation comme elle l'avait été dans son enthousiasme, se tourna avec fureur contre son favori. Il avait été adoré sans raison, aussi fut-il persécuté jusqu'à outrance. Après son malheureux mariage, la virulence d'opposition que Byron eut à endurer aurait exaspéré le plus patient. La presse le stigmatisa; les théâtres l'assaillirent de leurs allusions et de leurs sarcasmes. Il fut exilé de tous les cercles où il avait été recherché avec idolâtrie. Les esprits bas et rampants, qui se plaisent à torturer les nobles natures, s'acharnèrent après lui, et conspirèrent à l'agonie d'un puissant génie et à la dégradation d'un grand nom.

Le malheureux jeune homme quitta son pays pour jamais, laissant une épouse froide, orgueilleuse, incapable de pardonner des fautes, graves peut-être, mais non irrémissibles, ainsi que sa fille Ada, âgée d'un mois, qu'il ne devait plus revoir. Les sifflements de l'envie et les invectives de l'outrage le suivirent à travers les mers, sur le Rhin et par delà les Alpes, jusqu'à ce que, s'affaiblissant peu à peu, ils se ralentirent et finirent par cesser. Ses persécuteurs et ses envieux commencèrent à se demander pourquoi ils avaient poussé de telles clameurs et voulurent ramener le criminel qu'ils avaient proscrit. La poésie byronienne redevint plus populaire que jamais, et ses élans lyriques, remplis de plaintes douloureuses furent lus avec larmes par des milliers de personnes qui n'avaient jamais vu leur auteur.

Sur les bords de l'Adriatique, où il avait fixé sa résidence et trouvé à Venise une nouvelle patrie, il oublia presque la sienne, dans la jouissance d'une des villes les plus séduisantes et les plus pittoresques de l'Italie. Là, dans cet asile où il n'avait rien à craindre de l'opinion publique, après avoir été en guerre avec celle de son pays, il reprit ses habitudes de jeunesse, et se replongea dans des excès toujours entremêlés de sentiments tendres et d'aspirations élevées. Enchaîné enfin par une affection sérieuse, il lança au loin écrits sur écrits pleins de verve et de dédain du monde. Toutefois, il ne cessa de travailler; et, voulant s'exercer dans tous les genres, il aborda la tragédie, moins appropriée à son talent, et publia successivement *Marino Faliero*, *les deux Foscari*, *Sardanapale*, et d'autres poëmes, résumés enfin dans le brillant et capricieux *Don Juan*, œuvre d'un génie puissant et multiple, qui se reflète à travers cette épopée badine sous les contrastes les plus extraordinaires, dans ses élans les plus audacieux, dans ses descriptions les plus riches, dans ses grâces les plus délicates, son ironie la plus amère, ses ressentiments les plus profonds. Il n'a pu l'achever, préoccupé désormais de projets et d'aspirations plus généreuses.

En effet, Byron avait reçu de la nature un cœur sensible. Souvent il en avait donné des preuves, soit au collége où, quoique pauvre, il payait les dettes de ses amis; soit en voyage, où il soignait avec empressement des étrangers malades ; soit enfin pendant son séjour en Grèce, où il donna en plusieurs circonstances des marques de son humanité. Étant un jour à dîner à Metaxa, il apprit qu'un éboulement de terre venait d'enfouir tout vivants de malheureux ouvriers. Il se leva aussitôt de table et courut au lieu du sinistre, accompagné de son médecin, muni de médicaments et de tous les moyens de sauvetage. Les ouvriers avaient renoncé aux fouilles, craignant d'être enterrés avec leurs camarades. Byron n'ayant pu, par de l'argent ou des menaces, leur faire reprendre leur périlleuse tâche, saisit lui-même une pioche et travailla avec tant d'ardeur, que les paysans, entraînés par son exemple, réussirent à déterrer deux autres victimes qu'ils arrachèrent à une mort certaine.

Ces germes d'un noble enthousiasme, ce fut la Grèce, la Grèce surtout, qui devait les raviver. Toujours, au milieu de sa carrière accidentée, cette patrie de la civilisation et des arts avait projeté comme des traits de lumière sur ses méditations les plus sombres. Soudain, il la voit se réveiller; et ne songe plus qu'à s'élancer à son secours, à lui consacrer ses facultés tout entières, sa fortune, ses veilles, sa poésie, les restes de sa force physique. La Grèce qu'il voulait régénérer l'avait régénéré lui-même. Il oublie tout pour se vouer à cette œuvre, aussi difficile que glorieuse, et s'embarque pour Missolonghi. Il avait même déjà pris l'épée et le commandement en chef, à lui déféré par le gouvernement nouveau, d'une troupe de 3,000 Suliotes pour opérer contre Lépante. Mais ses forces trahirent son courage, et il dut déposer le glaive des Miltiade et des Thémistocle. La mort planait sur lui; il le sentait en frémissant, car son unique et dernier vœu était de mourir à la tête d'une phalange grecque en l'animant au combat avec les chants d'un nouveau Tyrtée, et en marchant comme un valeureux pionnier de la renaissance des Hellènes. Cette consolation lui fut refusée. Son anxiété d'esprit, ses efforts, ses travaux et l'abus des funestes stimulants qui lui étaient devenus indispensables; enfin, celui des fréquentes saignées, l'étendirent sur un lit de douleur, dans un pays

étranger, au milieu de figures étrangères, sans avoir près de son chevet un seul être qu'il aimât. Les derniers moments de l'illustre poëte, couché sur son lit de mort, sont navrants. Il ne lui restait que le cri du cœur en associant le nom de Dieu, auquel on revient toujours, à celui des siens, hélas, trop éloignés. « C'est fini, dit-il, de sa voix presque éteinte, à Fletcher, son fidèle serviteur. J'ai pensé à toi. » — Mylord, répondit celui-ci, avez-vous d'autres dispositions plus importantes? — Byron articula ces paroles : « Ah ! mon Dieu ! Ah ma
« pauvre enfant, ma chère Ada ! Si j'avais pu la
« voir. Donnez-lui ma bénédiction, à elle, à ma
« chère sœur Augusta et à ses enfants ; vous irez
« trouver lady Byron, vous êtes bien avec elle... »
— Les derniers mots qu'il articula furent balbutiés à onze heures du soir, le 19 avril 1824 : « *I must sleep*, il faut que je dorme, » et il retomba sur sa couche pour ne plus se relever.

La Grèce qui le vit mourir et qui par sa mort recevait une blessure fatale, proclama officiellement que la perte de son libérateur était un deuil public, et le peuple de Missolonghi, dans un élan de douleur, n'attendit pas les apprêts de ses funérailles. L'explosion en porta ses échos jusqu'en Angleterre, ingrate envers Byron comme Rome l'avait été pour Scipion, dont la tombe demeura vide de l'illustre Romain.

Aussitôt après la mort du grand poëte, dont le bruit se répandit dans tout le pays, le prince Maurocordatos publia la proclamation suivante :

« Le présent jour de fête et d'allégresse est changé en un jour de deuil et de douleur.

« Lord Noël Byron a expiré hier à onze heures du soir, après une maladie de dix jours, causée par une fièvre inflammatoire. Tel en a été l'effet sur les esprits, que toutes les classes du peuple ont oublié les réjouissances de Pâques, même avant que la fatale conclusion du mal fût appréhendée.

« La perte de cet homme illustre sera sans doute déplorée par toute la Grèce, elle doit être surtout un sujet de lamentation pour Missolonghi où sa générosité s'était si notamment déployée, et dont il était devenu presque un citoyen patriote, résolu de participer à tous les dangers d'une lutte glorieuse.

« En conséquence, jusqu'à la notification de la volonté définitive du gouvernement national, en vertu des pouvoirs dont il lui a plu de m'investir, j'arrête :

« 1° Demain matin, au point du jour, des salves d'artillerie seront tirées de la grande batterie, toutes les trente-sept minutes, correspondant à l'âge de l'illustre défunt.

« 2° Toutes les administrations, jusqu'aux tribunaux, seront fermées pendant trois jours de suite.

« 3° Toutes les boutiques, excepté celles d'approvisionnement et les pharmacies, seront également fermées. Il est strictement ordonné que toutes espèces de réjouissances publiques, comprises celles de la fête de Pâques, seront suspendues.

« 4° Un deuil général sera observé pendant vingt et un jours.

« 5° Des prières et un service funèbre auront lieu dans toutes les églises. »

Signé A. Maurocordatos,
G. Praidis, <i>secrétaire.</i></div>

Donné à Missolonghi, le 20 avril 1824.

Il paraît y avoir eu beaucoup de difficultés dans le choix du lieu de la sépulture. Byron n'avait laissé aucune instruction à ce sujet, et personne ne pouvait indiquer sa volonté. Après l'embaumement, la première démarche fut d'envoyer le corps à Zante, où les autorités devaient statuer sur sa destination définitive. Entre autres propositions, il y eut celle que les restes du noble Philhellène seraient déposés dans le temple de Thésée ou au Parthénon. Cependant la résolution et le vœu presque unanime furent qu'ils seraient envoyés en Angleterre. Ainsi le premier mouvement et la première inspiration avaient été pour la Grèce qui, après l'avoir possédé vivant, viendrait aujourd'hui encore poser des couronnes sur sa tombe.

C'est ainsi qu'à trente-six ans à peine passés, l'Anglais le plus célèbre du XIXe siècle était venu terminer, dans un coin de la Grèce nouvelle, sa brillante et trop courte carrière, non sans avoir eu son chant du cygne dans les vers qu'il composait et chantait deux mois avant sa mort.

Voici son dernier hymne funèbre, précédé de ces mots : « En ce jour, 22 janvier 1822, j'ai complété mes trente-six ans » :

1

Éveille-toi (non plus la Grèce),
Ils se sont éveillés, ses fils,
Mais toi, mon cœur, qu'un lourd sommeil oppresse,
En mes sens engourdis !

2

Songe de qui jaillit la source
En toi de ce sang noble et pur,
Et, t'efforçant de reprendre sa course,
Frappe un coup ferme et sûr.

3

Sur tes passions qui renaissent,
Marche dans ta virilité ;
Que le sourire et le dédain te laissent
Froid devant la beauté.

4

Si de tes jeunes ans tu gémis, pourquoi vivre?
C'est ici qu'est le lieu d'une honorable mort.
Cours aux champs des héros, hâte-toi de les suivre ;
Viens exhaler ici ton souffle dans le port.
Regarde autour de toi : tu trouveras sans peine
La tombe des guerriers où finiront tes maux ;
Prends pied, fixe ton choix au sein de cette plaine,
Pour trouver le repos !

L'Angleterre recevait avec un douloureux respect les dépouilles du jeune et beau poëte qu'elle avait vu naître, et l'on ne peut même à présent retracer cette circonstance sans ressentir quelque chose de ce qui fut senti par la nation, quand elle apprit sur quelles souffrances et sur quelle gloire s'était fermée la tombe qu'on lui rapportait. Ceux qui vivent encore se rappellent avec attendrissement ce qu'ils éprouvèrent quand ils virent le char funèbre et son long cortége de voitures de deuil défiler et se diriger lentement vers le nord, laissant en arrière le sanctuaire monumental consacré par les restes de tant d'autres poëtes moins célèbres, mais dont les portes s'étaient refermées sur tout ce qui restait de Byron. Ses contemporains se souviennent que, dans ce jour même, les plus rigides moralistes ne purent s'empêcher de pleurer sur un sujet si jeune, si brillant, si malheureux, doué des dons les plus rares et si cruellement frappé.

La postérité, espérons-le, replacera un jour à Westminster, dans le coin des poëtes (*the poets' corner*), les dépouilles du plus beau génie anglais de notre époque. L'Angleterre apprendra de la France, de l'Amérique et de l'Europe à reconnaître, si elle l'a oublié, que l'homme illustre qu'elle a rejeté fut, dès ses premières années, dominé par l'instinct de son génie; que la liberté des peuples fut le constant objet de ses pensées; que ses écarts furent passagers, mais que la haute poésie fut le mobile de toute sa vie, et, qu'en dépit de haines qui doivent s'éteindre, il restera un des coryphées de sa nation.

On pourrait lui appliquer ces vers qui semblent résumer son caractère :

> Quanquam flebiliter canit aspera musa Byronis
> Contemptrixque hominum risu desævit amaro,
> Molli etiam blanditur amans luscinia cantu,
> Aut circumvolitat teneros apis aurea flores.

Nous sommes heureux de constater que notre admiration pour le génie de Byron et notre désir de rendre justice à sa mémoire ont valu à cette publication l'assentiment de plusieurs littérateurs français, et entre autres celui de M. Eichhoff, correspondant de l'Institut, président des examens des professeurs de langues vivantes, qui a fait à la Sorbonne un cours public sur le grand poëte anglais, et nous a puissamment secondé dans la révision de cette traduction.

A. REGNAULT.

L'ouvrage entier formera deux volumes. Le premier contient Childe-Harold, la Fiancée d'Abydos, le Giaour, le Siége de Corinthe, Manfred.

Le second contiendra le Corsaire, Lara, Mazeppa, le Prisonnier de Chillon, Parisina, Beppo, Extraits de Don Juan, le Songe, Poésies diverses.

PÈLERINAGE

DE

CHILDE HAROLD

CHANT I

I

Toi que la Grèce fit de céleste origine,
Muse! enfant de la fable au gré du ménestrel,
Qu'offensa trop souvent la lyre d'un mortel,
Je n'ose t'évoquer de la double colline.
Sur tes bords si vantés j'ai cependant erré;
A Delphe au seuil désert, plaintif, j'ai soupiré,
Delphe, oracle muet, où tout dans la nature,
Tout se tait, excepté la source qui murmure.
Mais je ne puis troubler le sommeil des Neuf Sœurs
Sur ces simples récits pour jeter quelques fleurs.

II

Jadis dans Albion, guidé par son caprice,
Un jeune homme vivait. Indigne nourrisson,
Du vice à son berceau suçant le doux poison,
De la vertu jamais il ne fit son délice,
Il fatiguait les nuits du fracas des plaisirs.
Impétueux, sans loi, jouet de ses désirs,
Abandonné, sans frein, aux excès de l'orgie,
Rien ne lui sourit plus, au début de la vie,
Que les amis sans choix, dont il est escorté,
Et de tristes Laïs, débris de volupté.

III

Childe Harold est son nom. Mais quelle fut sa race?
Jusqu'où dans le blason remontaient ses aïeux?
Il n'importe. Peut-être ils furent glorieux.
Dans les siècles passés ne cherchons pas leur trace.
Car souvent tout l'éclat dont un nom a brillé
Par un seul rejeton en un jour est souillé,
Sans que l'amas pompeux de la poudre héraldique,
Qu'une prose fleurie ou que le miel attique
A longs flots distillé sur le vers le mieux fait
Rachète un attentat ou consacre un forfait.

IV

Childe Harold se jouait au midi de son âge,
Imprudent et semblable aux sylphides de l'air,
Sans penser que ses jours glissant comme l'éclair
Seraient flétris d'un souffle, abattus par l'orage.
Il trouve aux premiers pas la rude adversité,
Il sent tout le dégoût de la satiété,
Tout jusqu'au sol natal a cessé de lui plaire,
Il n'y peut respirer. L'ermite solitaire,
L'ermite en sa cellule, et du monde éloigné,
Languit moins malheureux et moins abandonné.

V

Car du mal il avait suivi le long dédale,
Sans expier jamais un seul égarement ;
Il soupira pour mille, et d'une fut l'amant.
Mais celle qu'il aima dans une heure fatale
Ne pouvait être à lui, d'amour tendre bouton
Qu'eût flétri, ver rongeur, d'un baiser le poison,
Heureuse d'échapper à l'époux éphémère
Qui l'eût sacrifiée à quelque amour vulgaire,
Et, fol dissipateur, eût dévoré son or,
Sans goûter du foyer le paisible trésor.

VI

Des salles de l'orgie il évite la foule,
Malade dans ce cœur que tout vient affadir,
Souvent des pleurs cachés semblaient près de jaillir;
La glace de l'orgueil aussitôt les refoule.
Il s'isole et s'égare en ses pensers amers,
Il veut entre les siens et lui mettre les mers,
Courir vers les climats que le soleil dévore;
S'il n'est pas assez loin, fuir toujours, fuir encore,
Rassasié de tout, chercher jusqu'au malheur,
Jusqu'à l'enfer, s'il peut distraire sa douleur.

VII

Il quitte le castel à la gothique ogive,
Le toit de ses aïeux, imposant monument,
Si vieux qu'il n'attend plus que son écroulement,
Bien qu'il repose assis sur chaque aile massive,
Asile monastique, au vice condamné;
La superstition l'a jadis profané,
Des nymphes de Paphos les chants et le sourire
Y font naître aujourd'hui l'accès d'un doux délire.
Les moines y croiraient leur bon temps revenu,
Si le conteur n'a pas dénigré leur vertu.

VIII

Au milieu des transports de cette folle joie,
On dit que Childe Harold quelquefois a frémi.
Est-ce du souvenir d'un mortel ennemi,
Ou de ces passions qui dévorent leur proie?
Pourquoi? Nul ne le sait, ne voudrait le savoir,
Harold daignerait-il se laisser entrevoir?
A-t-il une âme ouverte, exempte d'artifice
Et qui dans l'amitié s'épanche avec délice,
Pour soulager le mal dont il est accablé,
Pour entendre un avis, pour être consolé?

IX

Personne ne l'aimait, bien que sous le bocage
Un flot d'amis joyeux aux salles du festin
De mille coins divers vînt chercher son butin,
Troupe d'adorateurs parasite et volage.
Dans cet essaim d'amours il n'a pas un seul cœur.
Pour la femme l'éclat est le seul tentateur.
Éros léger y vole; à ce qu'on voit reluire
Fille et mouche toujours se laisseront séduire.
Le dieu de la Fortune aplanit le chemin,
Dédale inaccessible à l'ange, au séraphin.

X

Son cœur lui rappelait qu'il avait une mère;
Mais il fuit ses regards, évite ses adieux.
Il quitte aussi sa sœur, morne, silencieux,
Avant de commencer, pèlerin, sa carrière.
Nul ami, s'il en a, n'eut ses embrassements.
Ne croyez pas qu'il fût mort à tous sentiments,
Qu'il eût un cœur d'acier, ô vous qui dans la vie
Ressentez d'un objet la tendre idolâtrie.
Ces adieux, vous savez, de douleur font mourir
Ceux qu'on veut épargner et qu'on cherche à guérir.

XI

Sa maison, son foyer, ses biens et ses domaines,
Ce sexe au fin sourire, et dont les yeux d'azur,
Les longues tresses d'or, les doigts d'albâtre pur
De l'ermite glacé feraient bouillir les veines,
Charme de son jeune âge et dont il fut bercé;
Les flots d'un vin exquis au dernier bord versé,
Ces atomes riants que l'or, le luxe donne,
Lui, sans un seul soupir, calme il les abandonne,
Pour traverser les mers et voler sous les cieux
Par delà l'équateur où règnent de faux dieux.

XII

La voile enfle et la brise alors souffle joyeuse
D'emporter l'exilé bien loin de ses aïeux.
Le blanc rocher s'efface et se perd à ses yeux
Dans les vastes contours de la vague écumeuse.
De son désir d'errer peut-être a-t-il gémi;
Mais dans son sein discret sa pensée a dormi;
Elle est ensevelie au fond du sanctuaire;
Rien ne vient la trahir, ni voix, ni plainte amère,
Tandis qu'autour de lui la foule assise en pleurs
Jette aux vents déchaînés d'impuissantes douleurs.

XIII

Mais lorsque le soleil va se plonger dans l'onde,
Sa harpe qui jadis résonnait au hasard,
Sa harpe qui vibrait docile, mais sans art,
Amante du silence et craintive du monde,
Childe Harold la reprend, et son doigt soucieux,
En modulant ses tons, prélude au chant d'adieux;
Pendant que la nef glisse avec ses blanches ailes
Sur le flot qui jaillit en milliers d'étincelles,
Qu'au loin sous ses regards, le rivage s'enfuit,
Le barde entonne alors son hymne de la nuit:

PÈLERINAGE

  Adieu, du sol natal la plage
  S'efface; la brise de nuit
  Soupire; la vague mugit
  Aux cris de la mouette sauvage.
Du soleil nous suivons le coucher glorieux;
   A l'astre, au moment de sa fuite,
   A toi, mon pays que je quitte,
   A vous deux, bonne nuit, adieux.

  Le soleil fuit, mais sa lumière
  Demain ravivra l'univers;
  Je saluerai le ciel, les mers,
  Mais non pas le toit de ma mère.
Mon foyer est désert sous un crêpe de deuil;
   Dans l'herbe, hélas! le mur se cache,
   Nulle main n'est là qui l'arrache.
   Mon chien hurle devant le seuil.

  Viens ici, viens, mon petit page,
  Pourquoi pleurer, pourquoi gémir?
  Crains-tu d'entendre l'air frémir,
  Ou des flots éclater la rage?
Mais retiens dans tes yeux ces pleurs prêts à couler.
   Ma nacelle est prompte et solide;
   Notre faucon le plus rapide
   Plus gaîment ne saurait voler.

« Que le flot monte, l'air mugisse,
Ils ne me causent point d'effroi.
Mais faut-il s'étonner que moi,
Pauvre enfant, seigneur, je gémisse
Car j'ai mon père, hélas! que j'ai laissé trop tôt,
Une tendre mère que j'aime,
Point d'amis qu'eux seuls, et vous-même,
Et celui qui me voit là-haut.

« Sans se plaindre avec sa prière,
Mon père a daigné me bénir;
Mais bien avant de revenir
Je ferai tant pleurer ma mère! »
C'est assez, mon ami, de semblables douleurs
Prêtent des charmes à l'enfance.
Ah! si j'avais ton innocence,
Mes yeux auraient aussi des pleurs!

Viens, mon écuyer, viens, mon brave;
Pourquoi cette étrange pâleur?
Craindrais-tu des flots la fureur,
Ou bien le Français qui nous brave?
« Ah! crois-tu donc, sir Child, que j'ai peur de mourir?
Je ne tiens pas tant à la vie!
Mais loin d'une épouse chérie
Je puis bien trembler et pâlir.

« Sur le lac, près de la tourelle,
Elle et mes fils ont leur séjour.
S'ils lui demandent quelque jour
Leur père, que répondra-t-elle? »
Assez, bon écuyer, pleure, épanche ton cœur,
Et que nul n'y trouve à redire.
Moins sensible, moi j'ose rire,
Car je m'enfuis avec bonheur.

A des pleurs d'épouse ou d'amante
Bien fou l'homme qui se fiera.
Un autre objet consolera
Cette femme qui se lamente.
Mes plaisirs d'autrefois, mes périls à venir,
Pour moi ne m'intéressent guère.
Hélas! je ne laisse derrière
Rien qui mérite un souvenir!

Seul, perdu dans l'espace immense
Où chaque instant vient me plonger,
Aux autres irais-je songer
Lorsque personne à moi ne pense?
Peut-être entendra-t-on mon chien en vain pleurer
Tant qu'il n'aura pas d'autre maître!
Que plus tard j'aille reparaître,
Sa dent viendra me déchirer.

Avec toi, ma barque fidèle,
Je franchirai les flots amers.
Emporte-moi dans l'univers;
Fuis mon pays, bonne nacelle.
Salut, miroir des eaux si brillant et si bleu,
Quand tu pâliras à ma vue,
Astres, déserts, je vous salue,
Bonne nuit, mon pays, adieu!

XIV

Le vaisseau fuit; déjà la lune est disparue,
Dans le golfe les vents mugissent sans dormir[1].
Cinq jours passés, on voit de nouveaux bords surgir.
De joie à leur aspect chacun a l'âme émue.
De Cintra la montagne aux regards apparaît.
Penché sur l'Océan, le Tage semble prêt
A payer son tribut, émule du Pactole.
Puis le Lusitanian, avec sa barcarolle,
S'élance près de nous, et, pilote joyeux,
Navigue en côtoyant ces rivages heureux.

XV

Ciel! spectacle enchanteur; que la bonté divine
A béni largement ce pays fortuné!

Quel trésor de parfums des arbres émané,
Et quels sites riants de colline en colline !
L'homme les profana de son impure main.
Aussi quand l'Éternel, de son courroux d'airain
Décochera les traits sur celui qui l'offense,
Il foudroîra du coup de sa triple vengeance
Les cigales de Gaule, implacable troupeau,
Et purgera le sol de son plus grand fléau.

XVI

Que de beauté Lisbonne étale; quel prodige !
Son image au miroir a flotté dès l'abord
Dans ces eaux que la Fable a voulu sabler d'or !
Mais un second coup d'œil augmente le prestige.
Sous des vaisseaux d'airain ces flots d'or ont gémi,
Depuis que le Breton, trop généreux ami,
Daigne prêter l'appui de sa forte alliance
A ce peuple gonflé d'orgueil et d'ignorance
Qui lèche avec dégoût la main d'un bienfaiteur
Armé pour le soustraire à l'exterminateur.

XVII

Dans le lointain Lisbonne est la cité céleste,
Mais qui dans son enceinte a jamais pénétré,

Parcouru son dédale, et n'a pas soupiré?
Du vain enchantement d'une ombre, rien ne reste.
Cabanes et palais à la fois infectés
Sont le repaire affreux de mille impuretés.
Le pauvre et l'hidalgo sous sa longue rapière,
Y traînent lâchement tous deux luxe et misère.
Par l'ulcère d'Égypte ils sont rongés tous deux,
Au sein de la vermine ils marchent vaniteux.

XVIII

Vils esclaves, tous nés parmi de nobles scènes,
Pourquoi te prodiguer à de tels favoris,
Nature? Dans Cintra, riche, tu leur souris,
Cet Éden parsemé de montagnes, de plaines.
Quelle main, quel crayon, quel pinceau peut tracer
La moitié des tableaux où l'œil veut s'élancer :
Ces tableaux saisissants, ces spectacles magiques
Qui laissent derrière eux les rêves fantastiques
Que le barde présente aux regards éblouis
En ouvrant l'Élysée et le ciel des Houris!

XIX

De couvents en festons les cimes crénelées
Et du liége chenu l'âpre roc hérissé,

Et du sombre lichen chaque mont tapissé,
Le buisson sans soleil pleurant dans les vallées,
De l'immobile flot le doux et tendre azur,
L'oranger qui colore un rameau d'un vert pur,
Le torrent de la crête au val, qui roule et tombe,
La vigne du coteau, le saule de la tombe,
Tout produit un ensemble imposant, glorieux,
D'innombrables beautés mélange harmonieux.

XX

Puis gravir lentement la route tortueuse,
Tourner en mille sens, s'arrêter à loisir,
Escalader les pics pour mieux voir, mieux jouir;
O Vierge des douleurs, à ta chapelle heureuse
Faire halte! Au parloir longtemps se reposer,
Où le moine frugal viendra vous exposer
Dans sa grossière châsse une vieille relique,
Ou bien vous raconter la légende gothique :
« Honorius[2] ici s'ensevelit, hélas,
Pour le ciel, s'étant fait un enfer ici-bas! »

XXI

Ici, là, sur la crête alors que l'on s'élance,
Sur les bords du sentier observez maintes croix,

La foi l'exige-t-elle, erreur si tu le crois.
C'est un vain monument de funeste vengeance.
Car partout où le sang à flots coula du sein
D'un malheureux atteint par le fer assassin,
Une main vient dresser un vil bois éphémère
Que les vers et le temps réduisent en poussière.
Le vallon, le bocage en est partout planté,
Sur ce perfide sol toujours ensanglanté.

XXII

Sur la pente des monts, au fond de la vallée
Des dômes sont debout, des rois ancien séjour;
L'églantine aujourd'hui les parfume à l'entour,
Mais l'antique splendeur n'est pas toute exilée,
Plus loin planent des tours, palais riche et brillant.
Là Vatheck [3], d'Albion toi le fils opulent,
Tu plaças ton Éden et ses plus beaux prestiges.
Mais tu ne savais pas qu'avec tous ses prodiges,
Et quoi que la fortune ait jamais inventé,
La douce paix toujours a fui la volupté.

XXIII

Ici fut ton manoir; Tu suivis ta chimère,
Le plaisir, sous ce pic d'éternelle beauté;

Mais de l'homme, à présent méprisé, détesté,
Ton domaine languit, comme toi solitaire.
L'herbe et la ronce en masse étouffent ces déserts,
Et les vastes portails, bâillant larges, ouverts,
Pour le sage penseur, leçon neuve et profonde
Du vide des plaisirs que moissonne le monde,
Par le torrent des temps vains jouets culbutés,
Au gouffre dévorant par débris emportés !

XXIV

Vois la salle où des chefs fut le conseil suprême.
Quel palais odieux au regard d'un Breton,
De traités, fol génie, un ignoble démon,
Siége en un bonnet d'âne, appelé diadème,
Affublé d'un manteau fait de vieux parchemin.
A ses côtés on voit pendre un sceau ; sous sa main
S'étend un rouleau noir; de la chevalerie
Brillent d'illustres noms, orgueil de la pairie,
Grimoire blasonné que le lutin moqueur
Montre d'un air malin, riant du fond du cœur.

XXV

On appelle traité ce nain, mauvais génie,
Il dupa tous les chefs, seul à Marialva[4],

Et leur faible cervelle il la leur enleva,
Changeant leur fausse joie en deuil, en agonie.
La sottise annula du vainqueur le laurier;
L'art reprit ce qui fut perdu par le guerrier.
Pour de tels chefs en vain que le laurier fleurisse;
Leurs sueurs et leur sang sont un vain sacrifice.
Malheur donc au vainqueur, et non pas au vaincu,
Aux bords lusitaniens il se vit confondu.

XXVI

Du synode guerrier conservant la mémoire,
A ton seul nom, Cintra, l'Anglais se sent frémir
Et l'officier public est tenté de rougir,
S'il le peut, au récit de cette indigne histoire.
De la postérité comment le tribunal
Devrait-il le payer? Nous donnons le signal
Au monde de railler tel fier champion de guerre
Déçu dans son espoir, dans son vœu téméraire,
Par l'ennemi défait, ici; triomphateur
Marqué par le mépris d'un sceau réprobateur.

XXVII

Ainsi pensait Harold, sur les monts solitaire,
Heureux de parcourir le séjour de bonheur,

D'où l'éloignaient ses pas, où le fixait son cœur,
Inquiet comme au ciel l'hirondelle légère.
Bien qu'ici la morale en sublime leçon
Par de soudains éclairs parlât à sa raison.
La méditation vint souvent le surprendre,
Sa conscience alors tout bas se fit entendre,
D'une folle jeunesse abjurant les écarts,
Mais la vérité nue offusquait ses regards.

XXVIII

A cheval, à cheval! Adieu les rêveries,
Cette scène si pure et de calme et de paix,
Qui soulage son âme, il la quitte à jamais,
Mais il ne revient plus aux bruyantes orgies.
Il s'élance en avant et reprend son essor,
Car d'arrêter sa course, il n'est pas temps encor.
Que de tableaux devront naître sur son passage,
Avant de rendre enfin le pèlerin plus sage!
Avant que la fatigue ait calmé cette ardeur,
Cette soif de voyage, et rafraîchi son cœur!

XXIX

O Mafra! cependant un moment tu l'arrêtes,
D'une reine jadis triste et brillant séjour [5],

Où mêlèrent leur pompe et l'Église et la Cour,
Où la messe et l'orgie étalèrent leurs fêtes.
Moines et princillons, couple bien assorti ;
Car en ces mêmes lieux un dôme fut bâti.
De Babylone ici c'est la prostituée
Qui l'éleva, partout à genoux saluée ;
L'or, la pourpre ont couvert le sang qu'elle a versé,
Et l'éclat de l'idole est par tous encensé.

XXX

Par les riches vallons, les riantes collines
(Que n'y respire-t-on l'air de la liberté ?)
Où l'œil avec bonheur se repose enchanté,
Childe Harold suit le cours des sources cristallines.
L'heureux du siècle a beau plaindre l'aventurier,
Et le fol vagabond, déserteur du foyer,
Pour entreprendre un long, un pénible voyage.
L'apathique mollesse est son triste partage.
Oh ! l'air de la montagne a bien ses voluptés,
La vie est inconnue à l'homme des cités.

XXXI

Pâlissant par degrés, la colline s'efface ;
Moins riche le vallon descend et s'aplanit,

Et des champs la surface immense s'agrandit.
Aussi loin que l'œil plonge et s'étend dans l'espace
De l'Espagne apparaît le noirâtre horizon.
Là paissent des troupeaux, dont la riche toison
Est un prix convoité par le marchand avide.
Que le pasteur armé les couvre d'une égide !
L'Ibérie à l'entour voit l'ennemi surgir,
Tous doivent se défendre ou tous doivent servir.

XXXII

Où la Lusitanie avec sa sœur confine
Quel obstacle disjoint ces royaumes rivaux?
Croyez-vous que le Tage entre eux roule ses eaux,
Quand chacune salue une fière voisine?
La Sierra dresse-t-elle un sommet sourcilleux ?
Comme à la Chine, un mur s'élève-t-il entre eux?
Mais là point de muraille ou de vastes barrières
Ni le lit mugissant de profondes rivières,
Point de pics hérissés, d'aérien boulevard
Comme est de l'Espagnol et du Franc le rempart.

XXXIII

Là coule un filet d'eau (c'est la seule frontière)
Obscur, presque sans nom, entre mille ruisseaux,

Bien que ses bords fleuris voient deux états rivaux.
Penché sur sa houlette en ce lieu solitaire,
Le berger nonchalant écoute murmurer,
Entre deux ennemis prêts à se déchirer,
Le filet argentin qui glisse et fuit sous l'herbe
Pour le fier paysan et l'hidalgo superbe.
Mais le pâtre espagnol, lui ne se mêle pas
Au serf lusitanien, à ses yeux vil et bas.

XXXIV

A quelques pas un fleuve, en ses rétives ondes,
Précipite son cours, noir et vaste torrent,
C'est la Guadiana, qui bondit murmurant,
Sombre fleuve chanté dans les antiques rondes.
Bords jadis encombrés d'un vaste essaim guerrier,
Sous leurs cottes de maille Arabe et chevalier,
Virent tomber le fort et s'arrêter l'agile,
Le turban et la croix, rempart trop inutile,
Dans un fleuve de sang confusément mêlés
Par l'escadron flottant pêle-mêle accablés.

XXXV

Belle Espagne, célèbre et romantique terre,
Qu'as-tu fait du drapeau de Pélage ton roi,

Rougi du sang des Goths, qu'on vit avec effroi
Succomber, ô Cava, sous ton perfide père[6]?
Où sont ces étendards qui jadis glorieux,
Au-dessus de tes fils flottaient victorieux,
Et chassèrent enfin jusque sur leurs rivages
Les fiers envahisseurs et leurs hordes sauvages,
Quand, le croissant tombant devant la sainte croix,
L'écho hurla les cris des Maures aux abois?

XXXVI

Chaque lai n'est-il pas rempli de cette histoire?
Des exploits des héros voilà donc tout le prix.
Près du marbre en poussière et des fastes détruits
Une complainte ira prolonger leur mémoire.
Orgueil, superbe orgueil, vois, et du haut des cieux,
Sur tes pompeux débris daigne abaisser les yeux :
Vois les puissants reduits aux chants d'une nourrice.
Crois-tu vivre en un livre ou sur un édifice
Par la tradition? Avec toi dans l'oubli
Dort ton flatteur; l'histoire en veillant t'a flétri.

XXXVII

Debout, fils de l'Espagne, allons, debout, avance!
De la Chevalerie, ah! reconnais le cri.

Ta déesse laissant son plumet cramoisi,
Ne brandit plus dans l'air l'insatiable lance;
Sur des tubes brûlants elle vole aujourd'hui,
Par des torrents de feux son tonnerre a rugi.
« Éveille-toi, debout » redit chaque volée,
Aux armes! Par ce cri l'Espagne est appelée.
Castillans cet appel sonne-t-il moins pour vous
Que l'ancien chant de guerre au rivage andaloux?

XXXVIII

Mais silence! entends-tu là-bas sur la bruyère
Le dur trépignement du belliqueux coursier?
N'as-tu pas vu frapper du tranchant de l'acier
Et n'as-tu pas à temps couru sauver ton frère,
Avant qu'il soit tombé sous les coups des tyrans,
Sous leurs esclaves vils? Vois les dards dévorants,
Vois les globes de feux jaillir sur les abîmes.
Chaque volée annonce un essaim de victimes;
La mort chevauche au sein du souffre, ardent siroc,
La bataille trépigne, et tout tremble à son choc.

XXXIX

Sur la montagne vois le géant sentinelle[7],
Empourprer de soleil sa crinière de sang.

Avec des plombs mortels de sa main jaillissant,
Il va consumer tout du feu de sa prunelle;
Sans répit il s'agite, ou morne au haut des airs,
Il roule et darde au loin de sinistres éclairs.
Devant ses pieds d'airain le Carnage se couche,
Pour signaler les coups de son horrible touche,
Car ce matin verra trois grandes nations
Lui verser un sang pur, douces libations!

XL

Le splendide coup d'œil pour l'être sans famille,
Sans frère, de pouvoir contempler trois drapeaux,
Trois écharpes, tissu de cent dessins rivaux,
Des armes dont l'éclat dans les airs vibre et brille!
Ah! quels limiers de guerre affamés, glapissant,
De leur niche élancés vers des repas de sang!
Tous chasseurs, mais bien peu triomphants! car la tombe
Emportera pour soi la meilleure hécatombe.
Et la destruction, sur ces affreux débris,
Peut à peine, de joie, en estimer le prix.

XLI

La triple armée offrant l'encens expiatoire
Dans trois langues envoie au ciel son oraison,

Déroulant trois drapeaux flottant à l'horizon
Et criant : Albion, France, Espagne, victoire!
L'ennemi, la victime, et le crédule ami,
Qui généreux se bat vainement pour autrui,
Sont ici rassemblés (chez eux dans leur patrie,
Comme s'ils ne pouvaient finir leur douce vie)
Champs de Talavera[8], pour nourrir tes corbeaux
Et le sol convoité par ces trois fiers rivaux.

XLII

C'est là qu'ils pourriront, dupes de leur folie,
De l'honneur, qui pourtant pare leurs ossements.
Contemple, vain sophisme, en eux les instruments
Que brise et jette aux vents la sombre tyrannie,
Quand elle ose frayer et joncher son chemin
De cœurs d'hommes..... vers quoi? vers un seul rêve, un rien.
Le despote peut-il de son pouvoir fragile
Étreindre les appuis? Un coin de cette argile,
L'ose-t-il dire sien, sauf ce coin vil, abject
Où ses os par débris tomberont, reste infect.

XLIII

O champs d'Albuera[9], plaine trop douloureuse!
Qui pouvait y prévoir, lorsque sur ton sillon

Le pèlerin donnait au coursier l'aiguillon,
De jactance et de sang la scène désastreuse?
Paix aux morts! Puisse au moins la gloire des guerriers
Et les pleurs du triomphe honorer leurs lauriers.
Avant qu'un autre essaim leur succède et succombe.
Partout où d'autres chefs conduiront l'hécatombe,
Ton nom occupera le peuple bégayant,
Ton fugitif éloge en un vulgaire chant.

XLIV

Assez des favoris, fanfarons de la guerre!
Libre aux fous de jouer leurs jours par vanité,
Les troquant pour la gloire et l'immortalité
Qui peut ressusciter à peine un peu de terre.
Mille doivent tomber pour parer un héros;
Et pourtant c'est pitié de forcer au repos
Un mercenaire heureux, mourant pour la patrie
Dont il aurait été peut-être l'infamie,
En succombant obscur, ignoble et sans éclat,
Ou comme un vil brigand, insigne scélérat.

XLV

Childe Harold a hâté sa course solitaire
Vers la fière Séville, où vit la liberté,

Asile triomphant, mais trésor convoité,
Sur qui fondra bientôt la conquête étrangère,
Harpie aux doigts souillés. La charmante cité
Subira son approche et son tact empesté,
Irrévocable arrêt ! Là fondront la ruine,
La désolation, et leur fruit, la famine,
La lutte est vaine; ou Tyr, Ilion survivrait;
Sur le meurtre impuissant la vertu régnerait.

XLVI

D'un destin imminent oublieuse, l'orgie,
Bacchante échevelée, erre et court en ces lieux.
Le patriote ingrat perd un temps précieux
Sans saigner du sang pur que verse la patrie.
Ici nul cri guerrier; mais des chansons d'amour.
La folie ici même enchaîne encor sa cour.
Au front jeune et lascif la nocturne licence,
Aux crimes des cités s'associe en silence.
Autour du précipice, aveugle, fasciné,
A leurs murs chancelants le vice est cramponné.

XLVII

Mais l'homme des champs fuit cette coupable scène,
Sa compagne tremblante et lui se sont blottis.

Craignant d'apercevoir leurs vignobles détruits,
Foudroyés par la guerre et sa brûlante haleine.
Adieu l'astre du soir souriant à leur jeux;
Adieu la castagnette au fandango joyeux.
Monarques, puissiez-vous savourer cette joie
Par vous empoisonnée; et, cessant d'être en proie
Aux soucis de la gloire, à votre ver rongeur,
Loin du fracas des camps, rendre l'homme au bonheur!

XLVIII

Du gaillard muletier quelle est la chansonnette?
Est-ce un cantique saint, un dernier chant d'amour
Dont il charmait jadis les ennuis d'un long jour,
Sur sa route agitant la légère sonnette?
Non, il chante en trottant : Vive, vive le roi! [10]
Et souvent s'interrompt pour exécrer Godoy,
Charles, royale dupe, et cette heure maudite,
Quand par de beaux yeux noirs la reine fut séduite,
L'heure où la trahison au visage de sang
D'une joie adultère éclata jaillissant.

XLIX

Dans la plaine là-bas, qu'au loin de douces côtes
Couronnent, là, debout, est la mauresque tour.

Le sol qu'a labouré des chevaux le pied lourd
Dit que l'Andalousie eut les Maures pour hôtes.
Témoin est le gazon par les flammes noirci,
Camp, signaux, feux de guet, armée, étaient ici.
Là, le nid du dragon fut ravi par l'audace
Du hardi villageois qui vous montre sa place.
Fier, il signale encor vingt autres forts conquis,
Et tour à tour perdus, et tour à tour repris.

L

Quiconque vient à vous dans un étroit passage
Porte au bonnet un signe, en rouge cramoisi.
Qui saluer, ou fuir? Vous êtes averti,
Malheur à qui n'a point ce salutaire gage,
De loyauté pour tous c'est le signe certain,
Ou le fil du couteau porte un coup trop soudain.
La gent gauloise enfin se serait repentie,
Du poignard au manteau si la lame blottie
Pouvait du large sabre émousser le tranchant,
Ou faire reculer le canon foudroyant.

LI

De Morena[11], la cime au milieu du nuage,
S'élève en batterie, en dur rempart d'airain,

Et l'œil dans l'horizon en s'étendant au loin
Voit marqués à l'entour en sinistre passage
Obusiers de montagne, et chemins défoncés,
Et fossés inondés, et remparts hérissés,
Bataillons en arrêt, le guet en sentinelle,
Le magasin de poudre au fond du roc fidèle,
Le coursier tout sellé sous le chaume, et foulé
En tas pyramidal le boulet empilé.

LII

Puis la mèche allumée, annonçant le tonnerre.
Celui dont le regard écrasa des tyrans,
Fragiles roitelets, de sa verge en suspens
A daigné quelque temps arrêter la colère.
Bientôt ses légions auront passé par là ;
L'Occident doit subir le nouvel Attila.
Jour des comptes fatal pour toi, pays d'Espagne,
Quand le vautour gaulois planant sur la montagne,
Son aile déployée et poussant mille cris,
Va plonger aux enfers des essaims de tes fils.

LIII

Et doivent-ils mourir, orgueilleux, jeunes, braves,
Pour grossir d'un tyran le joug démesuré ?

De ce joug au tombeau n'est-il point de degré,
Du brigand oppresseur aux victimes esclaves?
Ce pouvoir qu'on adore a-t-il signé l'arrêt,
Sans qu'on puisse appeler du terrible décret?
Tout est-il impuissant, désespoir et courage,
Zèle patriotique, et prudence du sage,
Du jeune âge l'ardeur, des ans l'habileté,
Le cœur au triple acier de la virilité?

LIV

Est-ce donc pour cela que la vierge amazone [12]
Au saule suspendant son luth silencieux,
S'armant, fille de Mars, d'un fer audacieux,
Marque, en le brandissant, un hymne qu'elle entonne?
Celle qu'un peu de sang de frayeur saisissait,
Que le cri du hibou même d'horreur glaçait,
Voit, suit la baïonnette entamant la colonne,
Le sabre recourbé qui scintille et moissonne,
Sur des corps palpitants marche comme Pallas
Où le dieu des combats craint d'imprimer ses pas.

LV

Vous à qui ces récits semblent une merveille,
Si vous l'aviez connue à l'heure du plaisir,

Regardé cet œil noir aiguillon du désir,
Au bocage entendu sa voix suave à l'oreille,
Vu ces flots de cheveux, du peintre désespoir,
Cette forme céleste et son divin pouvoir,
Jamais vous n'auriez cru qu'au signal de Bellone,
Saragosse verrait de sa tour la Gorgone
Sourire à ces périls, éclaircissant les rangs,
Saisir la gloire en homme et faucher en pleins champs.

LVI

Son amant a péri. Point de vaine tendresse :
Le chef tombe, elle est là pour venger son trépas.
Ses compagnons vont fuir, elle arrête leurs pas.
L'ennemi se retire; elle vole et le presse.
Qui peut mieux apaiser les mânes d'un amant,
Mieux remplacer un chef à son dernier moment ?
Quelle vierge, déesse aux mortels apparue,
Saurait mieux relever l'espérance perdue,
Chasser plus vivement et d'un bras plus actif,
Femme, devant les murs, le Gaulois fugitif ?

LVII

L'Espagnole n'est point de la race amazone :
Elle vit pour l'amour, bien que, prompte à l'honneur,

Elle sache des siens aiguillonner l'ardeur
Et guider au combat la terrible colonne.
C'est la fière colombe, en sa chère prison,
Qui mord la main hostile à son doux compagnon.
Tendre et noble à la fois, elle a la préséance
Sur les femmes du nord d'une froide science ;
Son esprit est plus haut s'il est moins cultivé,
Ses charmes aussi grands, son cœur plus élevé.

LVIII

Ces fossettes qu'amour forma sur son visage,
Trahissent sous le doigt un menton si moelleux ;
Ces lèvres, de baisers les nids voluptueux,
A qui veut les gagner commandent le courage.
Son regard, qu'il est beau, qu'il est fier ! quels attraits !
Pour les flétrir Phœbus en vain darde ses traits.
Ils brillent plus encor sous l'étreinte amoureuse.
Quel chasseur, dirigeant sa course aventureuse,
Irait chercher au nord de plus pâles beautés,
Des attraits fades, froids aux yeux désenchantés !

LIX

Comparez, cieux lointains, vous climats poétiques,
Comparez, vous, harems, mystérieux réduits

Où ma lyre se plaît à célébrer sans bruits
Des beautés qu'avoueraient les plus hardis cyniques,
Comparez vos houris que vous privez du jour,
De peur que sur le vent ne voltige l'amour,
A la vierge espagnole! Ah! c'est là-bas, la femme,
Ah! sachez-le, charmante, à l'œil noir et de flamme,
De votre grand Prophète ornant le paradis,
Oui, c'est l'ange du ciel, oui, c'est votre houris!

LX

O toi, Parnasse, ô toi, mont sacré que j'assiége [13],
Non dans le vain transport d'un rêve séducteur,
Ni d'un site riant sous le voile trompeur,
Mais le pied en la nue, au sein d'un ciel de neige,
Dans ta pompe sauvage, austère majesté,
D'essayer ses accords quel mortel n'est tenté?
Parmi tes pèlerins, un humble tributaire
Implore tes échos pour son chant solitaire,
Bien qu'une Muse ici ne doive plus jamais
Élever son essor du haut de tes sommets,

LXI

Bien souvent j'ai rêvé de toi. Te méconnaître,
C'est de l'homme ignorer le trésor précieux.

Je tremble cependant, tout confus et honteux,
A présent qu'à mes yeux tu daignes apparaître.
De tes adorateurs, saint troupeau d'autrefois,
Quand je compte les noms, saisi, presque sans voix,
Je fléchis le genou, j'adore et sais me taire.
Sans tenter vers ta cime un essor téméraire,
Je reste extasié sous ton dôme voilé;
J'ai du moins le bonheur de t'avoir contemplé.

LXII

Plus heureux que beauconp des princes de la lyre
A de lointains pays entraînés par le sort,
Pourrais-je contempler sans amour, sans transport
Une scène qu'un autre en vain cherche et désire?
Bien qu'Apollon ait fui, bien que votre berceau,
O Muses! maintenant, soit pour nous un tombeau,
Un fantôme léger en dépit de l'absence,
Pénètre encor ces lieux de sa douce influence,
Soupire avec la brise ou dort silencieux,
Et caresse en glissant le flot mélodieux.

LXIII

A toi je reviendrai. J'ai suspendu ma lyre
Et brûlé mon encens, d'abord sur ton autel,

Laissant l'Espagne chère à tout libre mortel,
Et ses fils, et leurs sœurs, dans mon sacré délire,
Ma voix t'a salué, non sans pleurs, sans soupir;
A mon tour à présent. Mais laisse-moi ravir
A ce lieu, ton séjour, quelque gage fidèle.
Cède-moi de Daphné, de sa plante immortelle
Une feuille, un laurier, et que tes bords heureux
De l'humble pèlerin ne trompent pas les vœux.

LXIV

Jamais, noble montagne, aux beaux jours de la Grèce,
Ta base de géant ne vit chœurs plus brillants,
Delphes ne vit jamais, au milieu de ses chants,
Qu'avec un feu divin entonnait la prêtresse,
Sujets plus enivrants et plus inspirateurs
Que la vive Andalouse aux yeux fascinateurs,
Des flammes du désir constamment dévorée.
Ah! pourquoi cette ardeur n'est-elle tempérée
Sous ces ombrages frais que tu daignes donner,
Bien que ta vieille gloire ait pu t'abandonner!

LXV

Séville est belle et fière. A son gré qu'elle vante
Sa force, sa richesse et sa vieille splendeur;

Cadix au loin, planant du haut de sa grandeur,
Veut des vers délirants, quand Cadix nous enchante.
Ah! vice corrupteur! que d'art, de volupté;
Lorsqu'un sang jeune, ardent, bouillonne tourmenté,
Qui pourrait échapper à ton prisme magique?
Ton serpent tentateur, ton démon fantastique
Venant nous enlacer de tes mille réseaux,
Façonne au gré de tous ses perfides tableaux.

LXVI

Lorsque Paphos tomba sous ta main vengeresse,
Inexorable temps, par qui tout doit mourir,
Jusques à la beauté qui sait tout conquérir,
L'essaim des doux plaisirs s'envola de la Grèce.
Mais au même climat, constante à son berceau,
L'inconstante Vénus, en un séjour nouveau,
Fixa son sanctuaire entre ces murs blanchâtres.
Il n'est pourtant point seul. Vingt temples idolâtres
Sont ouverts pour son culte au flot adorateur,
Mille autels sont debout, rayonnant de splendeur.

LXVII

Du matin à la nuit, de la nuit à l'aurore
Qui luit en rougissant sur d'éternels rieurs,

L'on entend la chanson, l'on se couvre de fleurs,
Le trait d'esprit jaillit, meurt et renaît encore
Par éclairs successifs. Dites de longs adieux
A toute saine joie en vivant dans ces lieux.
Rien n'interrompt l'orgie : au fond de la cellule
Des moines cependant l'encens par torrents brûle
En leur dévotion. Amours, prières, chants,
S'unissent tour à tour et gouvernent le temps.

LXVIII

Mais le sabath a lui, jour saint de la prière,
Comment par ces chrétiens est-il sanctifié?
A des jeux solennels le peuple est convié,
Le roi de la forêt rugit dans la carrière ;
Brisant la frêle lance, il hume en frémissant
De l'homme et du coursier le sang rejaillissant.
« Encor, cent fois encor, » le cirque acclame et crie ;
Sur des corps palpitants il hurle avec furie,
Et l'œil de la beauté ne se détourne pas
De cet affreux tableau, pour elle plein d'appas.

LXIX

C'est le septième jour ! Jubilé, fol délire !
Londres, tu comprends mieux le saint jour du repos.

Alors ton citoyen, artisan, frais, dispos,
Ton apprenti si leste à l'air des champs aspire.
Le char numéroté, la chaise au seul cheval,
L'humble gig et whiskey, tous d'un trot matinal
Vers Hampstead, vers Brentford, Harrow font le voyage [14]
Jusqu'au soir où, traînant le modeste attelage,
Lasse, la haquenée abdique un lourd fardeau
Et fait rire aux éclats le pédestre badaud.

LXX

L'un promène sur l'eau sa belle enrubanée;
D'autres plus sûrement aux champs s'envoleront.
Se hâtent jusqu'à Ware ou gravissent Richmond.
Vers Highgate [15] un dernier pousse sa haquenée;
Ombres de Béotie, interrogez ces lieux.
Pourquoi tout ce concours? Pour le culte pieux
De la corne sacrée et de ses saints mystères;
Garçon et fille ici, pèlerins tributaires,
En son nom solennel vont jurer tour à tour,
Et de l'aube en dansant attendent le retour.

LXXI

Modes en tout pays; quand ta cloche argentine,
Cadix, reine des mers, planant sur le flot bleu,

Appelle le fidèle en troupeaux, au saint lieu,
Tous comptent le rosaire à l'heure de matine,
Tous fatiguant, priant, tourmentant, vont presser
La Vierge (seule ici d'honneur) pour confesser
Des péchés plus nombreux que les grains du rosaire ;
Et de là vers le cirque, inondant la carrière,
Jeunes, vieux, grands, petits, d'un même empressement
Viennent prendre leur part au même enivrement.

LXXII

Mais la lice est ouverte, et la première aurore
Partout sur les gradins voit le peuple entassé,
Au curieux trop lent pas un coin n'est laissé.
Avant qu'ait retenti la trompette sonore,
Quel concours de seigneurs, cavaliers de haut ton,
De chefs, de grands, surtout du sexe à l'œil fripon,
Habile dans cet art de mouvoir la prunelle,
Toujours prêt à guérir la blessure mortelle.
Nul sous ses froids dédains ne doit jamais mourir
Comme le troubadour, du mal d'amour martyr.

LXXIII

Tout murmure a cessé. Dans la lice en silence,
Sous leurs panaches blancs, quatre beaux cavaliers

Dardant l'éperon d'or à leurs fiers destriers
S'avancent; avec grâce ils abaissent la lance,
Leur écharpe rayonne, et les coursiers fougueux
Se cabrent sous leurs mains. En ces jeux périlleux
S'ils brillent aujourd'hui, d'une foule idolâtre,
Les acclamations sur le vaste théâtre,
Et les tendres regards, des hauts faits noble prix,
Et des chefs et des rois les dons leur sont acquis.

LXXIV

Sous son brillant manteau l'agile matadore
Se tient au centre à pied, prêt au premier signal
A braver sans pâlir son superbe rival,
Le monarque des prés. Mais il s'arrête encore,
L'espace lentement doit être parcouru,
Afin d'en écarter tout obstacle imprévu,
Son arme est un dard seul; il combat, mais que faire
Sans un coursier fidèle, actif auxiliaire,
Trop souvent condamné pour son maître à souffrir,
A saigner pour lui plaire, et peut-être à mourir [16] ?

LXXV

Trois fois le clairon sonne. A ce bruit l'antre immense
S'ouvre, et les spectateurs muets, tous en suspens

Et la bouche béante, ont compté les moments.
D'un seul bond tout à coup le fier taureau s'élance ;
L'œil hagard, il trépigne avec rage et fracas;
Sur l'ennemi pourtant, aveugle il ne fond pas.
Se tournant ici, là, sa corne menaçante
Pour la première attaque en tous sens se présente;
De sa queue irritée il fatigue et bat l'air,
Et son œil dilaté lance un sanglant éclair.

LXXVI

Il s'arrête soudain, le regard fixe; arrière
Téméraire jouteur, tiens ta lance en avant,
Car c'est l'instant fatal; de périr c'est l'instant,
Ou d'éluder par l'art ton fougueux adversaire.
On voit tourbillonner chaque agile coursier,
Le monstre écume en vain, il a senti l'acier;
De ses flancs entr'ouverts un flot pourpré s'écoule,
Dévoré de douleurs, il gémit, il se roule.
La lance suit la lance, et d'affreux beuglements
Sous un réseau de dards attestent ses tourments.

LXXVII

Mais il revient, bravant la pique menaçante
Et l'assaut du cheval qui se cabre et se tord,

Et tente follement un furieux effort;
De l'homme l'arme est vaine et la force impuissante.
Un généreux coursier sans vie est étendu.
D'un autre, objet hideux, le poitrail décousu,
De la vie a montré la source palpitante.
Quoique frappé de mort, machine chancelante,
Il porte, soutenu par l'élan de son cœur,
Le maître, dont il sauve et les jours et l'honneur.

LXXVIII

A la fin, épuisé, haletant, fou de rage,
Au centre le taureau se tient comme atterré,
De blessures couvert, de dards tout déchiré.
Au milieu des débris de sa fureur sauvage
Le fier toréador l'excite, en tenant prêt
Son voile d'écarlate, et son glaive en arrêt;
L'animal a repris sa course impétueuse;
En vain : le voile a fui la main insidieuse,
Ses yeux sont aveuglés; dès lors tout est passé;
L'arène voit tomber l'athlète terrassé.

LXXIX

Au point même où le col du dos rejoint l'épine,
Le glaive meurtrier comme dans un fourreau

Se plonge flamboyant. Le superbe taureau,
Dédaigneux de céder, sur lui-même s'incline.
Aux cent cris de triomphe il tombe lentement,
Il meurt sans agonie et sans gémissement.
Le char triomphateur paraît. Le corps se hisse.
Pour ce peuple grossier quel charme ! De la lice
Quatre fougueux coursiers aussi prompts qu'ombrageux
Entraînent le cadavre; il disparaît aux yeux.

LXXX

Tel est le jeu cruel, les premières délices
De la vierge espagnole et de l'adolescent;
Tous deux dès le berceau furent nourris de sang;
De leurs cœurs la vengeance eut les tendres prémices.
Quelle rixe au hameau ! Bien que tant de ses fils
Doivent en rangs pressés courir aux ennemis,
Il reste, hélas! assez d'habitants au village
Tramant contre un ami des complots pleins de rage
Pour d'innocents sujets, causes d'affreux assauts,
D'où coulera la vie en de rouges ruisseaux.

LXXXI

Mais adieu jalousie, adieu la duègne sage,
Gardienne décrépite, et barreaux et verroux!

Tous ces vieux instruments d'un despote jaloux
Se sont évanouis, sont passés avec l'âge.
Qui plus que l'Espagnole avait sa liberté,
Avant qu'en un volcan la guerre eût éclaté,
Quand, les cheveux nattés, on la voyait naguère
Sur l'herbe s'élancer, bondir vive et légère
Et que l'astre des nuits amant d'Endymion,
Sur ses folâtres jeux jetait un doux rayon?

LXXXII

Harold avait aimé mainte fois dans le monde,
Ou rêvé qu'il aimait. C'est un rêve qu'amour.
Mais son volage cœur resta froid en ce jour.
Il n'avait pas encor du Lethé goûté l'onde.
C'est depuis qu'il a su que, malgré tous ses traits,
Les ailes de l'amour sont ses plus doux attraits.
Quels que soient son éclat, sa beauté, sa jeunesse,
Bien qu'il verse à longs flots l'ambroisie et l'ivresse,
Quelque venin secret sort d'un tapis de fleurs
Et du plaisir corrompt les perfides douceurs.

LXXXIII

Il n'est point insensible à la belle nature,
Au bien comme le sage il est intéressé,

Non point que la sagesse ait jamais abaissé
Sur lui ses chastes yeux et sa clarté si pure;
Mais la passion folle, ou s'enfuit, ou s'endort;
Le vice, se creusant sa tombe avant la mort,
S'était enseveli pour lui dans un abîme.
Encor paré de fleurs, des voluptés victime;
Sur son front soucieux Caïn avait écrit
Le dégoût de la vie et son arrêt maudit.

LXXXIV

Il évitait la foule et son bruyant délire,
Et sans misanthropie, oisif observateur,
Dans les danses, les chants il voudrait être acteur,
Mais sous le poids du sort comment peut-il sourire?
Rien de ce qu'il voyait ne calmait son ennui.
Un seul jour il lutta contre son ennemi,
Quand pensif, de la grâce assis sous le bocage,
Il osa composer ce lai dans son langage
Pour des charmes rivaux de ces jeunes beautés
Dont ses jours d'autrefois florissaient enchantés :

A INÈS.

A ce front soucieux ne jette aucun sourire;
 Je ne puis te rendre le mien;

Te préserve le ciel de ce triste délire
    De pleurer et pleurer en vain !

Tu veux savoir quel mal et me ronge et me tue,
    Mal secret dont je dois mourir.
Mais quand tu le saurais, c'est un mal que ta vue,
    Que toi-même, ne peut guérir.

Non ! ce n'est point l'amour, la haine ou la vengeance,
    Ni le regret d'honneurs perdus,
Qui font peser sur moi le poids de l'existence,
    Et fuir ceux que j'aimais le plus.

C'est ce dégoût qui naît de tout ce que je touche,
    De ce que j'entends ou je vois ;
La beauté ne m'est rien ; à peine si ta bouche,
    Tes yeux ont un charme pour moi.

C'est la morne douleur, poids accablant qui tombe
    Sur ce Juif, errant sans repos,
Sans espoir d'avenir au delà de la tombe,
    En deçà, sans trêve à ses maux.

Quel exilé jamais a pu se fuir lui-même ?
    Au loin, et partout où je suis,
O démon de ma vie, ô pensée anathème,
    Toujours, toujours tu me poursuis.

D'autres semblent goûter ce qui fait mon supplice
  Et dormir leur moelleux sommeil.
Laissons-les savourer des rêves de délice,
  Qu'ils n'aient pas du moins mon réveil.

Il me faut promener, c'est là ma destinée,
  Mes souvenirs, poignants fléaux.
Encore est-il heureux pour l'âme condamnée
  D'avoir vu le pire des maux.

Le pire, quel est-il? Tu veux que je le nomme.
  Par pitié, forme d'autres vœux,
Souris; ne fouille pas au fond de ce cœur d'homme
  L'enfer s'offrirait à tes yeux.

LXXXV

Un long, un long adieu pour toi, Cadix si fière,
Qui pourrait oublier tes murs de diamant?
Quand tout changeait, toi seule en ce grand mouvement
Restais libre et debout, sous le joug la dernière.
Et si, dans une scène en ce choc violent,
On vit le sang des tiens dans tes murs ruisselant,
Ce fut un sang impur, ce fut le sang d'un traître [17].
Tout était noble ici, sauf ce qui devait l'être,
La noblesse! Excepté ces chevaliers sans cœur,
Nul n'embrassait tes fers qu'imposait un vainqueur.

LXXXVI

Tel est le fils d'Espagne! Étrange destinée!
Jamais libre, il combat, lui, pour la liberté,
Peuple sans roi, saignant pour l'état avorté;
Quand le chef fuit, on voit la fidèle poignée
De vassaux se vouer dans un excès d'amour
Au pays qui ne donne à ses fils que le jour.
L'orgueil leur montre où gît la liberté leur mère.
Dans la lutte vaincus, leur fureur sanguinaire
Renaît, rugit encor : guerre, destruction,
Guerre à coups de couteaux, extermination[18].

LXXXVII

Si tu veux de l'Espagne approfondir l'histoire,
Ce qu'en lettres de sang on n'écrivit jamais,
Lis-le, ce que la haine aiguisa de ses traits
Contre ses ennemis, ici l'on s'en fait gloire.
Flamboyant cimeterre ou perfide stylet,
La guerre a façonné toute arme à son objet.
Qu'elle garde la sœur et l'épouse timide,
Qu'ainsi tout oppresseur sente un fer homicide;
Qu'en frappant sans remords, elle sache venger
L'Espagne et ses enfants des coups de l'étranger!

LXXXVIII

Qu'ici la pitié donne aux morts sa larme pure.
Ah ! regarde à l'entour. Vois ces champs ravagés,
Dans le sang féminin, ces mains, ces bras plongés,
Puis abandonne aux chiens ces morts sans sépulture,
Aux vautours affamés, délicieux repas.
Si pour l'oiseau de proie ils ont trop peu d'appâts,
Que leurs os blanchissant, en épaisse muraille,
Leur sang non effacé sur le champ de bataille
Fassent aux fils ainsi concevoir des fureurs
Dont les acteurs ont vu les tragiques horreurs.

LXXXIX

Hélas ! ce n'est pas tout. Du haut des Pyrénées
Cent autres légions fondent à flot pressé.
Le drame se complique à peine commencé.
L'œil humain ne saurait sonder ces destinées.
L'Espagne attire à soi les yeux de l'univers.
Libre elle brisera de sa main plus de fers
Que n'en donna Pizarre. O retour bien étrange !
Des malheurs de Quito [19] l'Amérique se venge.
Le pays maternel par le fer moissonné
Voit rôder en tous lieux le meurtre déchaîné.

XC

Ni dans Talavera les monceaux de victimes,
Ni de la Barossa les merveilleux efforts,
Ni même Albuera, si prodigue de morts,
Rien n'a conquis des droits sacrés et légitimes.
Quand vivra l'olivier hors d'un souffle empesté?
Quand ce ciel aura-t-il quelque sérénité?
Que de nuits sans sommeil et que de jours sans joie,
Avant qu'au Franc avide on arrache sa proie
Et de la liberté que le jeune rameau
Indigène, s'élève au sol vierge et nouveau!

XCI

Et toi, fidèle ami, puisque le sort veut joindre
Ma douleur impuissante à mes tristes accords,
Si le fer t'unissait à tant d'illustres morts,
L'orgueil à l'amitié défendrait de te plaindre.
Mais au tombeau descendre ainsi sans un laurier,
Te voir ainsi de tous; hors un cœur, oublier;
Et mêlé sans combattre aux récits de l'histoire
Lorsque de moindres noms cueilleront tant de gloire,
Ami, qu'avais-tu fait loin des camps pour mourir?
Dans un repos obscur seul pour t'ensevelir[20]?

XCII

O le premier connu, le plus cher dans la vie
A ce cœur qui n'a rien au monde conservé
A mes jours sans espoir à jamais enlevé,
Daigne au moins m'apparaître en cette rêverie !
Ce deuil secret viendra renouveler mes pleurs,
Et réveiller mon âme à d'anciennes douleurs.
L'imagination d'une aile caressante
Se plaît à voltiger sur la tombe innocente
Jusqu'au jour où, limon à l'argile rendu,
Pleureur dans le passé, je serai confondu.

XCIII

Harold entrait ainsi dans son pèlerinage.
O vous, qui voulez suivre au loin le voyageur
S'il reste pour courir de la force au rimeur,
Vous trouverez sa trace à la prochaine page.
Est-ce trop, Aristarque ? Ah ! veuille t'arrêter.
Patience, et bientôt tu pourras écouter
Tout ce qu'il observa sur la terre classique,
D'antiques monuments le berceau poétique,
Avant, ô noble Grèce, et vous, arts fortunés,
Que de barbares mains vous eussent profanés.

NOTES DU CHANT I

1. Le golfe de Biscaie, sur les côtes d'Espagne.

2. Saint Honorius y creusa la grotte au-dessus de laquelle se lit son épitaphe.

3. Vatheck Beckford, héritier d'une immense fortune, après avoir siégé dans plusieurs Parlements, résida quelque temps en Portugal, où il laissa la réputation de sa magnificence princière.

4. Bourg de Portugal, province de Beira. La convention de Cintra, pour l'armistice avec la France, fut signée dans le palais du marquis de Marialva.

5. Mafra, ville du Portugal, province d'Estramadure, ancienne résidence de la reine Marie Ire, vers 1786.

6. Cava ou Florinda, fille du comte Julien, l'Hélène de l'Espagne, enlevée par Roderic, roi des Visigoths, et première cause de la conquête des Arabes, qui se prolongea de 712 jusqu'en 1492.

7. Napoléon, la terreur de l'Angleterre.

8. Talavera, près de Tolède. En 1808, elle fut prise par les Français, qui en furent chassés par les Anglo-Espagnols en 1809.

9. Albuera, près de Badajos. Le maréchal Soult y remporta, en 1811, une victoire complète sur le général Beresford, commandant les Anglo-Espagnols.

10. « Viva el rey Fernando. » C'était le refrain de la plupart des chants patriotiques espagnols, tous dirigés contre le roi Charles IV, la reine son épouse et Godoy, le prince de la Paix.

11. La Sierra Morena était hérissée de canons pour défendre le midi de l'Espagne.

12. Allusion à l'héroïne de Saragosse, si célèbre dans la dernière guerre.

13. Byron abordait alors en Grèce, tout en conservant le souvenir vivace de l'Espagne.

14, 15. Noms de six villages charmants situés aux environs de Londres.

16. On doit distinguer dans ce vivant tableau les *chullos*, à pied, les *picadores*, à cheval, et le *matador* ou *toréador*, qui donne le coup fatal.

17. Allusion à la conduite et à la mort de Solano, gouverneur de Cadix en mai 1809.

18. Réponse de Palafox, le défenseur de Saragosse, à un général français.

19. Quito, conquis et ravagé par les Espagnols en 1534, se détacha du Pérou en 1718, et fait partie de la Nouvelle-Grenade.

20. Allusion à sir John Wingfield, mort de maladie à Coïmbre.

CHANT II

I

Vierge aux regards d'azur, des cieux daigne descendre!
Hélas, inspiras-tu jamais un chant mortel,
Déesse de sagesse? Ici fut ton autel;
Il est resté debout, surgissant de la cendre,
De la flamme et du fer, de la guerre et du temps.
Mais pire que le feu, que les siècles trop lents,
Est le sceptre brutal, est la main redoutable
D'hommes qui n'ont jamais senti le feu sacré
Que ta noble pensée, ô vierge secourable,
Prodigue avec amour au mortel inspiré.

II

Honneur des jours anciens, majestueuse Athène,
Où sont tes fiers héros? où sont tes demi-dieux?
Disparus, mais de loin songe encor radieux.
Les premiers de la gloire ils remplirent la scène.

Ils n'ont fait que passer, quel triste enfantement!
Un conte d'écolier, merveille d'un moment.
Vainement vous cherchez du sophiste la stole
Et du mâle guerrier le formidable dard,
Une ombre de grandeur se disperse et s'envole
Sur la croulante tour des ans dans le brouillard.

III

Lève-toi, fils d'un jour, viens, approche et contemple
Cette urne sans défense et ne l'outrage pas!
Vois ces lieux, le séjour, l'empire du trépas;
D'un peuple le tombeau, des dieux le vide temple
L'autel privé d'encens. Chaque dieu doit céder,
Et les religions se doivent succéder.
Jupiter, Mahomet et maint autre symbole
Viendront instruire l'homme en changeant le tableau.
En vain meurt ta victime, en vain ton encens vole,
Du doute et du trépas jouet, faible roseau!

IV

Sur la terre enchaîné, ton œil au ciel s'élance.
N'est-ce donc pas assez, pèlerin malheureux,
D'avoir reçu la vie? Est-ce un don précieux?
Pourquoi donc aspirer vers une autre existence,

Vouloir errer encore et n'importe en quels lieux?
C'est qu'au bout du parcours tu crois trouver les cieux.
Songeras-tu toujours, en caressant ton rêve,
A la joie à venir, à de futurs malheurs?
Pèse cette poussière avant qu'elle s'enlève;
Cette urne étroite en dit plus que mille orateurs!

V

Fouille le tertre altier où la cendre isolée
D'un héros qui n'est plus sur le rivage dort;
Tombant, il vit tomber les peuples; à sa mort
Tous pleurèrent. Qui donc pleure à son mausolée?
Aucun guerrier ne veille où jadis dans ces lieux,
Dit la tradition, régnaient des demi-dieux.
Parmi ces os épars, ramasse un crâne immonde.
Est-ce un temple, vraiment, qu'un dieu puisse habiter?
Le ver même, laissant sa cellule profonde,
Dédaigneux à la fin semble le rejeter.

VI

Vois ces murs en ruine et l'arcade brisée,
Ces chambres, froids déserts, et ce portail en deuil.
Là de l'ambition se déployait l'orgueil,
L'âme avait son palais, son temple, la pensée!

Vois de ces yeux éteints l'orbite, un antre creux
Où l'esprit, la sagesse, éclataient si joyeux.
Foyer des passions sans frein et sans mesure !
Sage, saint ou sophiste, en leurs divins écrits
Pourront-ils repeupler cette informe masure,
De ce dôme jamais relever les débris?

VII

Tu l'as bien dit, enfant le plus sage d'Athène,
Nous savons seulement que nous ne savons rien !
Pourquoi donc vouloir fuir l'invincible destin?
Chacun a sa douleur, l'homme faible, avec peine
Porte un mal qu'il se fait; chimérique rêveur !
Poursuis ce que le sort proclame de meilleur.
Aux bords de l'Achéron la paix doit nous attendre;
Nul banquet n'y réclame un convive blasé.
Le silence y prépare, et finit par étendre
Sa couche d'un repos trop longtemps refusé.

VIII

Si par delà ces bords il existe une terre,
Dit le sage, séjour des âmes habité,
Qui des Saducéens confond la vanité,
De son doute orgueilleux si prodigue et si fière,

Quel bonheur ce serait un jour de rencontrer
Les bienfaiteurs du monde; avec eux d'adorer,
D'entendre chaque voix s'élevant de l'abîme,
De revoir chaque objet survivant dans nos cœurs,
Bactriane, ton sage et son ombre sublime,
Le sage de Samos et les autres penseurs!

IX

Toi dont l'amour s'enfuit ensemble avec la vie,
Me laissant vivre seul, sans aimer ici-bas,
Quand je te porte en moi, croirai-je à ton trépas[1]?
Ton image là haut ne peut m'être ravie.
Eh bien! je veux rêver notre réunion,
Et dans ce sombre cœur bercer ta vision.
Si quelque chose donc reste de ta mémoire,
Ce peut être pour moi le gage d'avenir.
J'aurai trop de bonheur s'il m'est permis de croire
Que du bonheur aussi ton âme sait jouir!

X

Que je m'asseye ici sur la pierre massive,
De la colonne encore inébranlable appui.
Jupiter, c'était là ton trône favori,
Roi puissant de l'Olympe! En mon âme pensive

Je cherche la grandeur de ton royal séjour:
Vainement du passé j'invoque le retour.
L'imagination relève en vain l'idole
Que le temps sans pitié travaille à démolir.
Le Turc siége immobile et le Grec court frivole
Sur de pompeux débris qu'il leur plaît d'avilir.

XI

Ah! Pallas, de ton temple où, sous ta grande égide,
Ta dernière relique avait bravé l'exil.
Des vils spoliateurs quel fut donc le plus vil,
Le pire, le dernier, de tous le plus stupide?
Pour toi, Calédonie, ô honte, je rougis.
Honneur à l'Angleterre! il ne fut pas son fils.
Ton enfant libre doit épargner une terre
Qui fut libre autrefois. De ces dieux indignés,
Cet homme a cependant souillé le sanctuaire
Et porté leurs autels sur les flots mutinés.

XII

Mais le Picte aujourd'hui veut, ignoble prouesse [2],
Saper ce que Goths, Turcs, siècles, ont respecté.
Froid comme le granit qui l'avait enfanté,
Cœur insensible et sec, esprit plein de rudesse,

Dont l'audace saisit, dont la main mutila
La dépouille d'Athène. Ah! contre un Attila
Trop faible défenseur de ses saintes murailles,
De sa mère le fils a compris la douleur,
Quand d'un maître cruel, déchirant ses entrailles,
Il sent enfin le joug et le fer destructeur.

XIII

Le Breton dira-t-il jamais dans son langage
Que d'Athènes les pleurs réjouirent Albion?
Bien que de lâches cœurs l'aient pillée en ton nom,
A l'Europe confuse, ah! cache cet outrage.
Cette reine des mers et de la liberté
Boit le reste du sang d'un peuple dévasté.
Un peuple protecteur des peuples qu'on opprime,
D'une main de harpie arrache les fragments
De la Grèce épuisée, expirante victime,
Qu'envieux ont laissés debout l'homme et le temps.

XIV

Pallas, où donc était ton égide puissante
Qui contint Alaric et ses hordes de fer?
Et toi, fils de Pélée, autrefois par l'enfer
En vain tenu captif, quand fière et menaçante,

Dans un jour formidable, en terrible appareil,
Ton ombre est apparue, éblouissant soleil.
Pluton ne pouvait-il de l'infernale rive
Le déchaîner encor sur l'avide étranger?
Son ombre sur le Styx alors errait oisive.
Oublieuse des murs qu'il savait protéger.

XV

Oh! Grèce, qu'il est froid l'homme qui te contemple
Sans adorer ta cendre à ton autel sacré!
Qu'il est aride et sec l'œil qui n'a pas pleuré
De voir tes murs croulants, les débris de ton temple
Emportés par la main qui devait respecter
Ces restes sans retour qu'elle a pu dévaster!
Ah! maudit soit le jour quand, partant de son île,
Le Breton de ton sein vint arracher ces dieux
De nouveau violés dans leur sanglant asile,
Et les porta mourants sous un ciel odieux!

XVI

Mais que devient Harold? Sur le liquide empire,
Oublîrai-je le vol du sombre voyageur?
Ce qu'un autre regrette est pour lui sans couleur.
D'une plainte pour lui nul ne feint le délire.

Avant qu'il ait trouvé d'autres cieux, en partant
Vers le froid étranger, nulle main ne se tend.
A son cœur endurci rien n'offre plus de charmes :
Comme il sentait jadis Childe Harold ne sent pas ;
Il quitte sans soupirs, abandonne sans larmes
Une terre de crime et d'incessants combats.

XVII

Celui qui navigua sur la plaine azurée
A vu, j'en suis certain, un splendide tableau :
Quand la brise effleurait la surface de l'eau,
La voile blanche en l'air, la frégate parée,
Mâts, clochers et rivage, à droite s'effaçant,
L'Océan glorieux au loin s'épanouissant.
Ces navires fuyant comme un cygne sauvage,
Et le plus lourd voilier même, agile et léger,
Tant le flot écumeux dans sa folâtre rage
Autour de chaque proue est prompt à voltiger !

XVIII

Mais voyez au dedans la belliqueuse scène :
Les canons sont rangés et les filets tendus ;
Rauque commandement, bourdonnement confus,
Lorsqu'au signal donné se hisse la misaine.

L'appel du contre-maître et le cri des marins,
Quand le câble glissant fuit et passe en leurs mains.
Et l'apprenti des mers qui devance son âge
Et grossit de sa voix le son grave et perçant,
Gourmandant ou louant; le docile équipage
En aveugle obéit au chef adolescent.

XIX

Sur le pont si brillant, poli comme une glace,
Veille le lieutenant grave et silencieux,
Plus loin marche isolé le chef majestueux,
Dans son sacré domaine où tout autre s'efface.
Respecté, craint de tous, du haut de sa grandeur
Il accorde d'un mot à peine la faveur,
S'il veut faire observer la règle salutaire
Qui peut seule assurer, faible rempart d'airain,
La gloire et le succès. Mais cette loi sévère,
Le Breton sait la suivre et n'en craint pas le frein.

XX

Souffle, brise rapide, ah! souffle impétueuse
Jusqu'au jour où Phébus par degrés va mourir.
Du navire amiral la voile doit languir
Pour laisser arriver la flotte paresseuse.

Maudit soit le retard qui fait ainsi périr
Les vents les plus heureux et le plus doux zéphir.
Que d'espace et de temps se perd avant l'aurore !
Ramper ainsi pensif sur les flots complaisants,
Et les voiles en panne attendre, attendre encore,
Quand propice est la mer, ces navires pesants !

XXI

Phébé se lève; ah ciel, quelle douce lumière !
Le flot dansant au loin reflète en longs torrents !
L'amant soupire alors; fille croit aux serments.
Nous aurons notre tour en revoyant la terre.
Mais d'un rude Arion l'infatigable main
Éveille les sons vifs qu'aime tant le marin.
Chacun en cercle écoute avec un gai murmure
Modulant d'un vieil air le monotone accord;
Insouciant, joyeux, chacun bat la mesure
En croyant cheminer librement sur le port.

XXII

Au détroit de Calpé[3], du montueux rivage,
L'Africain à l'Europe en face s'est montré.
Mauresque aux beaux yeux noirs et Maure au teint cuivré,
La lune vous confond dans son brillant mirage.

Sur les bords castillans avec ses plus doux traits,
Elle effleure les monts, les rochers, les forêts,
Distincts, puis s'effaçant lorsque Phébé s'efface.
Mais de l'Afrique on voit le fantôme géant
Qui sourcille et bientôt s'abaissant dans l'espace,
Du haut de la montagne à la côte descend.

XXIII

Il est nuit, c'est le temps où le cœur se rappelle
Qu'il aima, bien qu'amour ait à la fin cessé.
Solitaire, il gémit de se voir délaissé,
Il rêve, cependant, au souvenir fidèle.
Qui sous le poids des ans voudrait languir un jour
Quand jeunesse survit à la joie, à l'amour?
Quand de s'unir entre eux nos cœurs, hélas, oublient,
La mort ne trouve plus grand chose à moissonner;
Age heureux pour former ces deux nœuds qui nous lient
Qui ne voudrait vers toi, jeune âge, retourner?

XXIV

Attachée au vaisseau que baigne l'onde amère,
Quand Phébé se reflète en son calme miroir,
L'âme, oubliant son rêve et d'orgueil et d'espoir,
Reprend à son insu chaque année en arrière.

Nul n'est jamais si seul que quelque objet aimé,
Et plus cher que soi-même, autrefois n'ait charmé,
Ou qu'il n'excite encore, appelant une larme,
Un douloureux éclair, dont le cœur pénétré
De ces pensers mêlés d'amertume et de charme,
S'efforce, mais en vain, de se voir délivré?

XXV

Rêver sur les rochers, sur les flots, sur l'abîme,
Traverser lentement l'épaisseur des forêts
Où l'homme destructeur ne domina jamais,
Où son pied rarement ou jamais ne s'imprime;
Loin de tous les regards gravir le flanc des monts,
Explorer les sentiers des troupeaux vagabonds,
Sur les torrents, les rocs, se pencher solitaire :
Est-ce la solitude? Oh! non, c'est converser
En fils pieux, Nature, avec toi, tendre mère;
Contempler tes trésors, mais sans les épuiser.

XXVI

Mais dans le bruit, l'éclat, la foule qui bourdonne
Voir, entendre, sentir, jouir nonchalamment,
De ce monde factice inutile habitant,
Sans quelqu'un qui nous aime, et sans aimer personne,

Sans trouver dans la foule un sympathique cœur
Parmi ces nullités qu'effraye le malheur,
Qui, si nous n'étions pas, ne voudraient pas moins rire
Après avoir flatté l'idole en un concert
De louanges, d'encens, d'extravagant délire :
C'est là la solitude, oui, c'est là le désert !

XXVII

Plus heureux est le sort du saint anachorète
Le soir, au mont Athos, en silence veillant,
Et les regards tournés vers le pic du géant
Qui sur l'azur des flots et du ciel se projette.
Ciel si pur, flots si bleus qu'ils fixent sans retour
L'homme qui passe une heure en ce divin séjour.
Il s'arrache avec peine à la magique scène,
Soupire après l'avoir goûtée un seul instant,
Puis rentre dans le monde avec toute sa haine,
Dans ce monde oublié, qu'il maudit en partant.

XXVIII

Nous franchissons la longue et monotone plaine
Tant battue et toujours sans trace, sans sillon ;
Nous sentons sur les flots, le zéphir, l'aquilon,
Des vents tumultueux la tournoyante haleine.

Ceints par l'immensité, nous voyons du marin
Les retours successifs de joie et de chagrin,
Quand il sent ballotter sa citadelle ailée;
Calme, inquiet, tranquille, impatient, rêveur,
Selon la brise émue ou la vague gonflée,
Soudain éclate un cri: terre! et tout est bonheur.

XXIX

Pourrais-je, Calypso, taire en passant ton île
Et tes sœurs, de la mer groupe vert et fleuri⁴?
Belle nymphe, tes pleurs dès longtemps ont tari,
Aux pèlerins ton port sourit, aimable asile,
Bien que sur tes rochers tes yeux ne cherchent plus
L'ingrat, indigne objet de regrets superflus,
Qui t'osa préférer une simple mortelle.
Le saut terrible fut accompli dans ces lieux
Par son fils, que Mentor poussait d'un bras fidèle
Pendant que tu pleurais, déesse, tous les deux.

XXX

Sa gloire s'est enfuie avec son doux empire,
Mais crains de t'y fier, jeune présomptueux,
Une mortelle y tient son sceptre dangereux,
Tu peux de Calypso rencontrer le sourire.

Si ce cœur froid, blasé pouvait encor s'offrir,
Belle Florence, à toi tu me verrais courir [5];
Mais je n'ose, entravé par d'indignes partages,
Brûler sur tes autels un si profane encens,
Ni demander pour prix de vulgaires hommages
Un cœur naïf et pur et ses premiers élans.

XXXI

Ainsi pensait Harold dans son indifférence,
Lorsque ses yeux soudain rencontraient de beaux yeux,
Admirateur encor, mais calme, insoucieux.
Amour, sans fuir trop loin, se tenait à distance;
Car sachant que de fois fut pris ce faible cœur,
Il repousse les vœux d'un disciple moqueur
Et ne veut plus chez lui chercher son sanctuaire.
Depuis que vainement il le pressa d'aimer,
Le petit dieu rejette une âme aussi vulgaire,
Et croit avoir perdu le pouvoir de charmer.

XXXII

Cette belle Florence admira le prodige
De l'homme que, dit-on, tout faisait soupirer,
Qui pourtant insensible, a vu sans adorer
Cet objet d'un vrai culte, ou bien d'un faux prestige,

Où tous lisaient leur sort, leur arrêt et leurs lois.
De la beauté brillante exerçant tous les droits,
Elle admira surtout que le jeune novice
Ne sentît, ne feignît au moins à ses genoux
Cette ardeur dont le ton sincère ou l'artifice
Des dames rarement excite le courroux.

XXXIII

Elle ne savait pas qu'un cœur semblant de glace
Et maintenant masqué d'orgueil et de froideur,
Avait des voluptés appris l'art séducteur
Et su tendre à maint cœur le piége qui l'enlace.
Il n'avait pas quitté la chasse des plaisirs
Tant qu'il eut en chassant d'attraits à ses désirs.
Mais il ne comptait plus sur ces ruses cruelles;
Et pour de beaux yeux bleus s'il se fût enflammé,
Il n'eût pas joint des pleurs aux longues kirielles
Des amants rebutés par un objet aimé.

XXXIV

Celui-là connaît peu sans doute un cœur de femme,
Qui croirait l'enchaîner en poussant un soupir.
Fait-elle cas d'un cœur qu'elle a su conquérir?
Rends hommage aux doux yeux de l'objet de ta flamme.

Mais non trop humblement, ou bien un froid mépris,
Des plaintes d'un amant sera bientôt le prix.
Malgré les beaux discours prodigués à l'idole,
Si tu suis mon conseil, déguise ton amour,
Un aveu franc, hardi, remplira mieux ton rôle.
Repousse, attire un cœur, il paîra de retour.

XXXV

Ancienne est la leçon, et le temps dans sa fuite
Prouve trop aux souffrants la triste vérité.
Lorsque entier on possède un objet convoité,
Le prix indifférent n'en vaut pas la poursuite.
Esprit, jeunesse, honneurs dégradés et détruits,
Triomphe de l'amour, voilà, voilà tes fruits !
Par un bienfait cruel, si dans la fleur de l'age
L'espoir d'un tendre cœur est trahi du destin,
Le mal s'envenimant croît, sévit avec rage,
Plaie incurable alors que l'amour est éteint.

XXXVI

Mais, ô chants, n'allez point ralentir ma carrière,
Nous avons de vingt monts à gravir les sentiers,
Vingt mers à côtoyer sur leurs bords variés
Au gré de nos pensers et non d'une chimère.

Nous avons maint climat et maint splendide ciel,
Le plus beau qu'ait créé le cerveau d'un mortel,
Ou rêvé par hasard une vaine utopie
Pour éclairer l'esprit et guider sa raison,
Si l'homme corrompu par sa propre folie
Sait jamais recevoir une sage leçon.

XXXVII

La mère la plus tendre est encor toi, Nature.
Tu changes, mais toujours à tes fils tu souris,
Même à moi non sevré, mais l'un des moins chéris,
Laisse-moi de ton sein boire à la source pure,
Toi si belle, si suave en tes sauvages traits,
Car un fard imposteur ne te flétrit jamais.
Tu brilles nuit et jour, en tout temps gracieuse.
Partout je t'épiai de mon œil curieux,
Je te cherchai partout, je t'aimai furieuse;
Ta colère me plut et sourit à mes yeux.

XXXVIII

Terre de l'Albanie[6] où naquit Alexandre,
Thème des jeunes gens, du sage le fanal,
Où son fier homonyme et son digne rival
De l'antique héros ressuscita la cendre[7];

Terre de l'Albanie, au berceau rocailleux,
Sur tes rudes enfants que je fixe mes yeux !
Quand la croix disparaît, tes minarets surgissent,
Et le pâle croissant de ses faibles clartés
Jette au loin les lueurs qui tremblent et pâlissent
A travers les cyprès, ceinture des cités.

XXXIX

Childe Harold a déjà franchi le roc stérile
Où jadis Pénélope eut son regard fixé ;
Il découvre le mont non encore effacé,
De la tendre Lesbienne et la tombe et l'asile.
Sombre Sapho, tes vers, oui, tes vers immortels
Devaient remplir ton sein de leurs feux éternels.
Mais devais-tu mourir, toi qui donnais la vie ?
Si l'immortalité doit un jour respirer,
Et s'attache à la lyre ou s'étend au génie,
Ciel unique où, mortel, tu puisses aspirer.

XL

Harold, par un beau soir d'un automne de Grèce,
De loin a salué le cap Leucade, et fui
Un lieu qu'il voulait voir, dont il prenait souci ;
Trop souvent spectateur des scènes de prouesse,

De Lépante, Actium, du fatal Trafalgar,
Il y laissa tomber un insolent regard.
Car né loin de ces lieux sous une étoile obscure,
Sans gloire, il se déplaît au belliqueux métier,
Celui de spadassin répugne à sa nature,
Il se rit des exploits de maint chétif guerrier.

XLI

Quand au ciel il a vu l'astre poindre et paraître
Au-dessus du rocher, catastrophe d'amour,
Salué ce tombeau, refuge sans retour,
Il sent ou croit sentir s'agiter tout son être.
Et lorsque le vaisseau passe majestueux
Sous l'ombre surplombant le vieux mont sourcilleux,
Il regarde le flot qui tristement sa traîne ;
Et bien qu'appesanti sous ses pensées de plomb
Dont le lourd poids l'accable et l'étreint de leur chaîne,
Son œil semble plus calme et moins pâle est son front.

XLII

L'aurore s'est levée, avec elle apparaissent
Les coteaux albanais, les rocs noirs de Souli,
Dans son manteau neigeux le Pinde enseveli.
De l'aube les rayons les dorent, les caressent.

Le nuage en fuyant, par degrés, au regard
Montre et découvre au loin le toit du montagnard.
La louve erre en ces lieux; l'aigle y bâtit son aire,
L'oiseau de proie y plane, et plus audacieux
L'homme y vit, et l'orage, au sein de cette sphère,
Convulsif, clôt l'année et gronde furieux.

XLIII

Harold en ce moment voit s'isoler sa route,
Aux idiomes chrétiens il fait de longs adieux,
Sur des bords inconnus il erre aventureux
Sur ces bords qu'à la fois on désire et redoute.
Contre les traits du sort son cœur s'était armé,
Et sans les défier, n'en est point alarmé.
Cette scène nouvelle, autant qu'elle est sauvage,
Du voyage adoucit les éternels labeurs,
Chasse l'hiver glacé, les frimas, le nuage,
Et de l'aimable été fait goûter les douceurs.

XLIV

Dans ces lieux la croix rouge (ici c'est encore elle),
Triste objet des affronts des circoncis railleurs,
Dépouille cet orgueil qu'un prêtre affecte ailleurs,
Et qui fait mépriser et ministre et fidèle.

O superstition, sous ton déguisement,
Idole, Vierge, saint, croix, prophète ou croissant,
Quel que soit ton autel, ton culte ou ton symbole,
Dommage universel, seul gain sacerdotal,
Du vrai culte qui peut, en extrayant l'idole,
De l'or pur séparer ton chatoyant métal!

XLV

Vois ce golfe où jadis fut perdu tout un monde
Pour les yeux d'une femme, innocente beauté,
D'un carnage certain, prix longtemps contesté,
Où maint roi de l'Asie ensanglantant cette onde,
Contre le fer romain croisa son étendard.
Vois les lauriers fumants du deuxième César,
Aujourd'hui desséchés, poussière vile et vaine,
Comme les rudes mains cueillant ces riches prix,
Tyrans impérieux, bourreaux de chair humaine,
Dieu, les leur donnas-tu pour être ainsi ravis?

XLVI

Depuis ces rocs à pic, barrière sombre et nue,
Jusque dans l'Illyrie, au sein de ses vallons,
Childe Harold a passé sur maints sublimes monts
Et vu mainte contrée à l'histoire inconnue.

L'Attique rarement présente autant d'attraits.
Tempé même n'a point d'ombrages aussi frais.
Le Parnasse le cède avec son sol classique
Et son essaim céleste, avec son chœur divin
Au charme de ces bords, à ce site magique
Que cette côte basse enferme dans son sein.

XLVII

Par le Pinde glacé, le lac d'Achérusie[8],
De ce pays sauvage il franchit la cité,
La première, et poursuit son vol précipité,
Pour saluer le chef, tyran de l'Albanie,
Qui, sous un bras de fer et sous sa loi de sang,
Courbe un peuple inquiet, fier, hardi, menaçant.
Des montagnards, pourtant dédaignent sa puissance,
Une horde le brave au sein des rocs, leur fort,
Osant le défier dans son indépendance,
Fière, libre du joug, mais esclave de l'or.

XLVIII

Sur la cîme ombrageuse, ô Zitza monastique [9],
Coin de terre sacrée où l'œil erre à l'envi,
Dessous, dessus, partout extasié, ravi,
Que de teintes d'iris répand ton ciel magique!

Fleuves, monts, bois, rochers, tout abonde en ces lieux
Et vient s'harmoniser avec l'azur des cieux.
A l'entour du torrent qui roule dans l'abîme
Le son lointain annonce entre quels rocs pendants
La cataracte roule en tombant de la cîme
Et frappe en les charmant à la fois tous nos sens.

XLIX

Des bocages, festons de la riche colline,
Compagne et presque sœur de cents monts orgueilleux,
Qui lui laissent l'honneur de briller auprès d'eux,
En prêtant leur éclat à cette humble voisine,
Les murs blancs du couvent s'élancent dans les airs.
Là vit le caloyer, hôte de ces déserts,
Mais non rude et grossier. A sa table accessible,
Sa gaîté vive et franche accueille le passant,
Emportant un regret, s'il n'est pas insensible
A la simple nature, à son charme innocent.

L

Dans ces climats de feu, sous l'arbre séculaire,
Qu'ici le voyageur vienne se reposer;
Du ciel même zéphir descend le caresser
Des souffles les plus doux de son aile légère.

La plaine est au-dessous. Ah! laissez-le saisir,
Ici, quand il le peut, le pur, le vrai plaisir.
Point de rayons dardant l'exhalaison fétide;
Qu'ici le pèlerin se couche en liberté,
En regardant couler sous un soleil limpide
Matins, midis et soirs dans leur sérénité.

LI

Vaste et sombre tableau se déploie à sa vue;
Immense amphithéâtre et terre de volcan,
Les monts de la Chimère, Alpes du haut Balkan.
Au-dessous semble vivre une vallée émue;
Là le troupeau se joue, ici l'arbre frémit.
Là, le mélèse tremble et le torrent rugit.
Vois le noir Achéron, jadis fleuve des ombres.
Porte de l'Élysée, ô honte, ferme-toi!
Ah! si c'est là l'enfer de tes royaumes sombres,
Pluton, c'est le séjour que je choisis pour moi.

LII

De cités nulle tour ne gâte et ne dépare
Ce coup d'œil enchanteur! Derrière le coteau
Janina, quoique près, se voile en son rideau.
Les hameaux sont épars et la cabane est rare.

Pendue à chaque roc la chèvre va broutant,
Et le petit berger, pensif, en attendant
Son troupeau dispersé, pittoresque dessine
Avec son manteau blanc, sur le flanc du rocher,
Le gracieux contour de sa forme enfantine,
Regardant sous l'abri l'orage s'approcher.

LIII

Où trouver ton vieux chêne, oracle de Dodone,
Ta prophétique source et ton trépied divin?
Quel vallon redira tes réponses, destin?
Quel vestige est resté du Jupiter qui tonne?
Ah! tout s'oublie, et l'homme oserait murmurer
De voir son corps chétif si peu d'instants durer
Et sa vie attachée à ce fil si fragile?
Insensé, tu peux bien, comme les dieux, mourir!
Veux-tu survivre au marbre, au bois, toi, frêle argile,
Quand mondes, nations, langues, tout doit périr?

LIV

L'on voit fuir par degrés les montagnes d'Épire.
Las de s'extasier si longtemps, l'œil blasé,
Au fond de la vallée enfin s'est reposé,
Où du jeune printemps fleurit le vert empire.

La plaine même a plus d'une simple beauté.
Quand un fleuve y promène avec sa majesté
Ses flots, où des forêts ondoyant sur la rive
L'ombre au cristal se mire, ou lorsque dans le ciel
Au milieu de la nuit, dans sa marche pensive,
La lune les endort au moment solennel.

LV

Phœbus du Tomerit avait tourné la cime,
Du Laos large et fier les vagues mugissaient[10];
Les voiles de la nuit toujours s'épaississaient,
Quand, tout à coup, au fond du sinueux abîme,
Aux yeux du voyageur dans le ciel apparaît,
Météore brillant, ton pompeux minaret,
Tépalen[11], où le flot contre tes murs se brise.
De plus près, il entend bourdonner mille sons
De l'essaim des guerriers qui grossissent la brise
Dont le souffle soupire à travers les vallons.

LVI

Il passe du harem la tour silencieuse,
Et sous la large porte aux immenses arceaux
Voit le séjour du chef de ces mille vassaux
Où s'annonce partout sa force impérieuse.

Dans un faste pompeux le maître y tient sa cour,
Tandis que tout s'empresse et s'agite à l'entour,
Soldat, santon, esclave, eunuque et mercenaire,
A ses pieds tout se courbe. Au-dedans un palais,
Citadelle au dehors ; chacun est tributaire,
Ici chaque climat déverse ses sujets.

LVII

Dans une vaste enceinte, en piaffant, hennissent
Des essaims de chevaux, prêts, caparaçonnés,
En appareil de guerre et d'une armure ornés.
De maints groupes divers les salles se remplissent.
Haut coiffé, le Tartare enfonce au flanc l'acier,
Et frappe le pavé du pas de son coursier.
Le Turc avec le Grec, l'Albanais et le Maure
De leurs riches couleurs bigarrent cette cour,
Tandis que du tambour le roulement sonore
Annonce à triples coups que c'est la fin du jour.

LVIII

Le farouche Albanais en tunique accourcie,
Porte un fusil de luxe et son châle en turban.
L'or fin en broderie orne son vêtement.
Là du Macédonien l'écharpe cramoisie ;

De Delhi la milice au bonnet belliqueux,
Au glaive recourbé plein d'éclairs et de feux;
Le Grec vif et subtil, mutilé, pauvre esclave;
Le Nubien au teint noir; le Turc, maître de tous;
Avec sa barbe épaisse, au front sévère et grave,
Daigne à peine parler, trop fort pour être doux.

LIX

Rassemblés, mais distincts, les uns couchés en groupe
Observent cette scène et ses divers tableaux;
Là sont agenouillés les Musulmans dévots;
D'autres sont à jouer; d'autres fument en troupe.
Plus loin, c'est l'Albanais qui marche à pas comptés,
Le Grec tout bas murmure et babille. Écoutez :
Le chant nocturne sonne au sacré sanctuaire,
L'appel du Muezzin retentit solennel :
Allah! Dieu seul est grand, mortels, à la prière,
Il n'est qu'un Dieu, priez, Dieu seul est éternel!

LX

C'était du Ramazan la religieuse fête,
Pratiquant pénitence et jeûne en un long jour;
Mais, quand le crépuscule à peine est de retour,
La bombance et l'orgie exercent leur conquête;

Tout est tumulte alors. Des serviteurs l'essaim
Apprête abondamment la chère et le festin.
La galerie est vide et paraît inutile,
La chambre intérieure a seule le fracas,
Quand le page et l'esclave au ministère agile
Circulent en tous sens, précipitant leurs pas.

LXI

Là nulle voix de femme. A peine saurait-elle
Se mouvoir et bouger; sous voiles et verroux
Sa personne et son cœur sont pour son seul époux.
Sans changer, elle est faite à sa cage éternelle;
Car d'un maître la foi suffit à son bonheur,
Et l'amour maternel de joie emplit son cœur.
Le premier des amours! Elle en nourrit le gage
A son sein attaché, le porte dans ses bras,
Sur ce cœur qui jamais ne souffrit le partage
D'une autre passion, d'un sentiment plus bas.

LXII

Un kiosque de marbre où l'onde jaillissante
Répand en murmurant des zéphyrs la fraîcheur
Sur la couche moelleuse appelant la langueur,
Flattant des voluptés la douceur caressante,

Oisif, nonchalamment se reposait Ali,
Cet homme par ses maux, par la guerre endurci.
Vous cherchez vainement sur ses traits vénérables
Où luit de la douceur le bienfaisant rayon
Et que l'âge a marqués de sillons honorables,
Ces actes ténébreux, la honte de son nom.

LXIII

Ce n'est pas qu'une barbe et chenue et flottante
S'oppose aux passions, volcans d'un jeune cœur.
L'amour survit à l'âge, a dit Hafiz l'auteur;
Le barde de Théos sur la lyre le chante.
Mais cette cruauté sourde aux voix des douleurs
Sans merci, sans pitié, dédaigneuse des pleurs,
Ces crimes messéant surtout aux hommes d'âge
Du tigre sur sa face ont imprimé la dent.
Le sang de sang s'abreuve; en aiguisant sa rage,
L'homme tigre assouvit sa soif en l'irritant.

LXIV

Parmi ces nouveautés pour la vue et l'oreille,
Le pèlerin fait halte, arrêtant son élan,
Et contemple à l'entour le faste musulman.
Bientôt il sent l'ennui d'une longue merveille

Qu'étale la grandeur au séjour luxueux,
Trompant de la cité l'éclat tumultueux.
Plus humble la retraite aurait plus de délice,
La paix avec horreur des faux plaisirs s'enfuit;
Pompe et plaisir unis sont un masque factice,
L'un à l'autre ligués, chacun s'entre-détruit.

LXV

Rudes sont les enfants de la fière Albanie.
Les vertus n'ont besoin que de temps pour mûrir,
Et quel est l'ennemi qui les vit jamais fuir?
Quelle race aux combats lutta plus endurcie?
Leurs remparts naturels ne protégent pas mieux
Que leur fidélité dans des temps périlleux.
Terrible est leur courroux. Mais quelle amitié sûre!
Un outrage, un bienfait leur dit-il de saigner,
Ils courent, affrontant la mortelle blessure,
Résolus, n'importe où leur chef peut les mener.

LXVI

Harold les vit partir sous un tel chef en guerre,
Dans l'éclat du succès, peuplant sa vaste tour.
Il les revit, du sort éprouvant le retour,
Plus tard leur prisonnier, victime passagère,

A l'heure où le méchant est un lâche ennemi.
Mais eux ont abrité l'hôte au foyer ami,
Lui qu'auraient moins fêté des hommes moins barbares,
Lui que les siens auraient délaissé sans pudeur,
Même au pays natal. Ah! ceux-là sont bien rares,
Qui savent résister aux épreuves du cœur.

LXVII

Aux côtes de Souli [12], sur le rocheux rivage,
Il vit un jour les vents son esquif entraîner.
Redoutant d'y descendre et plus d'y séjourner;
Car tout aux alentours était sombre et sauvage.
Le pilote n'osait se fier à ce bord
Qui pouvait recéler sous un abri la mort.
Il risque cependant d'avancer dans le doute
Que l'ennemi, qui hait le Turc comme le Franc,
Ne vînt, armé contre eux, intercepter leur route,
Et ne renouvelât la vieille œuvre de sang.

LXVIII

Vaine crainte! Bientôt les rudes Souliotes
Nous tendirent la main, nous guidant à travers
Les rochers, les marais, les miasmes des airs.
Moins polis que l'esclave et meilleurs à leurs hôtes,

Séchant nos vêtements à l'âtre qui reluit.
La lampe s'alluma, la coupe se remplit,
Donnant ce qu'ils avaient, rare philanthropie !
Fêter les pèlerins, soulager les souffrants,
De l'hospitalité la simple et rude vie
Enseigne les heureux et fait honte aux méchants.

LXIX

Lorsqu'il allait quitter cette terre sauvage,
Des Cleptes lui barraient à moitié le chemin,
Bande de maraudeurs, fer et flamme à la main,
Portait de près, de loin et partout le ravage.
Il prit des affidés protégeant son départ,
Et de l'Acarnanie, avec ce sûr rempart,
Traversa la forêt propre aux ruses de guerre.
D'Achéloüs il vit les flots blancs écumeux,
Qu'il salua. Plus loin, de son bord solitaire,
La plaine d'Étolie apparut à ses yeux.

LXX

Au lieu où, golfe étroit, l'Utraikey[13] se dessine
Un bassin pour ses eaux, délicieux miroir,
Le feuillage, assombri sous les voiles du soir,
Se balance dans l'air sur la vaste colline,

Lorsque le vent d'ouest effleure d'un baiser
La surface des eaux qu'il aime à caresser.
De l'étranger Harold reçoit la bienvenue,
Au foyer fraternel il se laisse emmener,
De ce cordial accueil son âme s'est émue ;
Cette nuit lui donna mainte joie à glaner.

LXXI

Le feu de nuit partout sur la rive étincelle.
Le repas terminé, le vin circule et fuit ;
Voici qu'à son insu l'étranger introduit
Demeure stupéfait d'une scène nouvelle !
Avant minuit, le temps le plus calme passé,
Le jeu national alors a commencé.
Chacun des Palikars a déposé son glaive,
Les mains jointes à deux en trépignant bondit,
Puis le refrain joyeux dont la note s'élève
Par la bande entonné se hurle et retentit.

LXXII

Childe Harold regardait à l'écart et sans peine
Ces ébats qu'animait l'innocente gaîté,
N'ayant rien de vulgaire en leur simplicité.
Il se plaisait à voir une grotesque scène

Barbare, mais décente, alors que dans ces jeux
Les acteurs se mouvaient éclairés par les feux.
Leurs gestes étaient vifs, leurs yeux vibraient la flamme,
Leurs cheveux descendaient en boucles à longs flots,
Moitié chants, moitié cris, ils parcouraient la gamme
Du sauvage concert qui frappait les échos.

Tamburgi [14], Tamburgi, ton signal de la guerre
Donne de loin espoir et promesse aux vaillants,
Souliote, Illyrien, Chimariote, au tonnerre
Du tambour, de ces monts se lèvent les enfants.

Sous son turban de neige et sa rude capote,
Le Souliote laisse aux vautours ses troupeaux.
Ah! qui fut plus vaillant que le brun Souliote?
C'est le torrent qui roule amoncelant ses eaux.

Le fils de Chimari, dans son fiévreux délire,
S'il ne pardonne pas aux fautes d'un ami,
Quand un cœur ennemi lui fait un point de mire,
Laissera-t-il jamais vivre son ennemi?

La Macédoine envoie une race invincible,
De la chasse quittant les travaux superflus;
Avant qu'en son fourreau le fer rentre paisible,
Sa rouge écharpe encor rougira cent fois plus.

De Parga le pirate[15], habitant de la rive,
Dont le Franc pâle apprit ce que c'est que servir,
Prêt à traîner sa proie en son antre captive,
Laissera sa galère et sa rame dormir.

Pour moi, point de plaisirs donnés par la richesse,
Mon sabre gagnera ce qu'il faut acheter :
L'épouse aux longs cheveux qu'elle laisse flotter,
Mainte vierge arrachée à sa mère en détresse.

D'une fille en sa fleur moi j'aime le visage,
Bercé par ses baisers, sa voix me charmera,
De son père chantant la chute et l'esclavage,
Sur son luth, au harem qu'elle m'apportera.

Quand Previsa[16] tomba, certes tu te rappelles
Les plaintes des vaincus et les cris du vainqueur,
Nous égorgions le riche en épargnant les belles,
Partageant le butin sous le feu destructeur.

Point de pitié ni peur, l'une et l'autre inconnue
A qui sert le vizir. La gloire a resplendi.
Ah! depuis Mahomet, le croissant l'a-t-il vue
Plus splendide qu'au temps de l'immortel Ali?

Vers l'Ister son noir fils, Muchtar, se précipite;
Que sa queue au Giaour[17] imprime la terreur!

Ah! peu vont échapper des rangs du Moscovite,
Quand ses delhis courront dans le sang en fureur.

Selictar [18] de nos chefs tire le cimeterre!
Au combat! Tamburgi, tu viens nous l'annoncer.
Vous nous verrez vainqueurs ou mordant la poussière,
Montagnes qui voyez nos braves s'élancer.

LXXIII

Belle Grèce, débris de tant de gloire éteinte,
Vivante dans la mort, auguste en ton passé,
Qui ralliera jamais ton peuple dispersé,
De tes fers effaçant la longue et triste empreinte?
Où retrouver tes fils, qui défiant le sort,
Guerriers sans espérance, attendirent la mort,
Au défilé fatal des sombres Thermopyles?
Qui ressuscitera tous ces cœurs de héros,
Des bords de l'Eurotas s'élançant, fiers, agiles,
Pour venir t'éveiller du fond de leurs tombeaux?

LXXIV

Esprit de liberté, sur Phylé [19], base antique,
Avec un Thrasybule et son cortége assis,

Pouvais-tu pressentir l'assaut des jours maudits
Flétrissant les beautés des plaines de l'Attique?
Tes fers pèsent rivés, non par trente tyrans;
Mais l'être le plus vil peut régir tes enfants;
Ils ne se lèvent plus comme les trois cents braves,
Tremblant sous le fouet des Turcs, et vains railleurs,
Esclaves au berceau, jusqu'à la mort esclaves,
Dégradés d'action, de langage et de mœurs.

LXXV

En tout quel changement, sauf la forme si belle!
Qui voit le feu jaillir dans ces yeux animés,
Croirait que tous les cœurs sont encore enflammés,
Liberté, d'un rayon de ta flamme immortelle.
Et plusieurs ont rêvé l'heure proche où le ciel
Va rendre à ses enfants le trésor paternel.
N'osant d'un ennemi seuls affronter la rage,
Leur fol espoir attend l'aide de l'étranger
Pour effacer leur nom de la lugubre page
D'une histoire de deuil, l'affranchir, le venger.

LXXVI

Ah! ne le sais-tu pas, esclave héréditaire?
Qui veut la liberté, c'est à lui seul d'agir;

De son bras droit lui-même il la doit conquérir.
Le Russe ou le Gaulois t'aideront-ils? Chimère!
Ils peuvent terrasser tes maîtres. Liberté,
Ton flambeau sera-t-il par eux ressuscité?
Non, ilotes, vous seuls triomphez, nobles ombres!
Grèce, en changeant de joug, changeras-tu de sort?
Ton jour de gloire éteint a fait place aux nuits sombres,
Tes longs siècles de honte existeront encor.

LXXVII

La cité par Allah sur le Giaour conquise
D'Othman peut repasser dans les mains du Giaour,
Et du sérail encor l'impénétrable tour,
Du Franc premier séjour, être par lui reprise.
Que le rétif Wahab, hardi profanateur,
Du tombeau du Prophète odieux spoliateur,
Sillonne l'occident dans sa marche sanglante,
La liberté jamais au sein d'un sol maudit
De son bras triomphant ne plantera sa tente
Où l'esclave succède à l'esclave et revit.

LXXVIII

Mais voyez quelle joie avant la pénitence [20]
Du jeûne, où les rits saints préludent à l'autel

Pour s'alléger du poids d'un gros péché mortel,
La nuit, par la prière, au jour, par l'abstinence !
En attendant leur tour, avant de revêtir
Le cilice et la haire et de se repentir,
A tous sont ordonnés des jours de jouissance,
Et chacun à son gré prend une part du bal,
Sous le masque, en costume aux cents couleurs, il danse,
Et se joint au troupeau du fougueux Carnaval.

LXXIX

Lequel est plus joyeux que le tien, jadis reine
De ces lieux, Istamboul[21], encor que le croissant
Souille Sainte-Sophie avec son vil turban
Et profane des Grecs la châsse vide et vaine.
Toujours tes maux, ô Grèce, attristeront mes chants ;
Tes poëtes chantaient pour tes libres enfants,
Tous sentaient la gaîté qu'il faut aujourd'hui feindre.
Mais je n'ai jamais vu de spectacle, d'accents
Plus vifs, tableau magique impossible à dépeindre
Qu'ici, sur le Bosphore aux flots retentissants.

LXXX

La scène était vivante au loin sur le rivage,
La cadence en changeant, jamais ne s'arrêtait ;

Car la rame aux échos toujours la répétait,
La vague murmurante expirait sur la plage.
Phébé laissait tomber un rayon complaisant,
Quand soupirait la brise en souffle caressant;
Le rayon émané de la nocturne reine
Venait peindre sa forme au miroir le plus pur,
Et le flot bondissant sur une molle arène
L'illuminait des feux de son limpide azur.

LXXXI

Maint caïque glissait sur l'onde vagissante,
Et les vierges du sol en dansant sur ces bords,
Oubliaient le repos au sein de leurs transports,
Quand un œil languissant, une main frémissante
Dévoilait le secret d'un tendre enivrement,
Que la main répondait par un doux pressement.
O jeune et tendre amour dans tes chaînes de rose,
Quoi qu'en dise le sage ou le sceptique faux,
Cette heure de bonheur, où la vie est éclose,
En chassant le nuage efface tous les maux.

LXXXII

Mais sous les masques gais de la bruyante orgie
N'est-il donc pas de cœur souffrant d'un mal secret

Dont la douleur perçant même un voile discret
Dans la commune joie à la fin s'est trahie?
A de tels cœurs l'écho de l'immense élément,
A semblé murmurer qu'ils pleurent vainement.
En de tels cœurs, l'excès, les cris d'un fol délire
Ramènent la pensée à son amer dédain.
Qu'ils voudraient, dégoûtés de ces éclats de rire,
Changer contre un linceul la robe d'arlequin!

LXXXIII

C'est ce que sentiront les vrais fils de la Grèce,
Si la Grèce en compte un, patriote de faits,
Non fanfaron de guerre et blotti dans la paix,
Esclave qui, pleurant son antique richesse,
D'un complaisant sourire accueille son tyran,
Tient la servile faux, non le glaive, en mourant.
Ah! qui te doit le plus, t'aime le moins, ô Grèce!
Grèce, il te doit sa race et son sang illustrés,
Les fastes immortels de sublime prouesse,
De héros faisant honte aux cœurs dégénérés.

LXXXIV

Quand de Sparte on verra se relever l'élève,
Et renaître dans Thèbe un Épaminondas;

Lorsqu'Athène à ses fils rendra leurs cœurs, leurs bras,
Une mère enfantant des Grecs d'antique séve;
Alors tu revivras, ô Grèce, pas avant!
Mille ans servent à peine à tirer du néant
Le pays qu'un moment couche dans la poussière,
Et l'homme saurait-il raviver sa splendeur,
Rappeler ses vertus et sa gloire première,
Vainqueur des ans, du sort, rétablir sa grandeur?

LXXXV

Dans ton siècle de fer, toujours terre d'élite,
Séjour dégénéré des dieux et demi-dieux,
Tes vallons toujours verts et tes sommets neigeux,
Te proclament du ciel la fille favorite.
Tes temples, tes autels, gisants et violés,
Aux cendres des héros confondus et mêlés,
Sont brisés par la dent de chaque soc rustique.
Ainsi, né des mortels périt le monument,
Ainsi l'on voit crouler chaque chef-d'œuvre antique,
Excepté de l'honneur l'immortel diamant;

LXXXVI

Sauf les lieux où gémit la pensive colonne
Sur mainte sœur au loin abattue, en repos.

Le temple de Minerve, en planant sur les flots,
Du roc de Colonna forme encor la couronne.
Et l'humble tombe où dort maint guerrier inconnu,
Sous sa pierre grisâtre et son gazon touffu
Brave, non de l'oubli, mais des siècles l'outrage;
Tandis que l'étranger seul y tourne les yeux
En regardant oisif, comme moi, ce rivage,
Et comme moi poussant un soupir douloureux.

LXXXVII

Ton ciel est toujours bleu, tes rochers toujours âpres;
Tes bosquets toujours frais, ton sol reste fleuri,
Comme cet olivier que Minerve a béni.
L'Hymette abrite encor ses abeilles folâtres;
On retrouve partout leurs palais odorants;
Voyageuses de l'air dans les bois verdoyants.
Sur le mont Pentélique où sa flamme rayonne,
Apollon constamment verse la pourpre et l'or.
La nature toujours de beauté se couronne
Quand gloire, liberté, beaux-arts n'ont plus d'essor.

LXXXVIII

Ton sol que nous foulons, c'est la terre sacrée,
Pour un usage vil nul coin n'en est perdu,

Un merveilleux royaume à l'œil s'ouvre étendu
Et des Muses la voix y résonne inspirée;
Jusqu'à ce que nos sens soient à la fin lassés
De contempler les lieux où nous fûmes bercés.
La colline, le mont, la vallée et la plaine
Ont défié le temple au splendide fronton;
Les ans ont démoli les hautes tours d'Athène,
Mais épargné les champs poudreux de Marathon.

LXXXIX

Le même est ton soleil, et ton sol est le même,
Tout, excepté tes fers sous un maître étranger.
Même champ de bataille; il garde sans changer
Sa limite et sa gloire infinie et suprême;
Ce champ qui vit tomber la horde des Persans
Pour la première fois sous les coups menaçants
De l'Hellène en ce jour cher à la renommée.
Ce champ de Marathon qui reste un nom d'honneur,
Dont la magie évoque à nos regards l'armée,
Le camp et le combat, la marche du vainqueur;

XC

Le Mède en fuite et l'arc brisé sans flèche à terre,
Le Grec vengeur vibrant son dard sanglant dans l'air,

Au-dessus, la montagne, en bas le sol, la mer,
La mort en face, au loin, le ravage en arrière ;
Telle fut cette scène ; ici qu'est-il resté ?
Quel trophée a marqué ce saint lieu ? Liberté,
Retracé ton sourire et les pleurs de l'Asie ?
Les urnes en fragments, le tertre violé.
Leur poussière dormait, barbare, ensevelie
Ton coursier du sabot la foule ; elle a volé !

XCI

Et pourtant aux débris de ta gloire enfouie
Sans repos accouru le pèlerin pensif,
Au souffle d'Ionie accueillera plaintif
Des combats et des chants la scène rajeunie ;
Tes annales longtemps, ton langage immortel
Instruiront les enfants au loin sous chaque ciel ;
Doux orgueil des vieillards, leçon de la jeunesse,
Admirés par le sage et du barde adorés,
Lorsque Pallas et toi, poétique déesse,
Muse, vous révélez vos préceptes sacrés.

XCII

Le cœur souffrant s'attache au foyer domestique
S'il possède un parent pour être consolé,

Mais qu'il vienne en ces lieux, le cœur, l'être isolé
Pour respirer du ciel l'haleine sympathique.
Ce n'est point le pays de la folle gaîté;
Par une âme sensible il veut être habité.
Du sol natal un cœur regrette peu la scène,
Quand de Delphe il parcourt le solennel débri,
De ses yeux étonnés en contemplant l'arène
Où succomba le Perse, où le Grec a péri.

XCIII

Vous donc visitez seuls cette terre sacrée.
Sur ce désert magique avec respect passez;
Admirez du regard et jamais n'effacez
Son image, souvent, hélas, défigurée.
Pour être profanés ces autels sont-ils faits?
Ces restes glorieux, révérez-les en paix.
Qu'ainsi de vos pays la gloire reste pure,
Puissiez-vous prospérer où fleurirent vos ans,
Bénis du doux amour de la simple nature
Dans tout ce que le ciel accorde aux cœurs aimants!

XCIV

Toi qui charmas ainsi ta vague fantaisie,
Trop longtemps prolongée, en tes indignes chants,

Ta voix sera perdue au milieu des accents
De bardes plus bruyants, plus jeunes dans la vie.
Laisse-leur ces sujets, laisse-leur ce récit,
Qui saurait mal guider, mal inspirer l'esprit,
Insensible au reproche, à l'éloge précaire;
Car le cœur qui pouvait approuver est glacé,
Et dans la solitude où trouver à qui plaire
Quand pour aimer encor nul cœur ne fut laissé?

XCV

Et toi qu'à jeune cœur jeune âge avait unie[22],
Tu n'es donc plus hélas! aimable et cher objet,
Toi qui fis ce que nul avant toi n'avait fait,
Et d'un indigne cœur qui ne t'es pas enfuie,
Pour qui vivrais-je encor? Tu cessas d'exister,
Tu ne t'arrêtas point pour m'attendre et fêter,
Moi, pauvre voyageur sans espoir, moi qui pleure
Cette heure qu'à jamais je vis s'évanouir,
Ah! pourquoi sans retour ai-je goûté cette heure,
Et pourquoi le retour, si je dois encor fuir?

XCVI

Ah! cher objet aimant, aimé, toujours aimable;
L'égoïste chagrin se nourrit du passé,

Se rive au souvenir qui doit être effacé;
Le temps bannirait-il ton ombre inséparable?
Ce que tu peux me prendre, ô mort! tu me l'a pris :
Parents, amis, et même à présent plus qu'amis.
Tes flèches n'ont jamais volé d'un vol plus dense,
La douleur sans arrêt mêlée à la douleur,
Du peu de joie, hélas! qui calmait ma souffrance,
Finit par m'enlever la dernière lueur.

XCVII

Faut-il donc de nouveau, me plongeant dans la foule,
Suivre ce que la paix dédaigne de chercher?
Où la bruyante orgie en vain veut m'allécher,
Où le rire trompeur comme un tonnerre roule,
Défigure la joue, y grave un creux sillon
Et laisse l'âme en proie au miasme profond.
En vain l'on fuit la joie, on cache sa colère,
Le sourire est la source où se forment les pleurs,
Ou bien, crispant la lèvre en raillerie amère,
Amasse au fond du cœur un trésor de douleurs.

XCVIII

Quel est de tous les maux le pire sur la terre?
Lequel creuse en sillons le front qu'il vient flétrir?

C'est de voir chaque objet disparaître et mourir,
Et comme je le fais, c'est d'errer solitaire.
Sous les coups du vengeur que je fléchisse ici!
Sur des cœurs divisés, sur maint espoir trahi,
Roulez, vains jours, roulez sans règle dans l'orage,
Le temps m'a séparé de tout ce que j'aimais,
Dont jouissait mon âme, et mêlé pour jamais
Les ronces des vieux ans aux fleurs de mon jeune âge.

NOTES DU CHANT II

1. Souvenir du jeune Edlestone, son ami de collége.

2. Lord Elgin, Écossais, qui enleva les dépouilles du Parthénon et les transporta au Musée britannique; acte diversement interprété.

3. Calpé, aujourd'hui Gibraltar.

4. On suppose que c'était l'île de Gozzo, près de Malte.

5. Souvenir de Mrs Spenser Smith, qui fit une profonde impression sur le poëte.

6. L'Albanie comprend une partie de la Macédoine, l'Illyrie, et l'Épire.

7. Iskander, nom turc pour Alexandre. Byron fait allusion au célèbre Scanderbeg, le compatriote d'Alexandre le Grand.

8. Acherusia, lac de l'Épire.

9. Couvent et village près de Janina, dans un des plus beaux sites de la Grèce.

10. Montagne et fleuve de l'Épire.

11. Résidence d'Ali-Pacha, vizir de Janina.

12. Allusion à son naufrage sur les côtes d'Albanie.

13. Utraikey, lac d'Étolie formant une petite rivière.

14. Chant de guerre des montagnards, au son du tambour albanais.

15. En Romélie, citadelle sur un rocher vis-à-vis de l'île de Paxo.

16. Ville prise d'assaut sur les Francs par les Arnautes ou Albanais.

17. Giaour, infidèle ou mécréant. La queue, insigne d'honneur des pachas.

18. Sélictar, porte-épée des chefs turcs.

19. Village fortifié de l'Attique où s'établit Thrasybule quand il vint chasser les trente tyrans.

20. Fête qui précède le jeûne du Ramazan.

21. Istamboul, nom turc de Constantinople.

22. Souvenir d'une personne qui lui était chère et qui doit être Mary Chaworth.

CHANT III

I

De ta mère aurais-tu, mon bel enfant, les yeux[1],
Ada, de ma maison, de mon cœur, toi seul gage?
Contemplant tes yeux bleus, dans leur naïf langage,
Je cueillis en partant leur souris gracieux,
Il fallut te quitter alors pour une absence
Qui me laissait encore entrevoir l'espérance...
Mais, funeste réveil! le flot monte écumeux,
Le vent siffle, je pars; qui sait vers quels parages.
Car mon cœur ne bat plus, soit triste, soit joyeux,
Quand je vois d'Albion s'effacer les rivages.

II

Encore sur les mers, encore une autre fois,
Et la vague bondit comme un coursier rapide,
Cédant au cavalier, qui le maîtrise et guide,
Dont il connaît la main. Des flots j'aime la voix

Et le mugissement. Qu'ils me prêtent leur aile ;
En vain comme un roseau le mât froissé chancelle,
En vain la voile aux vents éclate en cent lambeaux ;
N'importe où ? Mais allons. Car je suis comme l'herbe
Que rejette le roc sur l'écume des eaux,
Que ballotte la vague ou l'orage superbe.

III

J'avais chanté jadis dans l'été de mes ans
Un voyageur proscrit, marqué de l'anathème,
De sa sombre tristesse ; et je reprends mon thème ;
Je le porte avec moi, comme on voit les autans
Qui poussent en avant, impétueux, la nue.
Dans ce récit, je trouve un regret qui me tue,
Le sillon ravageur d'un triste et long penser,
De mes larmes la source épuisée et tarie.
Le flux et le reflux des ans viennent creuser,
Sans trouver une fleur, les sables de la vie.

IV

Depuis mes jours d'amour, de joie et de douleur,
Et mon cœur et ma harpe auraient bien dû se taire,
Ils ont perdu leur corde. Ils se feraient la guerre,
Le chant que j'essaîrais serait un chant moqueur.

A ce chant douloureux cependant je m'attache,
Si lugubre qu'il soit. N'importe, s'il m'arrache
A mon rêve égoïste ou de joie ou d'ennui,
Et trace autour de moi comme un cercle d'oubli.
Peut-être bénirai-je, en voulant me distraire,
Des vers ingrats ailleurs, s'ils ont l'art de me plaire.

V

Celui qui jeune d'ans, de faits s'est vu vieillir,
Qui devançant la vie, a plongé dans l'abîme,
Que rien n'étonnerait parvenu sur la cime,
Que gloire, amour, grandeur ne peut plus éblouir,
Dont le cœur apathique, avec insouciance
Reçoit les traits aigus qu'il dévore en silence,
Pourra dire comment aux antres ténébreux
Fuit la pensée encore, abondante en chimère,
En vue aérienne, en espoir vaporeux,
Hôtes anciens de l'âme, immortel sanctuaire.

VI

C'est créer; en créant, c'est vivre aussi deux fois
Que donner une forme à notre fantaisie,
Que d'obtenir, ainsi que je le fais, la vie,
En l'animant d'un corps, des yeux et de la voix.

Que suis-je moi? Néant. Toi, tu ne l'es pas, âme,
Ame de ma pensée, éther, subtile flamme,
Toi par qui je traverse en volant l'univers.
Invisible et voyante; unie en son essence
A mon esprit encore, après les maux soufferts,
Sensible à tous les chocs, même après leur absence.

VII

Mais il faut de ce cœur calmer le fol élan.
Dans mon sombre cerveau trop longtemps ma pensée
En son flux et reflux, bouillonnante, embrasée,
Fut un gouffre de flamme, une lave, un volcan.
Mal instruit à me vaincre, au début de ma course
Le poison infecta cette vie à sa source.
C'est trop tard. Aujourd'hui, je ne puis me guérir.
J'ai changé; mais pourtant ma vie est condamnée
Sans accuser le sort, aux maux qu'il faut souffrir.
Vivre de fruits amers, telle est ma destinée.

VIII

C'est trop sur ce sujet. Tout est déjà passé,
Le silence a scellé la fantasmagorie,
Harold longtemps absent sort de sa rêverie
Et rapporte en son sein le trait qui l'a blessé.

Blessure sans la mort, le temps qui l'envenime,
Le temps par qui tout change avait de sa victime
Changé l'âme, les traits comme auraient fait les ans.
Le corps perd sa vigueur, l'esprit son feu qui brille.
La coupe de la vie, en ses enchantements,
Seulement sur ses bords en regorgeant petille.

IX

A la sienne trop tôt il s'était abreuvé,
Imprudent il avait au fond trouvé la lie,
Mais la coupe depuis, de nouveau, s'est remplie;
A la source éternelle et pure il a rêvé.
Il porte incessamment une invisible chaîne
Qui l'étreint à l'entour, qu'avec douleur il traîne,
Pesante quoique sourde. Il gémit sous des maux
Qui dans un long tourment le rongent en silence,
Compagnons de sa vie en ses divers tableaux
Et bourreaux éternels, incurable souffrance!

X

C'est trop sur ce sujet. Tout est déjà passé,
Il s'était rapproché sans peur de son semblable,
Et sous le triple airain d'une âme invulnérable
Se fiant à lui-même, il s'était abrité.

N'espérant plus la joie, il brave au moins la peine
Et cherche inaperçu dans la foule lointaine
Un jeune et digne objet de contemplation,
Tel qu'il avait trouvé dans sa beauté si pure,
L'image qui rayonne en la création
Dans ces œuvres du Dieu de la grande nature.

XI

Qui voit s'ouvrir la rose et ne veut la cueillir,
Qui pourrait admirer la beauté de la femme,
L'incarnat de sa joue, et ne sent pas la flamme
Qui dit que tout entier le cœur ne sait vieillir?
Qui de la gloire voit au-dessus de l'abîme
L'astre poindre en la nue et n'aspire à la cime?
De nouveau Childe Harold, au tourbillon rentré,
S'élança dans le cercle et dans son gai vertige;
A de plus nobles buts bien qu'il ait aspiré,
Du jeune âge évitant le dangereux prestige.

XII

Mais bientôt il comprit qu'il était le moins fait
Avec l'homme pour vivre en troupeau sociable,
A l'homme antipathique, ombrageux, intraitable,
Sa pensée indocile à nul ne se soumet,

Jeune, sous son frein seul elle était indomptée,
Et rétive et rebelle, elle s'était heurtée
A d'autres volontés qui vinrent l'irriter.
Fier dans son désespoir et brisant toute chaîne,
Se croyant seul puissant, il osait exister,
Respirer en lui-même et sans l'espèce humaine.

XIII

Où s'élevaient les monts, l'amitié l'entourait,
Où roulait l'Océan, c'était là sa famille,
Où d'un ciel radieux l'azur s'étend et brille,
Suivant sa passion, son caprice, il errait.
Déserts, antres, forêts, rochers, écume, source,
Étaient les compagnons de sa sauvage course;
Ils échangeaient leur langue et se parlaient entre eux
Un idiome plus clair que son natif langage
Qu'il eût bientôt laissé pour un seul mot heureux
Du livre de nature, au splendide mirage.

XIV

Comme le Chaldéen, il observait les cieux
Qu'il peuplait à son gré dans sa folle chimère
D'habitants radieux. Les soucis de la terre,
Les fautes des humains se perdaient à ses yeux,

Trop heureux s'il avait dans sa libre carrière
Maintenu son esprit à cette haute sphère.
Mais cette argile accable, éteint le feu sacré,
Jalouse des clartés où l'étincelle aspire
Pour briser le lien qui retient séparé
Notre être loin du ciel pour lequel il soupire.

XV

Inquiet, harassé dans l'humaine prison,
Il tombait abattu, comme au fond de sa cage
Sans aile le faucon né farouche et sauvage
Qui pour dôme avait l'air et le vaste horizon.
Soudain il se redresse, et tel qu'en sa colère
L'oiseau, du bec, du sein bat et mord sa barrière,
Ronge le dur acier qu'il tord avec douleur
Jusqu'à ce que le sang colore son plumage,
Ainsi l'âme d'Harold qu'use une vaine ardeur
Ulcérée en son sein bondit dans l'esclavage.

XVI

Exilé volontaire, il erre encore au loin
Sans espoir, mais avec moins de mélancolie,
Car, être sûr enfin que vaine était sa vie,
Qu'en deçà de la tombe il ne lui reste rien,

Même à son désespoir donne un amer sourire,
Bien que dans l'agonie en proie à son martyre.
Comme le marin court follement au trépas
Pour quelque prix gagné sur les bris du naufrage,
En s'enivrant à bord, l'abîme sous ses pas,
Harold sent et nourrit ce délire sauvage.

XVII

Arrête..... D'un empire est ici le tombeau.
La terre l'engloutit, tu foules sa poussière.
Ces lieux n'ont-ils donc point de colosse de pierre,
Un piédestal, un signe, un trophée, un arceau?
Rien. — Mais la vérité parle en sa voix morale :
Comme elle était, laissez cette terre fatale!
Celle-ci but l'engrais d'une averse de sang.
Fut-ce là ton seul fruit, ta moisson, ta richesse,
Des batailles premier, des guerres dernier champ,
Victoire, qui des rois es l'altière déesse?

XVIII

Childe Harold est debout sur ces affreux charniers.
Le mortel Waterloo, le tombeau de la France[2],
Le destin dans une heure en alternant la chance,
Jette et reprend ses dons, transplante ses lauriers,

Et porte à l'autre camp une palme volage.
En son dernier essor l'aigle fond avec rage
Sur l'ennemi; le dard de chaque nation
Abat l'oiseau traînant de la chaîne du monde
Quelques anneaux brisés. Ici l'ambition
Voit son trône crouler sur sa base profonde.

XIX

Juste retour! La Gaule écumant dans les fers
Pourra ronger son frein. Mais voyons-nous la terre
Plus libre? Contre un seul se liguant tout entière,
Apprend-elle à régner aux rois de l'univers?
Quoi? l'ignoble esclavage en reprenant son rôle
Des temps civilisés redeviendrait l'idole?
Nous par qui le lion vient d'être terrassé
En esclaves rampants servirons-nous la louve,
Courbés devant un trône et le front abaissé?
Mais avant de flatter un maître, qu'on l'éprouve!

XX

Sinon, ne vantons plus la chute d'un tyran.
De larmes mainte joue en vain fut sillonnée
Pour la fleur de l'Europe, hélas! trop moissonnée
Par le dur vigneron, et pour son meilleur sang.

En vain des ans de mort, de fers et de ravage
Trop longtemps supportés, brisés par le suffrage
Des peuples aux cent bras. Ce qui sait assurer
La gloire, est quand le myrte au glaive uni s'enchaîne
Au fer qu'Harmodius, noble vengeur d'Athène[3],
Contre un maître et tyran dignement sut tirer.

XXI

C'était le son joyeux d'une nocturne fête,
La capitale belge a près d'elle appelé
Dames et cavaliers, tout l'essaim rassemblé,
La beauté, la valeur, animant chaque tête.
Là mille cœurs battaient et tressaillaient heureux,
Partout lustres brillants, accords voluptueux.
Les yeux parlaient aux yeux d'amour, de sympathie,
D'un carillon de noce éclatait l'harmonie.
Mais, silence! Écoutez, quel est ce tintement?
Quel glas résonne au loin lentement, sourdement.

XXII

Avez-vous entendu? Non, c'est le vent qui gronde
Ou le chariot roulant sur le pavé poudreux.
Dansez encor, toujours. Nulle trêve à vos jeux.
Dansez jusqu'à l'aurore! — Ah! dort-on à la ronde

Quand de leurs pieds légers et jeunesse et plaisir
S'unissent pour chasser les heures de loisir?
Silence... Ce bruit sourd une autre fois résonne
Dans la nue élancé ; j'entends l'écho qui tonne
Et plus proche et plus clair, plus terrible est le son,
Aux armes, en avant!... C'est le bruit du canon.

XXIII

Il commence à rugir!... Dans cette grande salle
Brunswick est à l'écart, averti par le sort,
Le premier, il comprend ce triste appel de mort,
Sa prophétique oreille entend l'heure fatale[4] !
En vain veut-on sourire à son pressentiment,
Son cœur traduit trop bien cet avertissement,
Ce glas qui fit tomber son trop malheureux père
Frappé du plomb mortel, dans sa sanglante bière;
Cri du sang que peut seul venger aussi le sang,
Le fils vole, il combat et meurt au premier rang!

XXIV

C'est une scène alors de tumulte et d'alarmes,
Partout coulent des pleurs. On voit trembler, pâlir
Ces timides beautés qui venaient de rougir
Des éloges donnés tout à l'heure à leurs charmes,

Que de soudains adieux, adieux qui font mourir
Les jeunes cœurs brisés par un premier soupir :
Adieux sans un retour ! Car se revoir encore,
Peuvent-ils l'espérer quand une telle aurore
A leurs regards se lève, et sanglante obscurcit
Sous son voile funèbre, une si douce nuit.

XXV

A cheval, à cheval. On court, dans la carrière ;
Le coursier, l'escadron, le chariot gémissant
D'un choc impétueux se poussent en avant.
Rapidement, formés en leurs lignes de guerre,
Puis les coups répétés du tonnerre lointain
Et de près le tambour qui sonne le tocsin
Éveillant le soldat, avant l'aurore, en armes,
Et le peuple éperdu partageant ces alarmes
Entend muet d'effroi : « L'ennemi, l'ennemi, »
Et répète en tremblant : « Il vient, il vient, c'est lui ! »

XXVI

L'hymne de Caméron[5], musique haute et fière,
Le chant de Lochiel qui jadis sur les monts
Guidait les fils d'Albyn[6] opposés aux Saxons.
Le pibroch dans la nuit l'entonne pour la guerre,

Chant sauvage et perçant; mais ces rudes pipaux
Dont l'âpre montagnard frappe au loin les échos
Ranimant dans son sein cette force native
Font surgir de mille ans la mémoire si vive;
De Donald et d'Évan l'invincible renom
Chez chaque homme de clan s'éveille avec ce son.

XXVII

Ardenne, forêt sombre en ton muet langage
Sur maint brave qui passe et ne doit plus passer
Tu verses, si l'arbuste en peut jamais verser,
Les pleurs de ta rosée et de ton vert feuillage.
Comme l'herbe, foulée, hélas! avant le soir,
Ceux qui marchent dessus, dessous iront s'asseoir,
Humaines floraisons dont la masse brillante
D'héroïque valeur et d'espoir palpitante,
Assaillant l'ennemi dans un faisceau pressé
Retombera, débris pâle, inerte et glacé.

XXVIII

Midi les vit hier, pleins de force et de vie,
Le soir, joyeux et fiers aux pieds de la beauté,
A minuit, le signal de la lutte a tinté,
Au matin la bataille en ordre les rallie.

Le jour voit du combat les terribles apprêts,
Majestueuse horreur! sous ses voiles épais,
La nue en mille feux, crève. Et la plaine entière
Sent l'argile grossir sous une autre poussière,
Chevaux et cavaliers, tant amis qu'ennemis,
Dans un sanglant linceul gisent ensevelis.

XXIX

D'autres ont mieux chanté cet hymne funéraire,
Pourtant je veux choisir dans l'illustre moisson
Celui dont le blason se mêle à mon blason
Pour expier mes torts envers son noble père.
Mon chant se sacre ainsi par ces noms éclatants,
Et le sien fut celui du plus brave des braves,
Quand les engins mortels pleuvaient sur tous les rangs,
Quand le volcan tonnait avec toutes ses laves,
Jamais le plomb, le fer, le boulet ou le dard
Ne rencontra de cœur comme le tien, Howard [7].

XXX

Pour toi maint cœur saignant de sa douleur fut ivre,
Mes pleurs, si j'en avais, n'auraient qu'un faible prix,
Mais quand sous l'arbre vert je me tenais assis
Sous l'arbre qui s'agite où tu cessais de vivre;

Quand je vis refleurir tout à l'entour, les champs ;
Avec son riche espoir le luxueux printemps,
Souriant, étaler aux regards sa parure,
Et l'oiseau voltigeant, sans souci gazouiller,
Je détournai les yeux des dons de la nature
Pour chercher ceux, hélas, qu'on ne peut rappeler !

XXXI

Et j'évoquai ton ombre et mille ombres de gloire
Qui laissèrent chacune un vide douloureux.
Trop heureux les pleureurs si la tombe pour eux
De ces objets chéris effaçait la mémoire.
L'archange et sa trompette, et non la gloire, un jour
Éveilleront les chers objets de notre amour.
La renommée en vain quelques instants soulage
La fièvre du désir et ses vœux impuissants,
Mais le nom proclamé sur sa brillante page
Donne plus d'amertume à nos regrets cuisants.

XXXII

L'on pleure, l'on sourit, l'on sourit et l'on pleure ;
L'arbre, avant de tomber, desséché, languira ;
Sans la voile et son mât le vaisseau flottera,
Et le toit du château s'affaisse, mais demeure

Vacillant et chenu. Le pan de mur, débris,
Est debout, quand déjà les créneaux sont détruits;
Les barreaux survivront au captif dans sa cage,
Le jour perce où Phébus arrête son rayon.
Le cœur aussi brisé peut survivre au naufrage,
Et d'avance flétri végète en sa prison.

XXXIII

Comme un miroir brisé dont la glace répète
L'image en cent fragments, et de même qu'il fait
Par la réflexion mille objets d'un objet,
Plus le verre se brise et plus il la reflète,
Ainsi le cœur vivra, mais froid, mais languissant,
Sans vie et sans chaleur, comme privé de sang;
Rongé de sa douleur et d'un fiévreux supplice,
Jusqu'au jour où le corps tombe de vétusté;
Et pourtant au dehors le mal n'a pas d'indice,
Car un pareil tourment à nul n'est raconté.

XXXIV

Notre désespoir même a sa force vitale,
Son germe de poison, sa racine de maux,
Qui, pour alimenter ces souffreteux rameaux,
A le suc nourricier d'une séve fatale,

Une vivante mort, qui végète et revit
En rongeant sa douleur, abominable fruit;
Tel est celui qui croît aux bords de la mer Morte,
Et n'est que cendre au goût... Si, mesurant le temps,
L'homme comptait ses jours, ah! dites qui l'emporte,
La peine ou le plaisir, parmi ses soixante ans?

XXXV

Le Psalmiste a compté juste les jours de l'homme.
Leur nombre est suffisant, et c'est plus qu'il ne faut,
Si l'histoire est fidèle, ô sanglant Waterloo,
Toi qui nous envias cette modique somme.
Des langues par milliers publîront de nouveau
Ces récits que leurs fils rediront en écho.
Lorsque les nations ici tiraient leur glaive,
Nos frères en ce jour se mêlaient aux combats.
D'honneur, c'est un exploit qui ne passera pas,
Car cette renommée au loin parle et s'élève.

XXXVI

Là le plus grand, mais non le pire des humains
Succomba, ferme esprit, se combattant lui-même;
Qui concevait, créait les plus vastes desseins,
Et descendait sans peine aux objets les plus vains,

En toute chose extrême.
En gardant le milieu, dans ton essor égal,
Tu n'eusses point gagné ni perdu cette sphère;
L'audace fit monter, tomber l'aigle royal.
Tu voulais ressaisir le sceptre impérial,
　　Du monde le tonnerre!

XXXVII

De la terre captif, naguère conquérant,
La terre à ton seul nom tremble encore alarmée,
Tu n'annonças jamais par un écho plus grand
De la gloire ô jouet! que tu n'es qu'un néant,
　　Ivre de sa fumée.
Elle te caressait, encensait ton autel,
De ton orgueil pompeux elle baisait le faîte.
Enfin tu te posais toi-même en immortel,
Et le monde étonné de ce ton solennel,
　　Te crut comme un prophète.

XXXVIII

Au zénith, au nadir, plus qu'un homme, ou moitié,
Guerroyant ou fuyant, en proie au fol délire,
Des monarques le col devint ton marchepied,
Puis comme un vil soldat, cédant humilié,

Toi, géant d'un empire
Un empire, abats-le, refais-le dans ta main.
A tous ta volonté, hors à toi-même ordonne !
Tu lis dans les esprits, excepté dans le tien,
Aveugle, qu'en ta soif de la guerre sans frein
    Ton étoile abandonne.

XXXIX

Mais tu soutiens le choc d'un ferme et noble front
Avec la dignité d'une philosophie,
Qui sagesse ou sang-froid, ou bien orgueil profond,
Porte le ver rongeur et le fiel de l'affront
    Dans chaque âme ennemie.
Quand des masses de haine étaient là, t'épiant,
Insultant ta douleur, tu demeurais tranquille,
Même tu souriais, résigné, patient,
Sous le poids de tes maux ; du sort l'heureux enfant,
    Trahi, reste immobile.

XL

La fortune te vit plus sage en tes débris.
L'ambition sur toi qui régna tyrannique
Des hommes te faisait proclamer le mépris,
Prudent si tu l'avais, puisque tu le sentis,

Caché par politique.
Ta bouche ou ton sourcil n'eût pas dû le trahir.
Imprudent de jeter en bas avant ta chute
L'instrument précieux qui pouvait te servir ;
C'était un monde vil à perdre ou conquérir
    Dans une immense lutte.

XLI

Tu fus tel, et tel fut ton destin. Sur le roc,
Perché comme une tour, au bord du précipice,
Seul debout ou tombant, tu résistais au choc,
Ferme dans ton mépris. Mais l'homme était le bloc,
    Base de l'édifice ;
Son extase ton arme, et ton rôle était beau,
Celui d'un Alexandre. Ou, jetant la couronne,
Moque-toi des humains, Diogène nouveau !
Mais l'univers serait un trop vaste tonneau,
    Aux cyniques du trône.

XLII

Aux esprits inquiets le repos est l'enfer,
Ce fut là ton tourment. Il existe dans l'âme
Un mouvement, un feu qui ne peut demeurer
En son domaine étroit, mais qui doit aspirer

En ascendante flamme.
Une fois allumés, insatiables feux,
Croissant dans l'incendie, ils vont gagnant encore
Sans nul répit, du cœur délire fiévreux,
Fatal à qui le sent, fatal au malheureux,
　　Que toujours il dévore.

XLIII

Ceci produit les fous, êtres contagieux,
Despotes, conquérants, sophistes ou prophètes,
Ministres, novateurs, tous esprits curieux
De l'âme remuant les fils mystérieux
　　Et les sources secrètes;
Modèles ayant tous leur sot imitateur,
Enviés et pourtant bien peu dignes d'envie.
Que d'aiguillons cachés! que l'on ouvre un seul cœur;
Chacun à cette vue abjurerait l'erreur,
　　De sa folle manie.

XLIV

Leur souffle est sans repos, leur vie un ouragan,
Et leur vaisseau navigue enfin jusqu'au naufrage;
Mais poussés, ballottés, battus par le volcan,
Si des jours plus sereins succédaient à l'élan

D'un éternel orage,
Vous les verriez souffrants, languir, enfin périr.
Comme une flamme encor qui vacille et qui fume,
Mais faute d'aliments doit s'éteindre et mourir;
Comme un fer que la rouille empêche de servir
Et sans gloire consume. »

XLV

En gravissant les monts, le hardi voyageur,
Dans la brume et la neige a rencontré leur cime.
Des vulgaires humains le fier dominateur
Trouve en baissant les yeux la haine dans l'abîme.
Le soleil de la gloire en vain luit au-dessus,
Et la terre et la mer dessous sont étendus :
Autour sont des rochers de glace, et sur sa tête
Nue, au pic qu'a gravi l'ambitieux Titan,
L'ouragan dans son choc le foudroie éclatant,
Prix fatal des travaux qui le portaient au faîte.

XLVI

Arrière ces objets! dans sa création
Du monde éclate au loin la Sagesse immortelle,
Ou ton pouvoir fécond, Nature maternelle!
Qui de ton noble fleuve[8] a la profusion,

Du Rhin majestueux? Sur ce divin ouvrage
Harold a l'œil fixé; merveilleux assemblage :
Torrents, feuillages, fruits, côteaux, moissons, ravins,
Rocs, vignes, monts, castels veufs de leurs châtelains,
Où du grisâtre mur un triste adieu soupire,
Où la ruine étend son vert et morne empire.

XLVII

Et les voilà debout comme un cœur noble et grand,
Ruiné, non courbé devant la tourbe vile :
Tous vides d'habitants, froid, discordant asile
De l'autan furieux et du nuage errant.
Là furent autrefois des âmes jeunes, fières;
Au-dessous les combats, au-dessus les bannières.
Mais ceux qui combattaient ont leur linceul de sang
Et leurs drapeaux flottants ne sont plus que poussière,
Et ces murs lézardés sous leur revêtement,
N'auront plus à subir la tourmente guerrière.

XLVIII

Dans l'enceinte des murs et sous ces noirs créneaux,
Avec ses passions habita la puissance;
Chaque chef de brigands, dans sa magnificence,
En armes tint sa cour, fier comme ces héros

D'un temps plus éloigné, terreur du moyen âge.
Que faut-il aux proscrits pour qu'ils aient une page
De l'histoire, achetant pour eux le nom de grand?
Un espace plus vaste, une tombe gravée.
Leur esprit fut égal, leur vœu non moins ardent,
Non moins brave leur cœur et leur âme élevée.

XLIX

Dans les anciens manoirs, séjour des hauts barons,
Que d'exploits ont péri, que de traits de prouesse!
Et l'amour, des guerriers désarmant la rudesse,
Prêtait à leurs écus ses gracieux blasons.
Sa devise et son chiffre allaient dans les batailles
Pénétrer sous le fer et les cottes de mailles.
Leur flamme toutefois était férocité;
Allumant la discorde et la guerre intestine,
Mainte tour, maint castel, conquis pour la beauté,
Décolora le Rhin gonflé par sa ruine.

L

Salut, fleuve si riche en bénédiction,
Qui de tant de bienfaits fais regorger ces rives
Immortelles, si l'homme en tes grâces natives
Te laissait pur, intact dans ta création,

S'il ne moissonnait pas ta surface émaillée
Sous la faux des combats. Te voir dans ta vallée
Rouler tes eaux, c'est voir, à l'image des cieux,
La terre se parer. Puis à ta course heureuse
Que pourrait-il manquer pour le bonheur des yeux?
C'est d'avoir du Léthé la puissance oublieuse.

LI

Cent combats acharnés ont assailli ces bords.
Presque tous sont passés avec leur renommée.
Le carnage y sévit, fugitive fumée;
Les tombes même ont fui, les tombes et les morts.
Le sang d'hier se lave et dans ton lit s'efface;
Ton miroir cristallin n'en porte plus la trace.
Phébus dore tes flots d'un rayon caressant.
Mais sur ces souvenirs et ces lugubres rêves
Ta vague vainement s'épanche en bondissant
Sans effacer le deuil de tes riantes grèves.

LII

Ainsi tout bas Harold se parlait en passant
Et son âme pourtant n'était pas insensible
Aux scènes de bonheur où s'éveille l'accent
De l'oiseau gazouillant dans ce séjour paisible.

Qui pourrait devenir cher même à l'exilé,
Bien que de creux sillons son front fût ciselé,
Bien qu'un air sombre et morne eût envahi la place.
D'un sentiment plus vif, d'un chagrin moins cuisant
Parfois sur son visage éclataient en glissant
Les éclairs de la joie, insaisissable trace.

LIII

Il pouvait même aimer, quoique ses jours d'amour
Se fussent en brûlant consumés en poussière ;
C'est en vain qu'on voudrait se taire, froid et sourd
Au sourire d'un cœur et rester en arrière ;
Le nôtre y vole encor, si du monde froissé,
La glace du dégoût l'a désintéressé.
Ainsi sentait Harold dans sa pensée amère,
Le tendre souvenir, le doux épanchement
De son cœur sur un cœur s'appuyaient doucement.
Besoin d'aimer vivait encore au sanctuaire.

LIV

Même il savait se plaire, il sentait du bonheur
(Dans un tel caractère exception bien rare),
De l'enfance ingénue à contempler la fleur.
On ne peut expliquer ce changement bizarre

Dans sa trempe d'esprit, moqueur du genre humain.
Qui donc put l'opérer? Mais l'apprendre n'est rien,
De l'étrange Harold telle fut la nature.
L'affection trahie a peine à s'éveiller ;
La sienne, quand sa flamme eut cessé de brûler,
Partout ailleurs, gardait son étincelle pure.

LV

Il existait un cœur à son cœur, dis-je, uni
Par des liens plus forts que les nœuds de l'église[9],
Et sans les noms d'époux cet amour infini,
Pur, sacré, subsistait, sans que l'art le déguise.
A l'épreuve du choc d'un mortel ennemi,
Inviolable, intact, tout entier affermi ;
Accru par le péril même qui le cimente,
Qu'un faible sexe fuit et semble redouter.
Cette femme plus ferme au loin peut écouter
Les vœux qu'Harold adresse à son amie absente :

1

Du sombre Drachenfels[10] le château crénelé
Menace sourcilleux le Rhin, vaste méandre,
Qui dans son large lit court d'un flot effréné
Sur les bords où l'on voit la vigne au loin descendre
Au pied de ces coteaux, offrant son doux trésor

Aux cités, gais festons ornés de pourpre et d'or,
Où les murs blanchissants brillent d'un air de fête.
Tout compose un tableau champêtre et ravissant;
Mais deux fois enchanteur et deux fois saisissant
S'il me rendait l'aspect de ta charmante tête!

2

La jeune villageoise avec ses beaux yeux bleus,
De sa main présentant une fleur matinale,
Parcourt en souriant cet Éden cher aux cieux.
Au-dessus, près ou loin, mainte tour féodale
Sous un feuillage vert laisse voir ses murs gris;
Maint roc en précipice, et l'orgueilleux débris
D'un arc majestueux regardent la vallée,
Que la vigne enrichit. Mais à ces bords du Rhin
Il manque un charme. Quoi? C'est ta main dans ma main,
Ton sourire animant la prairie émaillée.

3

Comme on me les donna je t'enverrai ces lis,
Qui bien longtemps avant que ton doigt les effleure
Languiront, je le sais, desséchés et flétris.
Accepte ce bouquet, qu'il se fane ou qu'il meure,
J'ai caressé la fleur à toi qui peut s'offrir,
Qu'elle guide ton cœur au mien pour les unir,
Lorsque tu la verras au sol pencher sa tête,
Et lorsque tu sauras que ces lis, une main

Exprès les a cueillis sur les rives du Rhin,
Offrande présentée à ton cœur pour ta fête.

4

Le fleuve écume et court sur ce site enchanté;
Son charme en cent détours au pèlerin révèle
Sur ces bords sinueux dans leur fertilité,
Quelque trésor plus frais, quelque beauté nouvelle.
Là le plus vaste cœur peut borner ses désirs
Et de sa vie entière étendre les plaisirs,
Car nul séjour ailleurs ne serait sur la terre,
A la nature, à moi, plus cher que sur le Rhin,
Si ton regard ici venant trouver le mien,
Rayonnant sur ces lieux, activait ma carrière.

LVI

Debout, près de Coblentz, un simple monument
Sur un tertre s'élève, une humble pyramide
Couronnant le sommet d'un môle verdoyant,
La cendre d'un héros dort là sous son égide:
Notre ennemi... N'importe, honneur au grand Marceau[11]
Sur qui, jeune victime enfermée au tombeau,
L'œil de rudes soldats versa de grosses larmes,
Pleurant, mais enviant le fortuné destin
De l'homme qui tombait de la vie au matin
Combattant pour la France et mourant sous les armes.

LVII

Ses jeunes ans si courts furent pleins, glorieux,
Et deux camps ont conduit un seul deuil unanime,
L'étranger admirant une noble victime
A béni du héros les mânes généreux.
Liberté, ton soldat embrasse ta querelle ;
Un des rares guerriers de la troupe fidèle
Qui ne veut point tourner les lois en instrument
Pour flageller tes fils ! Jusqu'à la dernière heure
Son âme resta pure, et tous spontanément
Ont ensemble gémi ; c'est un ami qu'on pleure.

LVIII

Ah ! la Pierre d'Honneur[12], sur ses remparts criblés,
Noirs du choc de la mine, à sa cime il étale
Ce qu'il fut autrefois, quand l'obus ou la balle
Éclataient sur ses murs en cent bonds redoublés,
La Tour de la Victoire, où d'en haut, dans la plaine,
On vit fuir l'ennemi, quel changement de scène !
A la guerre elle échappe et périt par la paix ;
Tous ces toits orgueilleux déploient à nu leur tête
Sous les torrents du ciel que battent ces sommets
Que du fer et du plomb épargna la tempête.

LIX

Adieu fleuve du Rhin, dans son enchantement
Que le voyageur aime à côtoyer ta rive !
A toi s'attacherait l'âme contemplative,
A toi deux cœurs unis d'un même sentiment.
Si l'éternel vautour pouvait quitter la proie
D'un sein, nid du remords, ce serait où la joie
Vive mais tempérée, en doux reflets reluit ;
Où la nature agreste et simplement ornée
A la terre féconde avec grâce sourit,
Ainsi qu'un riche automne embellissant l'année.

LX

Adieu, bords enchanteurs, mais adieux superflus,
Et qui pourrait les dire à la scène sublime !
De ses teintes l'esprit la colore et s'anime ;
Si mes yeux forcément ne la regardent plus,
J'emporte en m'éloignant ta tendre souvenance,
L'ardente expression de ma reconnaissance.
Des sites m'ont frappé plus grands, plus imposants,
Mais aucun ne présente aux yeux, à la mémoire
Ces constrates du Rhin, si vifs, si séduisants,
Le champêtre bonheur, les échos de la gloire.

LXI

Simplicité, grandeur, les trésors des guérets,
Les cités rayonnant sous leurs blancs édifices,
Le pur cristal des flots, l'ombre des précipices,
La gothique muraille et les vertes forêts;
Et les rocs crénelés en forme de tourelle
Défiant l'art humain; la race toujours belle
D'habitants fortunés d'un fortuné séjour.
Calmes et recueillant avec de doux sourires
Les dons qui sous leurs mains abondent chaque jour,
Lorsqu'auprès d'eux l'on voit s'écrouler des empires.

LXII

Mais je vois fuir ces bords et sur moi s'élancer
Les Alpes, en palais dont ces murs sont le trône,
Que de cent pics neigeux la nature couronne.
Leur froide éternité vient comme se dresser,
En voûtes de cristal, en portiques sublimes
Où se forme et s'écroule au fond de leurs abîmes
L'avalanche de neige, en tonnerre glacé;
A cet aspect l'esprit et s'exalte et s'étonne,
Sous ces vastes géants l'homme gît écrasé;
A leurs pieds resté seul, la terre l'abandonne.

LXIII

Avant d'oser gravir ces sommets monstrueux,
Il est un lieu, Morat[13], qui fixe notre trace,
Un champ patriotique, orgueilleux de sa race ;
L'homme y contemplera de morts l'amas affreux,
Trophée horrible à voir, et pourtant dont l'histoire
Ne rougit point ici d'attester la victoire.
De Bourgogne l'armée ici gît sans tombeaux,
Legs d'ossements blanchis qui survivront aux âges,
Eux-mêmes monument; du Styx longeant les eaux,
Sans sépulcres, errant, hurlant sur ces parages.

LXIV

Si Canne et Waterloo vont ensemble lutter,
Morat et Marathon, deux pages immortelles,
Dans leur gloire vivront deux victoires jumelles,
Que des cœurs de héros, fiers, ont su remporter.
Troupe de citoyens, de patriotes frères,
Non, de princes tyrans soldats vils, mercenaires,
Du vice agents payés, ils n'ont point condamné
Un pays à pleurer de ses lois le blasphème,
Au nom du droit divin, des rois principe inné,
De Dracon inscrivant les lois sur du sang même.

LXV

Près d'un mur solitaire, à l'aspect désolé,
S'élève une colonne aussi plus solitaire,
Du naufrage des ans trace unique et dernière.
Le voyageur croit voir dans ce signe isolé
Un être dont la peur aurait fait une pierre,
Doué de sentiment, encor comme en prière,
Au ravage échappé, miraculeux débris !
Car des humaines mains œuvre contemporaine,
Là gît Aventicum[14] qui de ses murs détruits,
Jonche à l'entour le sol de cette même scène.

LXVI

Ah ! béni soit ton nom, nom cher et vénéré,
Julia[15], sainte fille, exemple de tendresse !
Au ciel elle voua la fleur de sa jeunesse.
Mais le plus près du ciel, il est un vœu sacré,
Et son cœur se brisa sur la tombe d'un père ;
La justice inflexible aux pleurs, à la prière,
Lui refusa ces jours, des siens seul aliment.
Impuissante, en la tombe elle voulut descendre ;
Une urne pour tous deux, simple et seul ornement,
A reçu même esprit, même cœur, même cendre.

LXVII

De tels actes jamais ne devraient s'effacer,
Ni de tels noms mourir, bien que la terre oublie
Des empires déchus et la mort et la vie,
Et vainqueurs et vaincus, que tous on voit passer.
De l'auguste vertu la majesté suprême
Doit survivre et survit à son martyre même,
Et regarde du haut de l'immortalité,
Aux rayons du soleil, les choses de la terre,
Constante, impérissable avec sa pureté,
Comme la neige Alpine en sa sublime sphère.

LXVIII

Le Léman me captive en son cristal d'azur,
Miroir où la montagne, où l'étoile contemple
Sa forme reflétée au fond d'un vaste temple,
Sa grandeur colossale et son blanc le plus pur.
Trop de l'homme est ici pour que l'âme sereine
Observe dignement cette divine scène.
Bientôt la solitude en moi va rappeler
Des pensers enfouis au fond du sanctuaire,
Non moins chers qu'autrefois, avant de me mêler
Au troupeau du bercail, quand j'étais solitaire.

LXIX

Fuir les hommes n'est pas haïr le genre humain;
Tout homme n'est pas né pour la lutte et l'orage,
Et des travaux communs pour entrer en partage.
Ce n'est pas du dédain que retenir au loin
Son esprit bouillonnant, son âme haletante,
De peur qu'elle n'éclate en la foule brûlante,
A sa corruption en proie, et que trop tard
On n'ait à déplorer de tristes représailles
Dans un monde ennemi, de choc et de hasard,
Où personne n'est fort en livrant ces batailles.

LXX

Là d'un coup nous pouvons dans un long repentir
Plonger nos jeunes ans, et notre âme flétrie,
A des larmes de sang condamner notre vie,
De funèbres couleurs teindre notre avenir,
La course de nos jours, le voyage dans l'ombre,
Sans espoir, c'est la fuite au sein de la nuit sombre.
Sur mer le plus hardi vogue et tend vers le port;
Mais vers l'éternité l'on trouve maint pilote
Dont la barque toujours, faisant un vain effort,
Sans jamais jeter l'ancre au hasard erre et flotte.

LXXI

Ah ! de vivre isolé n'est-il pas mieux alors,
Et de vivre en goûtant les charmes de la terre
Près du Rhône azuré qui court, flèche légère,
Ou sur les bords du lac prodigue de trésors,
Qui nourrit, comme fait chaque jour une mère,
Son enfant vagissant [16], mutin dans sa colère,
En étouffant ses cris d'un caressant baiser ;
Ah ! n'est-on pas plus sage ainsi lorsque s'écoule
La vie en la retraite, au lieu de la froisser,
Devenant oppresseur, opprimé dans la foule ?

LXXII

Je ne vis pas en moi, je vis autour de moi,
Et la haute montagne affecte ma nature ;
Mais le cri des cités, c'est pour moi la torture,
Un enfer discordant. Je ne trouve et ne voi
Rien dans cet univers d'odieux que la chaîne
Qui m'attache au carcan de cette forme humaine
Avec la créature ici sur même rang,
Quand l'âme en liberté peut du fond de l'abîme
Aux astres sur les monts, sur le fier océan,
Aspirant jusqu'au ciel, prendre un essor sublime.

LXXIII

Je m'absorbe, et je crois vivre en réalité,.
Regardant le désert où s'agite la vie
D'un monde populeux, comme un lieu d'agonie
Où je dois expier ma faute, et fus jeté
Pour agir et souffrir; mais redressant mon aile,
Par un nouvel effort, quoique encor jeune et frêle,
Je la balance aux vents, essayant ma vigueur,
Je m'élance enchanté, plus fort et plus agile
Pour planer, en osant dans cet élan vainqueur
Des terrestres liens briser la froide argile.

LXXIV

Et, lorsque l'âme un jour rompra cette prison,
Se dégageant enfin d'une forme avilie,
En dépouillant la chair et gardant de la vie
Ce qu'il en reste au ver devenu papillon,
Quand la matière ira rejoindre la matière,
Que la poussière aussi redeviendra poussière,
Ne sentirai-je pas, sans en être ébloui,
Ce qu'à présent je vois à travers un mirage?
La subtile pensée et le génie ami
De ces lieux dont parfois j'ai l'immortel partage?

LXXV

Montagnes, mers et cieux sont chacun l'élément
A mon être attaché, comme j'y suis moi-même ;
Et dans ce cœur où vit leur passion suprême,
Leur amour n'est-il pas le plus pur sentiment ?
Comparer tout objet à ces œuvres sublimes
Serait se ravaler dans les sphères infimes.
N'irais-je pas braver un déluge de maux
Plutôt que de cesser de haïr l'apathie
Des êtres croupissant dans un lâche repos,
Dont l'œil et la pensée à la fois sont sans vie ?

LXXVI

Mais ce n'est point mon thème, et je reviens aux lieux
Que je chante. Rêveurs sur une urne funèbre,
Contemplez celle-ci. Là dort l'homme célèbre [17]
Dont l'âme fut d'un feu soufflé même des cieux.
C'était l'enfant naïf du pays que j'admire,
Il y respira l'air qu'en passant je respire,
Il y devint un être, en proie au seul désir,
Au seul entraînement de conquérir la gloire,
Jaloux d'immoler tout, fanatique martyr,
A son unique idole et son unique histoire.

LXXVII

Sophiste impitoyable et son propre bourreau,
Apôtre du malheur, il fait couler les larmes,
Et sur la passion il répand mille charmes.
Éloquent pour le mal, ici l'ardent Rousseau
Eut son premier soupir, celui de la souffrance,
Le premier du malheur; mais il eut la science,
L'art nouveau de changer la folie en beauté,
D'embellir les erreurs d'un langage de flamme,
D'un style rayonnant à notre œil enchanté
Dont il tira des pleurs pénétrant jusqu'à l'âme.

LXXVIII

Dans ses veines vibra l'amour avec ses feux,
En toute son essence et sa flamme éthérée.
La plante par la foudre est ainsi dévorée,
Car brûler dans ce cœur c'était être amoureux.
Il n'eut pas en effet de maîtresse vivante,
Il n'eut pas à pleurer au tombeau d'une amante;
Non, ce fut chez Rousseau l'idéale beauté
Qui pour lui prit un corps, une âme palpitante;
Il épancha ce cœur, quoique désenchanté,
Sur la page brûlante, émue et haletante.

LXXIX

Ce sentiment fiévreux dans Julie inspiré,
Vivant, la pénétra d'un vif et doux délire.
Il sut sanctifier, sceller de son empire
Cet âcre et long baiser que Saint-Preux enivré
Appelait chaque jour sur sa lèvre brûlante,
Et que seule accordait l'amitié complaisante.
Mais ce suave contact fait vibrer, tressaillir
Tout son être ; il savoure en sa douce chimère
Plus de joie, absorbé dans ce profond soupir,
Que la possession n'offre à l'amant vulgaire.

LXXX

Avec un ennemi par lui seul déchaîné,
Des amis repoussés, sa vie est une guerre ;
Son esprit du soupçon devient le sanctuaire,
Et bourreau de lui-même on le voit acharné
Sur ceux que sa fureur aveugle sacrifie.
Il était en délire, et de sa frénésie
Qui sut jamais la cause et la put deviner ?
Egaré par le mal, en proie à la souffrance,
A celle dont le cœur semble le plus saigner,
Offrant de sa raison la trompeuse apparence.

LXXXI

Car il était alors un génie inspiré
Et rendit en son antre, ainsi que la Pythie
Cet oracle, du monde excitant l'incendie,
Par lequel chaque trône enfin fut dévoré.
Et l'oracle parla pour la France asservie,
Si longtemps sous les rois faite à la tyrannie,
Écrasée et tremblant sous un joug oppresseur.
Mais la voix du sophiste et celle de ses frères
De ce peuple engourdi fit refluer la peur,
Soulevant à l'excès des amas de colères.

LXXXII

La France s'était fait un fatal monument,
Débris d'opinions gothiques, surannées,
Qui depuis le berceau des vieux temps étaient nées.
Le voile déchiré d'un long aveuglement
A la terre exposa ce qu'il cachait derrière.
Mais le bon, le mauvais, tout s'écroula par terre,
Laissant une ruine et de quoi rebâtir
Sur mêmes fondements le cachot et le trône,
Qu'un seul instant suffit aussitôt à remplir;
L'ambition pour soi ramassa la couronne.

LXXXIII

Ces excès ne pouvaient durer ni s'endurer,
L'homme sentit sa force, et l'homme en fit usage,
Il pouvait en faire un et meilleur et plus sage.
Rivaux contre rivaux vinrent se mesurer,
Vigoureux dans la lutte où la pitié si tendre
Se tarit et cessa sur les siens de s'étendre.
Mais ceux qui dans les fers naguère avaient langui,
Aiglons à peine éclos, dont l'aile se déploie,
S'égaraient au hasard, encor frais de leur nid,
Faut-il donc s'étonner qu'ils aient manqué leur proie?

LXXXIV

Quelle plaie a saigné sans se cicatriser?
Le cœur qui trop longtemps saigna de sa blessure,
Guérit; mais un sillon hideux le défigure.
L'homme en guerre avec soi, vaincu sans se briser,
Indocile, insoumis, ne saura que se taire,
En lui la passion a fixé son repaire.
Elle palpite et vit jusqu'à l'expiation,
Jusqu'au temps qui rachète une trop longue attente.
Oui, l'heure de pardon ou de punition
Viendra, vient, est venue, instantanée ou lente.

LXXXV

Léman[18], miroir paisible, en ton cristal d'azur,
Contraste de ce monde où s'agita ma vie,
Je trouve le conseil de changer de patrie,
Et les flots turbulents pour un courant plus pur.
Cette calme nacelle est une aile légère
Qui mollement m'enlève au fracas de la terre.
Autrefois j'adorais l'Océan qui mugit;
Mais le murmure doux de l'onde vagissante
De mes sombres plaisirs vient gourmander le bruit,
Comme une voix de sœur aimable et caressante.

LXXXVI

La nuit à pas légers sur les rives s'étend;
Entre elles et les monts un douteux crépuscule
Adoucit, mêle et fond la scène qui recule;
Excepté le Jura dont la cime descend.
Là plus près, un parfum s'exhale du rivage,
Bouquet de fraîches fleurs, au printemps de leur âge.
Dans l'oreille a sonné, faible bruissement,
Sur le flot tremblotant, la rame suspendue,
Ou de l'aigre cigale en son glapissement,
Le signal de la nuit qu'elle annonce et salue.

LXXXVII

C'est l'insecte du soir qui fait en son transport,
Chantant à plein gosier, de sa vie une enfance;
Du buisson quelque oiseau parfois rompt le silence.
Le son éclate, croît, puis d'un coup cesse et dort.
Un murmure alors semble animer la colline,
Paisible illusion. La rosée argentine
Épanche de l'amour en silence les pleurs,
Et ces pleurs à leur tour s'infiltrant dans la terre,
Impriment en son sein le germe des couleurs
Qui de leur riche émail embelliront leur mère.

LXXXVIII

Etoiles, poésie et légendes du ciel!
Dans vos codes brillants si nous tentons de lire
Le destin des humains, le sort de chaque empire,
Pardonnez-nous d'oser de cet état mortel
Franchir en aspirant l'importune barrière,
Chercher à vos foyers un rayon de lumière
En s'unissant à vous. Vous, mystère et beauté,
Inspirez tant d'amour, de respect sous vos voiles,
Que vie, honneur, pouvoir, fortune, dignité
Sous votre emblème heureux se sont nommés étoiles.

LXXXIX

Terre et cieux, reposez, sinon dans le sommeil,
Mais sans voix comme nous, quand l'âme est oppressée,
Sans soupir comme nous, quand s'émeut la pensée.
Terre et cieux, reposez. Des voûtes du soleil,
Où d'astres scintillants resplendit une armée,
Jusqu'au mont, jusqu'au lac, à l'onde inanimée,
A l'existence ici tout vient s'initier.
Il n'est pas un rayon, même un souffle, un feuillage
Qui, s'unissant au tout, n'aille communier
Avec le Créateur veillant sur son ouvrage.

XC

Alors de l'infini règne le sentiment,
Solitude où le cœur est le moins solitaire,
C'est un sens qui se fond en substance légère,
De la musique c'est le céleste élément,
C'est l'âme qui pénètre et qui nous initie
Aux sons mystérieux d'une intime harmonie.
Des grâces la ceinture, ornement de Cypris,
Ici de la beauté fait éclore le charme,
Répandant à l'entour les amours et les ris,
Et désarmant la mort, le spectre avec son arme.

XCI

Le Perse en vain n'a pas érigé son autel
Sur les hauts lieux, aux pics qui dominent la terre,
Sans resserrer son temple en des donjons de pierre.
C'est là qu'il vient chercher sous les voûtes du ciel
L'Esprit qui trouve indigne, en un étroit espace
Construit en son honneur, une trop faible châsse.
Venez donc comparer vos murs et vos prisons,
Vos niches, Goths et Grecs, où dort la frêle idole,
Aux royaumes du culte, aux vastes horizons
De la terre et de l'air, d'où la prière vole.

XCII

Le ciel change. Grands dieux! quel changement! O nuit,
Ténèbres et tempête, imposantes puissances,
Quel attrait menaçant dans vos magnificences!
Tel qu'un œil noir de femme étincelle et reluit,
Au loin, de pic en pic, la foudre roule et gronde,
Et d'une nue à l'autre elle court vagabonde.
Chaque montagne ici soudain trouve une voix,
Et sous l'épais linceul de brumes ténébreuses,
Le Jura mugissant répète mille fois
L'appel qui retentit sur les Alpes joyeuses.

XCIII

Majestueux coup d'œil, ô nuit pleine d'effroi,
Tu ne fus pas créée afin que je sommeille.
Laisse-moi ressentir ta sauvage merveille,
Me plonger dans l'orage, appartenir à toi !
Le Léman d'une mer a la phosphorescence,
Sur la terre la pluie à larges flots s'élance.
Tantôt le ciel est noir, tantôt étincelant ;
La colline bondit des monts humble adversaire,
Comme si tous ensemble, en leur enivrement,
Appelaient de leurs vœux un tremblement de terre.

XCIV

C'est là-bas où le Rhône écumant s'est fait jour[19]
Entre ces rocs aigus qui rompirent leur chaîne,
Comme un couple d'amants que sépare la haine,
Désunis et brisés sans espoir de retour !
Dans leurs âmes qu'ainsi la passion partage,
C'est l'amour qui créa le dépit et la rage ;
Le germe de leur vie en fut empoisonné,
Leur amour s'éteignit, mais laissant à sa suite
Un long siècle d'hivers, où le cœur condamné
S'agite et se consume en sa vaine poursuite.

XCV

Dans ces lieux où le Rhône a conquis un chemin,
Le roi des ouragans siége dans sa puissance,
Son cortége en fureur parcourt les monts, et lance
Flots, tonnerres, éclairs, volant de main en main.
Les deux pics désunis de cette aride crête,
Fument sous les assauts de toute la tempête.
La foudre les atteint de son plus rude choc,
Et sa langue de feu les sillonne sans cesse.
Acharnée à leur chute, elle frappe et ne laisse
Rien sur ce gouffre ouvert que le stérile roc.

XCVI

Ciel, fleuve, vents et lac, éclairs, nuage et monts,
Nuit, tempête, tonnerre, en pénétrant cette âme
Qui ressent vos effets et qui pour vous s'enflamme,
Vous m'avez éclairé de vos graves leçons.
Vos roulements lointains sont cette voix qui veille
Sans cesse en mon esprit, même quand je sommeille.
Mais, orages, où gît votre antre souterrain?
Comme ceux de nos cœurs, au fond d'un sanctuaire?
Ou bien, retrouvez-vous de l'aigle aérien
Le nid, pour remonter et planer en votre aire?

XCVII

Que ne puis-je affirmer et revêtir d'un corps
Le moi le plus intime, exprimer mes pensées
Dans un graphique trait distinctement tracées,
Passions, âme, esprit, cœur, sens faibles ou forts,
Tout ce que j'ai cherché, je cherche, à quoi j'aspire !
Ce que je suis, j'en souffre, ah ! tant que je respire,
Ce mot fût-il la foudre, encor je parlerais.
Mais il faut que je vive incompris, que je meure
Sans voix, ainsi dans moi renfermant mes secrets,
Comme dans son fourreau le glaive qui demeure.

XCVIII

L'aurore est de retour, et ses gouttes de pleurs,
Son haleine d'encens, les roses sur sa joue,
Ont chassé les vapeurs ; pendant qu'elle se joue,
La terre semble ici, sans tombes ni douleurs,
De nouveau pour la vie et pour la joie éclore.
Beau Léman, sur ton lac je me retrouve encore ;
Là je m'assieds pensif, en méditation
Au sein d'un vaste champ d'une riche culture,
Où l'esprit recueilli trouve sa nourriture,
Et ma course une pause à sa longue action.

XCIX

Doux Clarens[20], le berceau d'amour à sa naissance!
L'air qu'on respire ici souffle la passion,
L'arbre naissant y croît sous cette impression,
La neige des glaciers d'amour a la nuance,
Le soleil y revêt les traits de l'incarnat
Dans ses rayons rosés sous leur paisible éclat.
Tout parle ici d'amour, le rocher et la cime,
A qui vint y chercher l'abri contre son cœur,
Contre les chocs d'un monde alléchant sa victime
D'un espoir séduisant, au lendemain moqueur.

C

Sur tes traces un dieu, Clarens, gravit un trône
Dont les monts à ses pas forment les marchepieds.
C'est l'amour immortel qui fraye tes sentiers
Que ce dieu de lumière et de vie environne;
Ce dieu qu'on sent planer plus haut que les sommets,
Qui règne encor plus bas qu'aux antres, qu'aux forêts.
Sur la fleur son regard luit, son souffle respire,
Son haleine d'été, dont la douce chaleur
De la sombre tempête a combattu l'empire,
Sait du ciel irrité désarmer la fureur.

CI

Tout proclame le dieu, tout : en ce pin noirâtre
Qui l'ombrage au sommet; en ce rugissement
Du torrent qu'il écoute; en ce feston brillant
De vignes, dessinant un riche amphithéâtre;
Dans l'onde qui recherche et vient baiser ses pas
De respect et d'amour en murmurant tout bas;
Dans le bois séculaire et blanchi de vieillesse,
Et son feuillage vert aux germes fructueux,
Qui veut le retenir par sa molle caresse,
Offrant la solitude à ses enfants heureux.

CII

Solitude d'oiseaux et d'abeilles peuplée,
A la forme charmante, aux mobiles couleurs,
A leur père adressant leurs chants adorateurs;
Ces lieux voient les ébats de la famille ailée
Sans peur, pleine de vie au son des chutes d'eaux,
Cascade étincelante entre mille rameaux,
Qui vibrent enlacés aux frais boutons de rose.
Type pur et naïf, retraçant la beauté,
Chaque fleur entrouverte et non encore éclose
Aspire vers le but par l'amour enfanté.

CIII

Si l'on n'a point aimé, l'on peut ici l'apprendre
Et transformer son cœur en esprit. Qui d'amour
A connu les secrets, devient en ce séjour,
Réduit mystérieux, plus sensible et plus tendre.
Les naufrages du monde et les maux d'un cœur vain
Ont poussé jusqu'ici le souffrant pèlerin,
Avancer ou mourir est son lot, sa nature,
Pour lui point de repos. Par la fatalité
Il doit périr ou croître en une essence pure,
Reflétant les rayons de son éternité.

CIV

Rousseau choisit ces lieux, non comme une chimère,
Qu'en ses jeux son esprit peupla de fiction,
Il sut harmoniser avec la passion
Une scène, aux cœurs purs qui devra toujours plaire.
Du jeune dieu d'amour la caressante main
A défait de Psyché le virginal lien.
Séjour sanctifié d'un doux charme, le Rhône
Vint s'y creuser un lit; et planant à l'entour
Des Alpes le colosse, en érigeant son trône,
A construit de ses pics l'aérienne tour.

CV

Lausane et toi, Ferney, tous deux le sanctuaire
De noms qui, vous faisant un legs, un nom fameux,
Trouvèrent, en suivant des sentiers périlleux,
Une gloire immortelle à travers la carrière.
Ambitieux esprits comme ceux des Titans,
Osant même entasser des projets de géants
Sur des doutes hardis, enfants d'un fol délire,
Qui du ciel assailli provoqueraient les feux,
Si le ciel aujourd'hui daignait plus que sourire
Aux vains projets de l'homme, atomes vaporeux.

CVI

L'un fut un feu follet, enfant gâté, volage[21],
Mobile en ses désirs, pénétrant peu le fond;
Philosophe, conteur, poëte et même sage,
Esprit grave, léger, sérieux, vagabond,
Sur le monde étendant sa multiple portée,
Du génie il était le flexible Protée.
Le sien, trempé d'un fiel qui débordait à flot,
Semblable au vent qui souffle au gré de son caprice,
Balayait devant lui sur son passage un sot,
Ou poussait en riant un trône au précipice.

CVII

Recueillant la sagesse en ses ans studieux[22],
L'autre, lent et profond, et fouillant la pensée,
Médita sans repos, bénédictin poudreux,
En affinant le fil de son arme aiguisée.
Maître de l'ironie, il ronge avec le fiel
D'un solennel sarcasme un culte solennel,
Et de ses ennemis provoque la colère,
Qui le condamne aux feux de l'enfer, ce grand mot,
L'argument éloquent et la raison dernière
Aux doutes répondant par la voix du dévot.

CVIII

Mais paix soit à leur cendre; ils ont leur récompense,
S'ils sont coupables. Nous, gardons-nous de juger,
Surtout de condamner qui ne peut se venger.
L'heure un jour doit sonner qui rompra le silence,
Éveillant en sursaut de leur sommeil profond
Espoir, crainte, assoupis sur l'oreiller de plomb,
Et nous le savons trop, courbés dans la poussière.
Au grand jour du réveil, de résurrection,
Tous auront, et c'est là notre croyance chère,
Leur pardon, ou, s'il faut, leur expiation.

CIX

Mais laissez-moi quitter l'œuvre humaine et relire
Le livre, ouvert à tous, du divin Créateur;
Arrêtant cette page où mon esprit rêveur
Sans fin pourrait s'étendre en son vague délire.
Je vois sur moi la nue aux Alpes s'avancer,
Et dans ce voile épais qu'il me faudra percer,
Vais monter, aussi haut que l'homme peut atteindre,
Vers le pic accessible où se forme l'éclair,
Où la terre, embrassant l'espace, vient étreindre
Sur ces sommets glacés les puissances de l'air.

CX

Italie, Italie, à ton aspect les âges,
Sur l'âme en plein éclat soudain vont resplendir,
Du fier Carthaginois prêt à te conquérir,
Jusqu'au dernier rayon de tes chefs, de tes sages,
Qui sacre et glorifie à la fois ton berceau.
Des empires tu fus le trône et le tombeau;
Tu fus la source où l'âme, en sa soif de science,
Étanche son ardeur en puisant à longs traits
Un breuvage immortel, qui jaillissant s'élance,
Rome, de ta colline, et ne tarit jamais.

CXI

Je me suis engagé jusqu'ici dans mon thème,
Sans auspices heureux, sans attrait, sans espoir.
Sentir que l'on n'est pas ce qu'on fut, et savoir
Qu'on n'est point ce qu'il faut encor; contre soi-même
S'armer d'un cœur d'acier; déguiser haine, amour,
Passion, sentiment et douleur tour à tour,
Projet, zèle, et ce qui maîtrise la pensée :
Pour une âme souffrante est un rude labeur.
N'importe, il faut subir cette épreuve tracée,
Le voyage entrepris, le suivre avec ardeur.

CXII

Et, pour ces mots qu'ainsi ma plume poétise,
Peut-être ne sont-ils qu'une innocente erreur,
De tableaux fugitifs transparente couleur,
Et je les ai saisis pour charmer à ma guise
Mon cœur et d'autres cœurs. La soif des jeunes ans
Est la gloire; pour moi, moi mûri par le temps,
Un sourire, un rebut, à mes yeux vaine étude,
N'est ni perte ni gain d'un destin glorieux,
Je suis resté, je reste avec ma solitude,
De souvenir, d'oubli, tranquille, insoucieux.

CXIII

Le monde indifférent eut mon indifférence,
Je n'ai point caressé son souffle impur ; pour lui,
Idolâtre, jamais mon genou n'a fléchi.
D'un sourire ai-je aussi, moi, singé l'apparence,
Redit servilement l'écho de cris flatteurs?
La foule ne m'a point vu parmi ses acteurs,
Je les vis, à l'écart. Plongé dans ma pensée
Qui n'était point la leur, j'y pus rester encor,
Car mon âme avec eux ne s'était point blasée,
Mon esprit n'était pas vaincu par cet effort.

CXIV

Le monde indifférent eut mon indifférence,
Séparons-nous du moins en ennemis loyaux.
Il est (je n'ai pas su, moi, les trouver) des mots
Qui sont des vérités sans tromper l'espérance,
D'indulgentes vertus sans piége ou trahison.
Je crois également, non sans quelque raison,
Pour des êtres souffrants à la pitié sincère;
Qu'un ou deux cœurs sont vrais, leurs voix sans un vain son;
Je crois que la bonté n'est pas une chimère
Ni le bonheur un rêve, et qu'il est plus qu'un nom.

CXV

Ma fille, avec ton nom ce chant pour moi commence,
Ma fille, il finira par ton nom et par toi.
Sans t'entendre ou te voir, quel mortel plus que moi,
En toi seule absorbé, ne ressent ta présence?
Des longs jours écoulés l'ombre vers toi s'étend.
Tu ne verras jamais mon visage, et pourtant
Ma voix s'harmonisant un jour à ton doux rêve,
Pénétrera ton cœur, le mien étant glacé.
Si ce dernier accent de loin vers toi s'élève,
Ce sera mon adieu de la tombe lancé.

CXVI

Aider de ton esprit l'essor, veiller l'aurore
De ta joie enfantine et presque voir grandir
Cette plante qui croît; te regarder saisir
Le nom de ces objets, pour toi merveille encore;
Sur un tendre genou mollement te bercer,
Imprimer sur ta joue un paternel baiser,
Pour moi tant de bonheur n'était pas fait, il semble;
Ma nature avec lui sympathise pourtant.
Si je me connais bien, quelque chose y ressemble,
C'est un je ne sais quoi qui vibre palpitant.

CXVII

On aura beau t'instruire à la stupide haine,
Tu m'aimeras pourtant; qu'en vain mon nom maudit
Soit comme un sortilége à ta bouche interdit,
Sceau du malheur, fatale et désolante chaîne;
N'importe, le tombeau fût-il même entre nous,
Tu m'aimeras encor de ton amour si doux.
Épuisât-on mon sang de ta veine tarie,
Et voulût-on ainsi flétrir tes jeunes jours,
Ces efforts seraient vains, car bien plus qu'à la vie
Tu tiendrais à ce sang et m'aimerais toujours.

CXVIII

Toi, l'enfant de l'amour, mais né dans l'amertume,
Nourri dans la douleur, dans la convulsion,
C'est le sort de ton père et ta condition
Dès ton aurore, hélas! Mais ce feu qui s'allume
Sera plus tempéré, ton avenir plus beau.
Que des rêves légers caressent ton berceau!
De ces mers, de ces monts où mon âme respire,
Je voudrais te bénir, tendre mes mains vers toi,
Et tu pourrais aussi porter ton vol vers moi,
A moi tu pourrais être, et mon cœur en soupire!

NOTES DU CHANT III

1. Byron, en repartant après son malheureux mariage, adresse ces adieux à sa fille Ada qui vient de naître.

2. Bataille de Waterloo, livrée le 18 juin 1815.

3. Allusion au meurtre d'Hipparque, fils de Pisistrate, tué par Harmodius; sujet d'un hymne grec.

4. Le duc de Brunswick qui périt à Waterloo était le fils de celui qui fut tué à la bataille d'Iéna.

5. Évan Cameron, héros écossais, ainsi que son descendant, Donald ou Lochiel.

6. Albyn, l'Écosse, qui lutta longtemps contre les Anglais, aux sons du pibroch, cornemuse nationale.

7. Souvenir du major Howard, qui périt à Waterloo.

8. Byron, quittant la Belgique, remonta le Rhin jusqu'en Suisse,

9. Offrande à sa sœur Augusta.

10. Drachenfels, rocher du Dragon, la plus haute des Sept montagnes qui dominent la ville de Bonn, sur la rive droite du Rhin.

11. Le tombeau de Marceau est à Altkirchen, non loin de celui de Hoche, à Andernach.

12. Ehrenbreitstein, formidable forteresse vis-à-vis de Coblentz, dont elle défend l'approche.

13. Morat, où les Suisses battirent, en 1476, l'armée de Charles le Téméraire.

14. Aujourd'hui Avenche près de Morat.

15. Julia Alpinula, jeune prêtresse, qui ne put obtenir la grâce de son père.

Julia Alpinula, deæ Aventiæ sacerdos,
Hic jaceo, infelicis patris infelix proles.
Exorare patris necem non potui. Malè mori in fatis illi fuit.
Vixi annos XXIII.

16. Allusion au Rhône qui traverse le lac de Genève.

17. Le tombeau de Rousseau dans l'île Saint-Pierre.

18. Scène de nuit sur le lac de Genève.

19. Les rochers de Villeneuve, à l'extrémité du lac.

20. Clarens, près de Vivay, site de la Nouvelle-Héloïse.

21. Voltaire, qui habita le château de Ferney.

22. Gibbon, historien anglais, qui résida à Lausane.

CHANT IV

I

A Venise, debout sur le pont des Soupirs [1],
Ici sombre prison et là palais féerique,
Je croyais voir vibrer la baguette magique,
Qui fit sortir des flots la ville aux souvenirs.
Mille ans semblaient ouvrir leurs ailes vaporeuses ;
Et partout rayonnaient les traces glorieuses
Des longs siècles passés, où maint pays conquis
Du grand Lion ailé [2] respectait la puissance,
Et ses palais de marbre, et la magnificence
De ce trône des mers sur cent îles assis.

II

Cybèle de la mer, sortant de l'Océan
Et d'orgueilleuses tours portant le diadème,
Des mers dominatrice et maîtresse suprême.
Au port majestueux, dans son sublime élan,

Souveraine elle était; ses filles pour douaires
Recevaient les trésors des peuples tributaires,
Inépuisable source, on voyait l'Orient
De gemmes lui verser la pluie en étincelles;
La pourpre était sa robe; elle élevait le rang
Des rois qu'elle appelait aux fêtes solennelles.

III

A Venise, du Tasse ont cessé les échos;
Le gondolier ramant sans chansonnette vive,
Glisse près des palais qui croulent sur la rive,
L'harmonie est sans voix, la musique en repos.
Son pouvoir est passé; toujours sa beauté dure.
Les humains, les états meurent, mais la nature
Ne meurt pas, et toujours on la verra fleurir.
Combien au temps jadis Venise à tous fut chère;
Sanctuaire charmant, Cythère du plaisir,
Masque de l'Italie et Paphos de la terre!

IV

Mais Venise a pour nous un charme plus puissant
Que son nom dans l'histoire et qu'un long étalage
D'ombres, pâles portraits, géants du moyen âge,
Sur la cité sans doge, indignés, gémissants.

Nous, nous ne verrons pas périr notre trophée
Avec le Rialto : la poétique fée
Sauve le Juif, le Maure et Pierre de l'oubli ³,
Clefs de voûte de l'arche, appuis du sanctuaire.
Quand tout dans le tombeau serait enseveli,
Ces noms repeupleraient la rive solitaire.

V

Dans son être, l'esprit subtil, immatériel,
Enfante, multiplie, immortel par essence,
Une clarté plus vive, une pure existence
Plus chérie, émanant de la sphère du ciel.
Ce que la destinée à cette triste vie
Dans son lourd esclavage et sa monotonie
Défend, l'esprit le donne. Il exile d'abord
Ce qu'il hait, le remplace, et sur le cœur aride
Même en sa fleur flétri, qu'il rajeunit encor,
Il répand la fraîcheur qui sait remplir le vide.

VI

Ici se réfugie en son isolement
Ou dans son doux espoir le vieil ou le jeune âge,
Et ce long souvenir vient peupler mainte page
De ses créations, peut-être en ce moment.

Mais il est des objets qui de la rêverie
Dans leurs réalités éclipsent la féerie.
Leurs formes, leurs couleurs en cent tableaux divers
Surpassent en beauté ces astres fantastiques.
Qu'ingénieuse ici, dans son vaste univers,
La Muse aime à semer sur ces pays magiques.

VII

Je les vis ou rêvai; mais laissons-les passer.
Comme la vérité je les vis m'apparaître;
Rêve ils sont disparus, et quoi qu'ils puissent être,
Rêve ils restent pour moi. Je puis les remplacer
Si je veux; mon esprit en chimères abonde
Telles que les suivait ma course vagabonde.
Qu'elles passent aussi! La raison au réveil
Voit et repousse au loin un perfide prestige;
D'autres sons, d'autres voix me tiennent à l'éveil,
Un spectacle réel autour de moi voltige.

VIII

J'appris une autre langue, et devant l'étranger,
Admis à son foyer, j'avais cessé de l'être;
Rien n'étonne un esprit qui de soi reste maître;
Pour un esprit constant rien ne semble changer.

Il saura se trouver, se faire une patrie,
Près des hommes, sans eux, si telle est son envie.
Et pourtant je naquis où de sa dignité
L'homme est justement fier... Faut-il que j'abandonne
L'île de la sagesse et de la liberté
Et me cherche un pays sous la lointaine zone?

IX

J'aimais le mien peut-être. Et dussé-je laisser
Mes cendres loin de lui, sur la terre étrangère,
Mon esprit rejoindra sa demeure première,
Si l'âme sans le corps peut un jour se fixer.
Je nourris cet espoir : ma langue maternelle
Transmettra ma mémoire. A la gloire immortelle
Est-ce trop aspirer ? Si, comme mon bonheur,
Ce renom fugitif un instant brille et passe,
Trop précoce et flétri dans sa première fleur,
Et si le froid oubli couvrant mon nom, l'efface,

X

Et le bannit du temple où l'élite des morts
Reçoit des nations le culte tributaire :
Que le laurier couronne une tête plus fière !
Je prends pour épitaphe au cercueil où je dors :

« Sparte eut maint citoyen et plus digne et plus brave ».
Ne cherchant point d'amis, je n'en suis point l'esclave ;
L'épine que je cueille est de l'arbre planté
Par moi-même ; elle blesse et déchire ; je saigne ;
Je devais bien savoir quel fruit l'arbre eût porté
D'un tel germe sorti ; non point que je me plaigne !

XI

L'Adriatique, veuve, hélas, de son seigneur,
Pleure en vain, attendant l'annuel mariage.
Le Bucentaure gît, oripeau de veuvage,
Sur son flanc déchiré, périssant sans honneur.
Saint-Marc de son lion voit flotter la crinière
Debout, mais sans pouvoir, signe et risée amère,
Sur la place où courbé priait un empereur ;
Où des rois contemplaient envieux cette reine,
Qui, maîtresse des mers, du haut de sa grandeur
Dominait, opulente, altière souveraine.

XII

Où le Souabe priait[4], là règne l'Autrichien ;
Le pavé qu'un César d'un pied superbe foule,
Un César s'y courbait. Le royaume s'écroule,
En province réduit ; le sceptre, nœud d'airain.

N'impose plus la loi. Tour à tour effacées,
Les nations s'en vont dans leur gloire éclipsées.
Météores d'un jour. On voit tomber d'en haut
L'avalanche des monts et des rois la puissance.
Que n'ai-je une heure seule avec toi, Dandolo,
Aveugle octogénaire et vainqueur de Byzance[5]!

XIII

Sur son fronton, Saint-Marc voit ses coursiers d'airain
Et leurs colliers dorés luire au soleil en face.
De Doria[6] sur eux s'accomplit la menace,
Ne sont-ils pas bridés, et n'ont-ils pas de frein?
Après treize cents ans de liberté, de gloire,
Venise, après ses temps d'échecs et de victoire,
S'enfonce comme l'algue en la mer, son berceau.
Pour elle, il vaudrait mieux, plongée, ensevelie,
Éviter noblement, dans le fond du tombeau,
L'étranger qui lui vend la paix pour l'infamie.

XIV

Jeune, nouvelle Tyr, elle avait son surnom
Et son mot d'ordre même au sein de la victoire,
Le portant à travers le feu, le sang, la gloire.
Et sur terre et sur mer : « Le planteur du Lion »

Donnant partout des fers, Venise libre et forte ;
Boulevard de l'Europe où se brisait la Porte.
Toi, rivale de Troie, ô Candie, ah ! parlez,
Flots témoins de Lépante et glorieux rivage[7] ;
Car vous êtes des noms vibrants et signalés,
Affrontant à jamais la tyrannie et l'âge.

XV

Frêles bustes de verre où chaque doge dort
En file somptueuse et retombe en poussière !
Mais leur vaste palais, leur demeure princière,
Montrent leur majesté même ici dans la mort.
Leur sceptre fut brisé, leur gloire dans la rouille
Aux mains de l'étranger tomba, triste dépouille.
Salles, pompeux déserts, chemins nus, dépeuplés,
Aspect étrange, offrant au sein de l'esclavage
La solitude, à qui voit ces murs désolés ;
Tout jette sur Venise un lugubre nuage.

XVI

Quand Syracuse vit d'Athènes les enfants
Succomber et passer sous son joug, Muse attique,
On entendit l'écho de ta lyre tragique.
Leur unique rançon, porter au loin leurs chants.

Ils entonnent en chœur l'hymne de la patrie,
Le char, sentant vibrer la céleste harmonie,
S'arrête; le vainqueur désarmé, de sa main,
Laisse tomber le glaive et s'échapper les rênes.
Et les captifs joyeux, libres de tout lien,
Rendent grâce à ces chants qui font tomber leurs chaînes.

XVII

Venise, quand tes droits ne seraient pas plus forts,
Quand tes exploits seraient effacés de l'histoire,
De ton barde divin le culte et la mémoire,
Du Tasse, ton amour, bénissant tes efforts,
Devraient rompre les fers dont un tyran t'enchaîne.
Ton destin est partout la honte européenne.
Entre les nations, toi, rougis, Albion;
Les fils de l'Océan, délaissés par leur reine!
Venise dans sa chute est la grande leçon;
Malgré tes remparts d'eau, redoute aussi la tienne.

XVIII

Je l'aimai dès l'enfance : elle fut à mes yeux
Une idole du cœur, une cité superbe;
Colonne jaillissant du sein des mers en gerbe,
Séjour de l'opulence et rendez-vous joyeux.

Otway, Radcliff, Schiller, Shakspear, dans une page,
M'avaient profondément imprimé son image.
Telle qu'elle est pourtant je ne la quittai pas;
Sous son voile de deuil même elle m'est plus chère
Peut-être, qu'en ses jours de grandeur et d'éclats,
De gloire, de merveille, et de puissance altière.

XIX

Je puis la repeupler de ses anciens débris
Et son présent suffit à l'œil, à la pensée.
A qui sait méditer sur Venise abaissée,
Elle donne encor plus qu'on ne s'était promis.
Les plus heureux moments du tissu de ma vie
Te doivent leurs couleurs, ô Venise chérie!
Belle Venise, il est d'intimes sentiments
Que rien dans notre cœur n'altère ni n'efface,
Défiant à jamais la torture et le temps;
Sinon, les miens seraient engourdis et de glace.

XX

Aux Alpes le sapin peut croître sur le roc,
Sur la plus haute cime et la moins abritée,
Le pied dans le granit et la tige agitée,
Sans sol pour l'appuyer contre le rude choc

De l'alpestre ouragan. Le tronc pourtant s'élance,
L'affronte en se jouant, quand il hurle et qu'il danse,
Il s'élève et grandit, des monts le digne enfant.
Du berceau rocailleux qui lui donna la vie,
Indomptable il jaillit, majestueux géant;
Tel l'esprit peut grandir en sa sphère infinie.

XXI

Supportons l'existence et subissons ses lois.
En vivant et souffrant, sa racine profonde,
Dans un cœur désolé s'insinue et se fonde.
Le chameau marche, marche et raidit sous son poids;
Le loup meurt en silence. Aux lutteurs de l'arène,
Aux hommes la leçon ne doit pas être vaine.
Si la sauvage brute ou l'ignoble animal
Souffre et ne se plaint pas, nous autres, noble argile,
Souffrons, résignons-nous avec un cœur égal;
C'est l'épreuve d'un jour au pèlerin docile.

XXII

Tout mal est destructeur, ou lui-même est détruit,
Même par les souffrants! En tout telle est l'issue,
L'un poussé par l'espoir et ballotté, reflue
Et revient juste au point d'où naguère il partit.

C'est le marin errant qui remet à la voile;
C'est l'ouvrier sans fin renouvelant sa toile.
L'un vieillit avant l'âge, étiolé, battu,
Courbé sous le roseau sur lequel il s'appuie;
A la religion, au crime, à la vertu,
L'autre s'est dévoué; tout sert la fantaisie.

XXIII

Dans ce conflit de maux, le dard du scorpion,
Repoussé, sort toujours, perçant quoique invisible,
Causant une douleur plus poignante et sensible;
La plus légère cause enfonce l'aiguillon
Dans le cœur recueillant sa douleur immortelle
Qu'il voudrait éloigner, mais sans cesse rappelle.
Ce peut être une fleur, le vent, un soir d'été,
Le printemps ou les flots, la note de musique
Qui vient froisser le cœur en secret affecté,
D'anneaux mystérieux dans sa chaîne électrique.

XXIV

Mais comment et pourquoi? Qui sait et peut percer
L'esprit humain caché comme au sein d'une nue?
L'on ne sent que le choc; la cause est inconnue.
On voit un noir sillon qui ne peut s'effacer,

Pour un sujet trivial; saisissante, imprévue,
La foudre tonne et frappe, évoquant à la vue,
Des spectres que jamais ne saurait enchaîner
L'exorcisme : des cœurs changés, glacés, vaine ombre ;
Les morts pleurés, perdus, qu'on ne peut ramener ;
Trop nombreux, et pourtant qu'il fut petit leur nombre !

XXV

Mais mon âme s'égare. Il faut la rappeler,
De la destruction à l'exemple suprême
Et ruine sur ruine, ici debout moi-même
Sur des états déchus méditant, contempler,
Exhumer la grandeur d'une terre puissante,
Dans son vaste domaine autrefois florissante,
Aujourd'hui même encor, type le plus parfait.
Où la nature ait mis sa plus divine grâce
A former le héros, l'homme libre, et d'un jet
Le beau, le brave, enfin la plus puissante race.

XXVI

Berceau des fiers Romains, république de rois,
Même encore aujourd'hui, ravissante Italie,
Tu fleuris, le jardin du monde, la patrie,
Des arts, de la nature et des nobles exploits.

Belle en ta solitude où l'herbe sans culture
Orne les champs déserts d'une riche parure,
Nul pays ne t'égale en sa fécondité.
Ton déclin est la gloire, et ta grandeur éteinte
Porte en soi ce reflet d'immortelle beauté
Dont rien ne ternira l'ineffaçable empreinte.

XXVII

Phébé se lève, mais la nuit n'est pas encor
Au ciel que le soleil avec elle partage.
Aux pics bleus du Frioul, à larges flots il nage
Sur l'alpestre sommet dans un océan d'or.
L'horizon sans nuage, en lave lumineuse,
Colore l'occident d'une iris radieuse,
Et le jour qui finit rejoint l'éternité.
D'autre part le croissant de la douce Diane
Flotte à travers l'azur mollement reflété,
Figurant des élus le séjour diaphane.

XXVIII

Un astre à ses côtés reluit seul dans les cieux
Où brillent de concert leurs rayons sympathiques.
Dans le lointain encor, sur les Alpes rhétiques,
Le soleil se déroule en torrents glorieux,

Tant que le jour, luttant avec la nuit rivale,
De la nature attend l'ordre, la phase égale.
Ici la Brenta[8] coule en son flot nuancé
Qu'animent les couleurs et la pourpre odorante
D'une rose entr'ouverte en ce miroir glacé,
Et semblent y courir avec l'onde courante.

XXIX

Le ciel se plonge entier et dans l'onde descend
Avec ses cent reflets dont le ton s'y déploie,
Soit qu'en son lit pourpré l'orbe enflammé se noie,
Soit que l'astre se lève et scintille en naissant.
La scène change alors : plus pâles et plus sombres,
Sur la montagne on voit s'étendre au loin les ombres.
Le jour qui fuit ressemble aux couleurs du dauphin
Qui, dans son agonie, a de nouvelles teintes,
De toutes la plus vive est la dernière enfin.
C'en est fait : le jour meurt; les couleurs sont éteintes.

XXX

Arqua[9] voit dans ses murs un noble monument,
Sarcophage à piliers où ta cendre sacrée,
Par tous les pèlerins du génie adorée,
Repose et dort en paix, de Laure illustre amant !

Il naquit et parut pour créer un langage,
Arracha son pays à l'oppresseur sauvage.
En arrosant l'arbuste, où le chiffre d'amour
S'enlace au nom béni d'une maîtresse aimée,
De pleurs mélodieux, le divin troubadour
Grava dans tous les cœurs sa noble renommée.

XXXI

Arqua garde sa cendre, Arqua, lieu de sa mort,
Village de montagne où, comme ensevelie,
Au fond de la vallée on vit finir sa vie;
Et, descendant le fleuve, ici toucher le port.
Juste orgueil du hameau, rendons-lui cet hommage,
Il offre à l'étranger qui s'arrête au passage,
Sa tombe et son manoir, tous deux également
Créant par leur aspect la douce rêverie;
Et par leur style même en heureuse harmonie,
Plus qu'une pyramide, un pompeux monument.

XXXII

L'aimable et simple paix du hameau, son abri,
Semble faite pour ceux qui des choses humaines,
Mortels, ont traversé toutes les phases vaines,
Cherchant dans la tempête, où leurs biens ont péri,

Sous la verte colline un refuge, un ombrage
Où le lointain fracas et le choc de l'orage
Expirent à leurs pieds arrivant des cités,
Inutiles jouets qui cessent de séduire.
D'un bienfaisant soleil les charmantes clartés,
A leurs yeux fatigués savent enfin suffire.

XXXIII

Illuminant les monts, les feuilles et les fleurs
Il luit dans le ruisseau qui glapit et murmure,
Où, comme son courant, coule limpide et pure
L'heure oisive et paisible en de douces langueurs,
Dont la molle indolence a pourtant sa morale.
Là du monde on apprend la leçon sociale,
L'art de vivre; au désert on apprend à mourir.
Ici point de flatteurs, point d'aide mercenaire
Que la vanité prête. Et l'homme doit souffrir,
Seul, mais sous l'œil de Dieu son appui tutélaire,

XXXIV

Ou contre les démons, peut-être, il doit lutter,
Épuisant la vigueur des meilleures pensées,
Quand ils cherchent leur proie en ces âmes blessées,
Et sombres en naissant, qu'ils veulent habiter,

Leur séjour favori de deuil et de ténèbres ;
Êtres prédestinés à ces douleurs funèbres,
Aux tortures sans fin, au mal vivace, amer,
Qui se font un soleil sanglant dans leur délire,
De la terre un cercueil, du cercueil un enfer,
De l'enfer... quoi ? S'il est quelque chose de pire.

XXXV

Ferrare, où l'herbe croît en ces larges chemins,
Non faits pour le désert, autrefois symétriques,
Un sort semble jeté sur les siéges antiques
De ces ducs orgueilleux, tes premiers souverains.
L'ancienne race d'Este, autrefois florissante,
Dans tes murs si longtemps despotique, écrasante,
Protecteurs ou tyrans, suivant que s'exerçait
Leur mesquine puissance en son humeur changeante,
Sur le barde hardi qui sur son front plaçait
Le laurier qui ceignit d'abord le front du Dante.

XXXVI

Le Tasse est leur honneur et leur honte. Écoutez
Ses accents, et fouillez cette cellule noire [10] ;
Jugez si Torquato paya trop cher sa gloire.
Voyez, voyez ces lieux par le Tasse habités.

Ainsi l'ordonne Alphonse ; un despote arbitraire
Veut en vain pour dompter une âme forte et fière,
L'accoupler à des fous, éteindre sa raison.
De l'enfer où sept ans l'infâme l'a plongée,
Une gloire sans fin, pure et sans horizon,
A chassé le nuage, et sa cause est vengée !

XXXVII

La louange et les pleurs sacrent un nom béni,
Lorsque, Alphonse, le tien pourrirait en poussière
S'il n'en était tiré grâce à ta race altière,
Et rentrant au néant, croupirait dans l'oubli.
Mais cet anneau commun qui tous les deux vous lie
Nous rappelle en l'esprit ta lâche perfidie
Et nous fait prononcer avec dégoût ton nom ;
Toi, si le juste sort ailleurs t'avait fait naître,
Duc princier, toi qui mens si fort à ton blason,
Digne à peine, bourreau, de servir un tel maître !

XXXVIII

Vil, grossier animal fait pour vivre et mourir,
Comme la brute meurt, sauf qu'avec plus de faste
Tu possédas une auge et plus riche et plus vaste.
Lui, d'un front glorieux, sillonné, fait jaillir

L'auréole en rayons sur la tombe ennemie ;
Sur la Crusca pédante et son académie ;
Sur Boileau que l'envie empêcha de souffrir
Tout accent faisant honte à la lyre agaçante
De son pays qui fait frissonner et frémir
Les dents grinçant au bruit d'une voix croassante[11].

XXXIX

Aux mânes outragés du poëte divin,
Paix ! Triste point de mire, en la mort, et la vie,
Du trait empoisonné, décoché par l'envie.
La flèche pour l'atteindre a sifflé, mais en vain.
Du poëme moderne, ô barde inimitable !
Des humains chaque année un essaim innombrable
Renaît : les flots pressés des générations
Se lèveraient ensemble et rouleraient encore,
Pour former ton génie uniraient leurs rayons,
Sans nous représenter l'éclat de son aurore.

XL

Mais grand comme tu l'es, tu trouves des rivaux,
Des hommes de ton ciel, poétique famille,
Dont l'étoile se lève avant la tienne, et brille :
Le chantre des enfers, et celui des héros.

Le premier qui paraît, le Florentin, ton père,
Fit le drame divin. Presque égal en sa sphère
Surgit le Scott du sud, troubadour créateur,
Avec son vers magique et ses élans burlesques;
Tel l'Arioste du nord a chanté la valeur,
Guerre, romance, amours, exploits chevaleresques[12].

XLI

Le tonnerre a brisé la couronne d'airain
Qui jouait le laurier sur le front du poëte.
Et le ciel justement n'a pas frappé sa tête,
Car le laurier réel dont la gloire le ceint
Vient de l'arbre sacré qui ne craint nulle atteinte.
D'un faux laurier ce front désavouait la feinte.
Si la crédule foi gémit de cet affront,
Rassurez-vous, ce que touche et frappe la foudre
S'épure, se ranime et par ce choc un front
Est doublement sacré sous son humaine poudre.

XLII

Italie, Italie, hélas! pour ton malheur
Tu possèdes le don d'une beauté céleste,
Des maux présents, passés, ce douaire funeste.
Sur tes traits où la honte imprime la douleur,

Ton histoire est gravée en brûlant caractère.
Ah! Dieu, que n'avais-tu moins de charme pour plaire,
Ou plus de force au moins gardant ta nudité ;
Pour défendre tes droits et tenir en arrière
Par le frein du respect le brigand éhonté,
Altéré de ton sang, des pleurs de ta misère !

XLIII

Plus redoutable alors, moins en proie au désir
De l'avide ennemi, paisible et sans alarmes,
Tu ne gémirais plus du présent de tes charmes,
Ni ne verrais toujours vingt nations vomir
Aux alpestres versants la horde tout armée
De vils spoliateurs d'une sœur opprimée,
S'abreuvant dans le Pô qui se rougit de sang.
Ni le glaive étranger levé pour ta défense,
Triomphant ou vaincu, sur toi toujours pesant
D'amis ou d'ennemis esclave sans puissance.

XLIV

Dans ma jeunesse errant, j'avais suivi les pas,
La trace d'un Romain [13], cet ami d'un grand homme,
Du sage, de l'esprit le moins mortel de Rome,
De Cicéron. Le temps ne nous séparait pas

Quand sur l'azur glissait au vent ma nef légère,
Quand Mégare en avant et qu'Égine en arrière,
Corinthe et le Pirée entre eux se regardaient.
Étendu sur la proue, à mes yeux leurs ruines,
Comme aux yeux des Romains, partout se confondaient,
Théâtre de ravage, où toi, Mort, tu domines.

XLV

Le temps, hélas! n'a pu relever ces tombeaux.
Sur leur site il planta la barbare demeure
Qui nous les rend plus chers et qui fait que l'on pleure
Ces rayons dispersés d'éblouissants flambeaux,
Ces débris écrasés, puissance évanouie.
Le Romain a pu voir même pendant sa vie,
Ces restes de cités, grands cadavres gisants,
Ces monuments de deuil. La survivante page
Retrace la leçon aux voyageurs passants;
Grand précepte tiré d'un tel pèlerinage.

XLVI

Cette page éloquente est ici, je la lis.
Aux débris des états dont la grandeur s'écroule
Que pleurait le Romain, moi, j'ajoute à leur foule
Et la ruine encor de son propre pays.

Ce qui tomba jadis se joint à ce qui tombe.
La Rome impériale, hélas, gît dans la tombe,
Dans la même poussière et sous mêmes haillons !
Du squelette foulé la gigantesque forme,
Reste d'un autre monde, a dans ses noirs sillons
Gardé quelque chaleur sous cette cendre informe.

XLVII

Cependant, Italie, à tant de maux soufferts
Tout autre peuple doit de sympathiques larmes.
Mère des arts, ainsi que tu le fus des armes,
Ta main nous protégea ; même encor tu nous sers.
Notre religion te reconnaît sa fille ;
Des nations tu vis à tes pieds la famille
Suppliante, implorer de toi la clef des cieux.
Que l'Europe, abjurant son abandon perfide,
Te rachète, chassant les hordes des saints lieux,
Et demande pardon d'un lâche parricide !

XLVIII

Mais l'Arno nous invite en sa blanche cité
Où pour charmer nos sens l'Athènes d'Étrurie
En ses salles de fée ouvre sa galerie.
Au pied de sa colline, au vallon enchanté,

Elle cueille le blé, la vigne avec l'olive
Laissant en doux loisirs couler la vie oisive,
Et puisant en sa corne abondance et bonheur.
Sur ses rives l'Arno souriant vit éclore
Le luxe, le commerce en ses jours de splendeur,
Et la science éteinte eut sa nouvelle aurore.

XLIX

Là, Vénus même en marbre aime encor; la beauté
Parfume l'air au loin d'un encens d'ambroisie
Que respire à longs flots l'âme comme saisie,
Ressentant une part de l'immortalité.
Le ciel pour nous entrouvre à demi l'arche sainte.
Levons le voile, entrons, admirons dans l'enceinte
Ce que peut le génie et son art créateur,
Vainqueur de la nature; envions cette flamme
A l'amant de l'idole, à son adorateur,
Innée et jaillissant du foyer de son âme.

L

Nous détournons la tête, étonnés, le regard
Ébloui, savourant le beau jusqu'à l'ivresse,
Jusqu'à ce que nos cœurs défaillent de tendresse
Comme enchaînés au char du triomphe de l'art.

Captif, on ne veut pas pourtant briser sa chaîne.
Loin d'ici toute voix et toute langue vaine,
L'insipide jargon d'un pédant tribunal !
Nous avons pour sentir, le goût, guide fidèle,
Des yeux, du sang, un poulx, un cœur, l'instinct moral.
Oui, le berger troyen sut choisir la plus belle !

LI

N'as-tu pas révélé ces charmes à Pâris ;
A cet heureux Anchise, objet de ta tendresse ;
Ou, dans tout ton éclat d'immortelle déesse,
Au fier dieu de la guerre enchaîné par Cypris ?
Les yeux sur toi fixés, dans ton astre, il se mire.
Et couché sur ton sein languissamment soupire,
Et, la tête vers toi, repaissant ses désirs,
Quand ta bouche en fondant, voluptueuse et suave,
Sur sa bouche et son front humides de plaisir,
Verse d'ardents baisers comme un torrent de lave[14].

LII

Accablée et muette en ses transports d'amour,
La divinité même est faiblesse, impuissance,
Et pour les peindre, en vain cherche une autre éloquence.
Les dieux sont devenus des mortels à leur tour.

Souvent le sort de l'homme est céleste en sa sphère,
Puis il sent retomber tout le poids de la terre.
Mais il sait évoquer en soi sa vision,
Faire de ce qui fut ou de ce qui peut être,
En forme de statue, une création,
Sous l'image des dieux, digne ici de paraître.

LIII

Je laisse au doigt habile, à l'art ingénieux,
A l'artiste ou son singe à dire, à nous apprendre
Du connaisseur exquis si le tact sait comprendre,
Le gracieux contour, le port voluptueux.
Qu'ils décrivent ce qui ne saurait se décrire,
Mais sans souffler sur l'onde où l'image se mire,
De peur que leur contact et que leur souffle impur
N'altèrent ce miroir de joie et de délire,
Le plus délicieux que jamais ciel d'azur,
Sur une âme inspirée ait un jour fait reluire.

LIV

Sainte-Croix dans ses murs garde avec piété
Cette cendre qui rend plus saint son sanctuaire,
De sacrés ossements glorieuse poussière
Qui serait elle seule une immortalité,

Avec son passé seul, rendu, grande parcelle
De grandeur, au chaos de la nuit éternelle.
Ici dorment gisants Michel-Ange, Alfieri,
L'astre de Galilée et sa longue misère,
Et de Machiavel, de la terre pétri,
Le corps, au jour fixé, retournant à la terre.

LV

Ce quadruple faisceau comme quatre éléments
Créerait un univers d'un quadruple génie.
Le temps qui déchira mille fois, Italie,
Ta robe impériale en cent lambeaux, le temps
Refusera, refuse à toute autre patrie
Dans le sein de la mort le germe de la vie.
Tes débris sont empreints d'une divinité
Qui, les vivifiant, rajeunit, fait éclore
Les beaux jours florissants de ta prospérité:
Comme aux siècles passés, Canova brille encore.

LVI

Mais où les trois Toscans dorment-ils à leur tour?
Où gît Dante, Pétrarque? Où la muse inventive
Du barde de la prose erre-t-elle plaintive,
Leurs émules, l'auteur des cent contes d'amour[18]?

Où sont leurs os, distincts de la commune argile,
Dans la vie et la mort? Est-ce une cendre vile?
Les marbres du pays n'ont-ils pas pour leurs fils,
Insensibles, muets, un buste, un mausolée?
Et n'ont-ils pas osé confier au pays,
Relique filiale, une cendre honorée?

LVII

Trop ingrate Florence! au loin le Dante dort,
Comme dort Scipion aux rives indignées.
Tes factions de sang, contre lui déchaînées,
L'ont proscrit vainement; son nom, vengé du sort,
Les enfants des enfants de leurs larmes l'adorent;
Par d'éloquents remords tous les âges l'honorent.
Le laurier qui ceignit de Pétrarque le front
Avait été cueilli sur la terre lointaine;
Sa vie était l'exil et sa gloire un affront,
Et sa tombe ravie est à peine la tienne.

LVIII

Boccace, en fils pieux, lègue au sol maternel
Sa cendre; y remplit-elle une pompeuse scène?
Celui qui lui donna sa langue de sirène,
A-t-il un requiem et doux et solennel,

L'auteur d'accents si purs, poétique musique,
Fleuve mélodieux d'un langage magique?
Non! Son tombeau lui-même est ouvert, violé.
D'une hyène bigote il a souffert l'outrage.
Au tombeau prolétaire a-t-il été mêlé?
Non! Un soupir passant lui serait un hommage.

LIX

A Sainte-Croix leur tombe et leurs grands ossements
Brillent par leur absence. Ainsi jadis dans Rome,
Au convoi de César, le buste absent d'un homme,
Brutus, rappela l'un de ses meilleurs enfants.
Plus heureuse Ravenne! antique citadelle
Où, sur tes bords, remparts de Rome qui chancelle,
Dort avec ses honneurs l'immortel exilé.
La fière Arqua possède et couve en sa demeure
Les restes que réclame en son sein isolé
Florence, demandant ce cher fils qu'elle pleure.

LX

Quoi! cette pyramide et ces grands monuments,
Ces colonnes d'agate et ces fûts de porphyre,
Où le marbre, où le jaspe, au jeu des arts conspire,
Sont-ils faits pour servir de châsse aux ducs marchands?

Cette rosée en pleurs qui des étoiles tombe,
Humectant le gazon, vert linceul de la tombe,
Où la muse n'a rien qu'un nom monumental,
Avec plus de respect est doucement foulée
Que le marbre pompeux, sous l'arc pyramidal,
Qui pèse sur le prince et clôt son mausolée.

LXI

Le palais de l'Arno, pour plaire au cœur, aux yeux,
Dôme princier des arts, où le marbre respire,
A sa sœur l'arc-en-ciel en disputant l'empire,
Peut posséder encor cent trésors merveilleux;
Non pour moi. Ma pensée est toujours plus unie
A la nature, aux champs, qu'à l'art en galerie,
Pompe des Médicis. Un ouvrage divin
De mon esprit a beau solliciter l'hommage.
Il a plus qu'il ne donne; il agite en mon sein,
Une arme d'autre trempe, en ma course volage.

LXII

Au lac de Trasimène en côtoyant ses bords,
Dans la gorge fatale au Romain téméraire,
J'erre libre et je vis; je plane dans ma sphère.
Là du Carthaginois la ruse en ses ressorts

Apparaît devant moi, quand sa tactique sage
Attire l'ennemi des monts sur le rivage,
Où le courage lutte et tombe à chaque rang.
Sublime désespoir, lorsqu'à travers la plaine
Le torrent court gonflé de rivières de sang
Dont tant de légions ont inondé la scène.

LXIII

Telle une forêt tombe au seul choc des autans
Déracinée; ici telle est la frénésie,
Que tout, sauf le carnage, et s'efface et s'oublie.
Le sol tremble[16]. A leurs pieds, de tous les combattants,
Dans la convulsion de l'affreuse tuerie,
Nul n'a senti rugir la nature en furie,
Ni le gouffre qui s'ouvre en un cercueil béant,
Aux morts, aux boucliers leur linceul. Tant la haine
Pousse les nations contre elles, se ruant,
Et pour s'entr'égorger les absorbe et déchaîne.

LXIV

La terre était pour eux un navire flottant
Qui de l'éternité les portait vers l'abîme.
Ils voyaient l'Océan dévorant sa victime;
Mais le vaisseau pour eux restait sans mouvement.

La loi de la nature en eux seuls suspendue,
A leurs sens étrangers échappait inconnue,
Lorsque le mont tremblait et que dans l'air l'oiseau
De son nid renversé s'élançait vers la nue,
Quand la plaine manquait au mugissant troupeau,
Quand la langue de l'homme épouvanté s'est tue !

LXV

Trasimène à présent offre d'autres tableaux :
Un lac, nappe d'argent; une plaine fertile
Où de légers sillons marquent le soc agile;
De vieux arbres debout unissant leurs rameaux
Nombreux comme les morts couchés sous leur racine;
Seul un faible ruisseau proclame l'origine
D'un nom pris du torrent funèbre qui coula.
Sanguinetto nous dit où tomba la rosée
De ce sang qui jadis tout un jour ruissela,
Et rougit le cristal de l'onde courroucée.

LXVI

Mais toi, Clitumne, toi qui pour nous fais couler
Ta source la plus vive et ton eau cristalline,
Le séjour favori de la nymphe argentine
Qui s'y mire à loisir sans rien pour la voiler,

Le blanc taureau vient paître à tes rives heureuses.
Toi le plus chaste dieu des ondes amoureuses,
Au courant doux et pur, à l'aspect si serein,
Tu ne fus point souillé du carnage homicide,
De cette rouge pluie et du choc de l'airain,
Toi, de jeunes beautés bain et miroir limpide.

LXVII

Sur tes bords fortunés, délicat monument,
Un temple gracieux, debout sur la colline
Dont la pente descend et mollement s'incline,
Consacre ta mémoire. Au-dessous, ton courant
De ses flots voit troubler le calme et le silence,
Le poisson écaillé luit, frétille et s'élance
Hors du miroir uni, sa joyeuse prison ;
Tandis que souriant, épars, maint lis des ondes
Vogue entraînant sa tige en bas où le bouillon
Glapit en murmurant sur des eaux moins profondes.

LXVIII

Bon génie, en ces lieux du passant sois béni !
Si dans l'air un zéphir plus flatteur vous caresse,
C'est le sien ; sur ces bords si la douce mollesse
Vous berce et vous endort sur le gazon uni,

Si sur le cœur aride et sur l'âme affaissée
La nature un moment vient verser sa rosée
Et de la vie encore épure la prison,
D'un baume de baptême : ah ! c'est au bon génie
Qu'il faut reconnaissant faire votre oraison,
Car du dégoût c'est lui qui suspend l'agonie.

LXIX

Quel tonnerre des eaux ! A pic tombe du roc
Le fougueux Velino qui fend le précipice[17].
Quelle chute des eaux ! Moins vite l'éclair glisse
Que la masse ne bat le granit dans son choc.
C'est un enfer ! Ces eaux sifflent, hurlent, bondissent,
Se torturant sans fin, bouillonnent et rugissent,
De leur rude agonie épanchant la sueur,
Du fond du Phlégéton, rongent les rocs noirâtres,
Qui debout, hérissés, comme glacés d'horreur,
De ce gouffre effrayant forment l'amphithéâtre.

LXX

Puis l'écume jaillit et rejaillit au ciel,
Retombe incessamment en poussière liquide,
Tournoie en entonnoir qui jamais ne se vide
Et répand en rosée un printemps éternel,

Un tapis d'émeraude au fond du vaste abîme.
Roulant de roc en roc, sautant de cime en cime,
L'élément gigantesque au sein des airs lancé,
Entame, dans sa chute et dans sa folle rage,
Le pic, sous chaque bond heurté, pulvérisé,
Dont la bouche béante ouvre un large passage.

LXXI

Et le déluge d'eau, sublime en ses élans,
Ressemble au premier flot de quelque mer naissante,
Sortant d'une montagne ébranlée et croulante,
Dont un monde en travail a déchiré les flancs,
Et non pas au berceau d'une frêle rivière,
Qui serpente sans bruit dans le val... En arrière,
Regardez : le voici, comme l'éternité,
Renversant, brisant tout dans l'affreuse rafale,
D'une vive terreur charmant l'œil enchanté ;
Cataracte imposante, unique, sans rivale.

LXXII

Majestueuse horreur ! Mais en haut, sur le bord,
Une iris surgissant à l'aube matinale,
Au milieu du fracas de cette onde infernale,
Brille comme l'espoir qui sourit à la mort,

Déployant ses couleurs, sereine et radieuse,
Pendant que l'eau bondit sombre, vertigineuse.
Son cercle se dessine inaltérable et pur.
On croirait voir planer sur l'ondoyante orgie
Dans ce prisme où du ciel se nuance l'azur,
L'amour, reflet divin, surveillant la folie.

LXXIII

Je revois les forêts des riants Apennins,
Ces Alpes au berceau, ces verdoyantes têtes.
Si je n'avais déjà contemplé les cent crêtes,
Où tonne l'avalanche, où se dressent les pins,
Ma muse encenserait d'un nouveau culte encore
Ces séduisants coteaux que le poëte adore.
Mais je vis la Yungfrau porter au ciel son vol,
Son dôme virginal, sa neige séculaire;
Les glaciers du mont Blanc au formidable col;
Et des monts Chimaris j'entendis le tonnerre.

LXXIV

Je vis sous son beau nom l'Acrocéraunien;
Au Parnasse à mes yeux l'aigle chanta victoire,
Son familier génie élevant vers la gloire,
Comme par le passé, son essor. En Troyen,

J'ai contemplé l'Ida de la scène homérique ;
L'Athos, l'Atlas, l'Olympe et l'Etna volcanique.
Les coteaux ont perdu pour moi leur majesté,
Excepté le Soracte, aujourd'hui sans sa glace,
Et son manteau de neige ainsi qu'il fut chanté.
Il lui faut le secours de la lyre d'Horace,

LXXV

Pour nous en souvenir. Le Soracte de loin
Est la vague qui monte, et dans la plaine nue,
Écumeuse un moment, s'arrête suspendue
Avant de se briser. Libre à vous, non en vain,
D'évoquer en ces lieux dans un transport classique
De vos citations le bagage lyrique,
Et faire au Latium redire ses échos.
Pour moi, je craignis trop, en dépit du poëte,
La triviale leçon qu'on forçait mots par mots
Sur mon âge rétif, pour qu'ici je répète

LXXVI

Rien du sujet banal chaque jour repassé,
Soulevant de dégoût l'esprit par le précepte,
Bien que le temps l'ait fait digérer à l'adepte.
Mais dans un cerveau tendre obstinément fixé,

Sous le joug imposé dans le cours de l'enfance
Par un dur pédagogue, à mon impatience,
Il avait dès l'abord perdu sa nouveauté.
Et ce dégoût profond en moi s'aggrave encore
D'avoir étudié sans choix, sans liberté ;
Ce que je haïssais, aujourd'hui je l'abhorre.

LXXVII

Vieil Horace, adieu donc. Tu me fus odieux,
Par ma faute, non pas par la tienne. Comprendre,
Ne pas sentir ta verve ; en écolier apprendre
Tes vers sans les aimer, ô penseur sérieux !
Nul comme toi ne fut un profond moraliste,
Un maître de ton art, un piquant satiriste,
Perçant la conscience, et d'un trait acéré,
Réveillant sans blesser au fond le cœur intime.
Adieu pourtant, jadis compagnon exécré ;
Du Soracte tous deux quittons-nous sur la cime.

LXXVIII

O Rome, mon pays ! Les orphelins de cœur
Tournés vers toi, de l'âme ô cité solitaire,
Des empires détruits toi lamentable mère,
Renferment dans leur sein leur mesquine douleur.

Quels sont nos maux à nous? Quelle est notre souffrance?
Venez interroger cette voix du silence,
Près du cyprès, entendre en la nuit le hibou,
Des trônes, des autels fouler la froide argile,
O vous dont l'agonie est d'un jour, et c'est tout;
Un monde est à vos pieds comme nous, vain, fragile.

LXXIX

Niobé des nations! La voilà sans enfants,
Sans couronne et sans voix, debout, morne, rigide;
Dans sa main desséchée ayant une urne vide,
Sa relique sacrée erre depuis longtemps.
Des Scipions la tombe a perdu sa dépouille.
Les cercueils des héros que l'œil profane fouille
N'ont plus leurs habitants. Vieux Tibre, où vont tes flots?
Est-ce à travers les morts et les champs de tristesse,
Dans un désert de marbre. Ah! monte avec tes eaux,
Limon jaune, déborde et couvre sa détresse!

LXXX

Goths et Chrétiens, le temps, le feu, la guerre et l'eau
Ont trop humilié la ville désolée.
Elle a vu s'éclipser chaque gloire étoilée,
Un astre après un astre; un barbare, un bourreau,

Chevaucher où le char montait au Capitole.
Temples et tours épars dépouillés d'auréole
Sont tombés sans laisser un vestige, un signal,
Un site survivant à leur triste ruine.
Qui jettera sur elle un lunaire fanal?
Qui dira : Ce fut, c'est? — La double nuit domine.

LXXXI

Le temps et l'ignorance, une enfant de la nuit,
Ont tout enveloppé d'un voile épais et sombre.
On ne fait qu'entrevoir seul son chemin dans l'ombre.
Des astres et des mers la mappemonde luit,
La science partout les déroule en sa sphère.
Mais Rome est un désert où l'on s'égare, on erre,
Où l'esprit au hasard se perd en souvenir.
Chacun battant des mains, comme autrefois le sage,
Crie *Eurêka*. Mais rien... Soudain il a vu fuir
D'un vestige apparent la lueur, faux mirage.

LXXXII

Adieu, grande cité, triomphant trois cents fois.
Adieu, jour où Brutus, de la liberté lève
Le poignard, abattant du conquérant le glaive.
Hélas! encor adieu, de Cicéron la voix,

Virgile modulant ses accents poétiques,
Tite-Live traçant ses tableaux héroïques
Qui font revivre Rome à l'immortalité.
Tout le reste périt. Jamais, non, jamais l'homme
Ne verra le retour de cette majesté
Dont l'éclat rayonnait au front libre de Rome.

LXXXIII

De la fortune élu, toi dont le char roula
Triomphant et soumit au joug de ses conquêtes
Les ennemis de Rome; avant que tu t'arrêtes
Pour expier tes torts, victorieux Sylla!
Avant d'offrir ta tête aux coups de la vengeance,
De tes aigles armés de toute leur puissance,
Sur l'Asie écrasée on voit planer l'essor.
Ton sourcil foudroyait les sénats sous ta chaîne.
Vicieux, corrompu, tu sais, Romain encor
Rejeter souriant une couronne humaine,

LXXXIV

Plus qu'elle, un diadème au front d'un dictateur.
Pensais-tu que ce qui de toi fit plus qu'un homme
Devait tomber si bas, si bas dût tomber Rome?
Qu'un autre qu'un Romain, ternissant sa splendeur,

Courberait la cité proclamée éternelle,
Qui n'armait ses guerriers que pour vaincre? Son aile
Couvrait le monde entier! Où manquait l'horizon
Ses aigles déployaient une envergure immense.
De Rome l'univers saluait le seul nom,
Et muet adorait le bruit de sa puissance.

LXXXV

Si des victorieux Sylla fut le premier,
Des fiers usurpateurs Cromwell fut le plus sage,
Le nôtre; car il sut aussi sur son passage
Balayer deux sénats, tandis qu'avec l'acier,
Pour dresser un billot, il renversait un trône
Et, rebelle immortel, brisait une couronne.
Pour être libre une heure, être à jamais fameux
Qu'il en coûte de crimes! Et son sort doit instruire :
Vainqueur deux fois, il meurt; un seul jour glorieux
Lui vaut double laurier; plus heureux, il expire[18].

LXXXVI

Le trois du même mois vit deux fois couronné
L'heureux chef; même jour déposant la couronne
Qu'il avait usurpée, il descend de son trône
Et rentre dans l'argile où le soldat est né.

Fortune, tu fais voir en lui, que la puissance,
La réputation et tout ce qu'on encense
Et pourquoi l'on consume une vie en efforts,
Au cercueil, à tes yeux, cède dans la balance.
Si l'homme envisageait comme toi ces trésors,
Quel contraste en sa vie, et quelle différence !

LXXXVII

Et toi, marbre imposant d'austère nudité,
Statue encor debout, grave et majestueuse,
Toi qui vis d'assassins la troupe furieuse
A ta base frapper César ensanglanté ;
O toi qui regardas cette noble figure
Tomber pliant sa toge en sa digne posture,
C'est Némésis, la reine, aux hommes comme aux dieux
Qui l'immole. Il est mort, ainsi que toi, Pompée.
Fûtes-vous les vainqueurs de monarques nombreux
Ou les tristes acteurs d'une gloire usurpée?

LXXXVIII

Et toi que foudroya, louve, le feu du ciel,
Nourrice des Romains, qu'en ton image allaite
Ta mamelle d'airain du lait de la conquête,
Tu demeures de l'art un vestige immortel,

Type de la grandeur qu'en toi, vaillante mère,
Puisa le fondateur de cette race altière.
O toi que Jupiter sillonna de ses feux,
Avec tes flancs noircis, soigneuse sentinelle
De tes fiers nourrissons, veilles-tu bien sur eux,
Des glorieux jumeaux toujours garde fidèle?

LXXXIX

Oui, mais tes nourrissons, tes autres fils sont morts,
Hommes de fer, le monde a fait avec leurs tombes
Grands débris, des cités, immenses catacombes.
Les hommes ont lutté, fait les mêmes efforts,
Livré mêmes combats, gagné mêmes victoires.
Singes imitateurs; mais dans ces autres gloires
Nul ne put approcher de la même grandeur,
Sauf un seul homme vain, sa vivante victime,
Par lui-même vaincu, son propre destructeur,
Des esclaves l'esclave en creusant son abîme.

XC

Épris d'un faux pouvoir, comme un César bâtard,
Il a suivi l'ancien d'une marche inégale.
Car l'âme du Romain exista sans rivale,
D'un moule moins terrestre, en l'antique César.

En lui l'esprit s'unit à la passion forte,
Un instinct immortel, à l'accès qui l'emporte,
La vaillance rachète un tendre cœur. Tantôt
C'est Alcide filant aux pieds de Cléopâtre.
De sa faiblesse aussi se relevant bientôt,
Redevenant lui-même, il dit en plein théâtre :

XCI

Je suis venu, j'ai vu, j'ai vaincu ! Le César
Qui veut guider le vol de son aigle gauloise
Comme un faucon dressé qu'un chasseur apprivoise,
Toujours de la victoire en précédant le char
Sans écouter son cœur, homme étrange et bizarre,
N'a qu'un désir mesquin, une infirmité rare :
C'est au plus haut degré l'extrême vanité,
L'ambition mêlée à la coquetterie.
Cependant il veut..... Quoi? Dans sa course emporté,
Peut-il dire vraiment quelle était son envie.

XCII

Être tout, n'être rien. Voilà ce qu'il voulait,
Mort qui nivelle tout, il n'a pas su t'attendre.
S'il l'eût fait, aux Césars dont je foule la cendre,
Dans quelques ans plus tard, le trépas l'égalait.

Pour le César romain l'arc triomphal se dresse ;
Pour celui ci, les pleurs, le sang jusqu'à l'ivresse.
D'un déluge, où nulle arche aux humains n'apparaît,
Nulle ancre de salut ou gage d'espérance,
Quand roule le torrent refluant sans arrêt,
Dieu, rends nous l'arc-en-ciel en signe d'alliance?

XCIII

De notre être infécond, que sort-il? Sens étroits,
Courte vie, un seul grain d'une raison fragile,
Le vrai, perle cachée; et toute chose vile
Que la coutume pèse au hasard d'un faux poids;
L'opinion, puissance aveugle et téméraire,
Dont le voile enveloppe au loin toute la terre,
Où le bien et le mal sont de purs accidents,
Où les hommes ont peur de voir en plein jour luire
Sur la scène en public leurs propres jugements,
Et leur libre pensée en crime se traduire.

XCIV

Ainsi vont-ils rampant et privés de raison ;
Pourris de père en fils, avilis d'âge en âge ;
Fiers de leur décadence ils laissent l'héritage
De leur rage, en mourant, aux fils de leur maison.

Race esclave, elle rive en guerroyant sa chaîne,
Plutôt que d'être libre, et, sur la même arène,
Gladiateurs saignants, regardant autour d'eux
Leurs compagnons tomber, avant qu'eux-mêmes tombent,
Tous, feuilles du même arbre et rejetons poudreux,
Devant ceux qui suivront à leur tour ils succombent.

XCV

Paix à toute croyance. Entre l'homme créé
Et son Dieu qui l'a fait, la question demeure.
Mais il s'agit d'objets connus, vus à toute heure,
Du joug qui sur nous tous a doublement pesé ;
De maîtres proclamant tout haut leur tyrannie,
Par édits dominant sur la terre asservie,
Singes de l'homme qui brisa les orgueilleux,
Éveillant en sursaut tous les rois sur leurs trônes.
Ses actes et sa vie étaient trop glorieux
S'il se fût contenté d'ébranler ces couronnes !

XCVI

Un tyran peut-il seul jeter un autre en bas ?
Liberté, n'auras-tu dans ta libre patrie
Des champions ou des fils, tels que la Colombie
Qui jaillit tout armée, émule de Pallas ?

Ces esprits ne sont-ils mûrs qu'au désert sauvage
Près de la forêt vierge et du flot plein de rage,
Et sous la cataracte, où Washington enfant
Vit la grande nature à son berceau sourire?
Le sol n'a-t-il donc plus de tel germe naissant,
L'Europe, de tels fils? Mais la France en délire

XCVII

S'enivra pour vomir le crime en flots de sang.
Terribles ont été ces rouges saturnales;
Liberté, pour ta cause en ton nom, infernales,
Et l'orgie en tout temps, en tout lieux bondissant.
Car ces funestes jours, où nous vîmes le rêve
De cette ambition qui lâchement élève
Entre l'homme et ses vœux un mur de diamant,
Et le vil oripeau dont la scène est salie,
Des mortels ont scellé l'éternel châtiment,
Causé leur double chute, à l'arbre ôté la vie.

XCVIII

Liberté, ton drapeau déchiré flotte et fuit;
C'est la foudre luttant contre les vents, errante;
Ta trompette brisée et ta voix expirante
En arrière ont laissé l'ouragan qui rugit.

L'arbre a perdu sa fleur, et l'écorce frappée
Par la hache à l'entour et jusqu'au vif coupée
N'a qu'un aspect de deuil. Mais le suc est resté,
La séve vit au sein du nord, son âpre mère,
Là germe la semence, et l'arbre aura porté
Bientôt de meilleurs fruits sur la fleur moins amère.

XCIX

Une tour imposante, une tour du vieux temps,
Ferme comme un castel aux bastions de pierre,
Même au choc d'une armée invincible barrière,
Se tient debout rongée à moitié par les ans,
Par deux mille ans et plus qui la couvrent de lierre,
Éternelle guirlande, où flotte séculaire
La feuille renaissante en un lit de gazon.
Cette massive tour, autrefois que fut-elle?
Quel trésor cache-t-elle en sa noire prison?
D'une femme au tombeau la dépouille mortelle.

C

Mais qui fut-elle donc la dame des tombeaux[19],
Gisant en un palais? Fut-elle chaste et belle,
D'un roi, d'un fier Romain la compagne fidèle,
Porta-t-elle en son sein la race des héros?

De sa beauté qui fut la fille et l'héritière?
Quels furent ses amours, sa mort, sa vie entière?
N'eut-elle tant de pompe et de distinction
Que n'osât approcher nulle cendre vulgaire,
Si ce n'est pour montrer que sa condition
Était plus que mortelle en un tel sanctuaire?

CI

Aima-t-elle toujours son maître et son seigneur
Ou bien l'époux d'une autre? Or l'histoire romaine
Dit qu'on avait déjà même faiblesse humaine.
Matrone Cornélie, eut-elle ton honneur?
De la reine d'Égypte aimable et gracieuse,
L'exubérante joie? Ou sage et vertueuse,
Sut-elle y résister? Au doux penchant du cœur
Se laissa-t-elle aller, ou de tendresse avare,
Soumit-elle l'amour à toute autre douleur?
Il est tels sentiments, mais ce dernier est rare.

CII

Peut-être mourut-elle à la fleur de ses ans
Sous le poids de chagrins bien plus lourds que la pierre
Qui pèse sur sa cendre et sa frêle poussière.
Un nuage flétrit ses traits avant le temps,

Et son œil prophétique, hélas, d'un sort d'élite
Que le ciel comme un don fait à sa favorite,
Avait encor son charme en sa sombre lueur.
Aube des morts! Sa joue illuminée, empreinte
Du feu rongeur et lent d'une fiévreuse ardeur,
De la feuille d'automne avait la rouge teinte.

CIII

Peut-être mourut-elle âgée, et survivant
A tout, charmes, enfants, avec sa blanche tête,
Et ses tresses d'argent, restes des jours de fête
Où leurs boucles pendaient au col de lis flottant,
Alors que Métella de la cité frivole
Fut l'admiration et l'envie et l'idole.
Mais pourquoi s'égarer en pensers superflus?
Nous ne savons qu'un point. Ce tombeau nous l'atteste.
Du plus riche Romain la matrone n'est plus,
De l'orgueil, de l'amour, voilà tout ce qui reste.

CIV

Je ne sais pas pourquoi : sur ta pierre arrêté,
Je crois avoir connu ton habitante, ô tombe.
En arrière sur moi le temps passé retombe
Avec sa mélodie, un écho répété.

Mais la voix a changé, solennelle et profonde
Comme la foudre au loin murmure vagabonde.
Sur son marbre et son lierre, oui, j'aime à méditer
Jusqu'à ce que l'esprit donne un corps, une image
A ces formes qu'il sait ici ressusciter
Des restes que le temps recueille du naufrage.

CV

Et de l'épave au loin éparse sur les rocs,
Je me suis fait encor la barque d'espérance
Pour lutter de nouveau dans ma persévérance
Contre une mer fougueuse et les terribles chocs
Des brisants escarpés, et le fracas sauvage
Qui tourmente sans fin la solitaire plage
Où se sont abîmés tous ceux qui me sont chers.
Mais même pour suffire à ma frêle nacelle,
S'il me restait de quoi naviguer sur ces mers,
Où voguer? Nul espoir, nul foyer ne m'appelle!

CVI

Sauf ici... que les vents hurlent donc. Leur fureur
Deviendra désormais mon unique harmonie.
Le nocturne hibou fera ma mélodie,
Ainsi que je l'entends, à la pâle lueur

Du jour mourant, au nid des oiseaux de ténèbres ;
Quand l'un répond à l'autre en ses accents funèbres
Sur le mont Palatin[20], avec leur œil béant,
Cet œil gris et blafard, leurs ailes en antennes.
Ah! près de tels tombeaux que sont nos pleurs d'enfant,
Nos douleurs? Je ne puis ici compter les miennes.

CVII

Le lierre, le cyprès, les murs, tapis de fleurs,
Ronces, tertres, gazons, masses accumulées,
Couvrent chambres, arceaux, salles, voûtes comblées,
Colonnes, fûts brisés. Les fresques sans couleurs
Sous d'humides caveaux, où veillent les chouettes
Se croyant à minuit. Qui dira qui vous êtes,
Temples, thermes, palais? Tout ce que le savoir
En a pu recueillir, ce sont des murs. La tombe
Du mont impérial, si vous voulez la voir,
La voici. Quelle chute! ainsi le puissant tombe.

CVIII

C'est la moralité de chaque conte humain ;
Du passé, du présent, c'est l'éternelle histoire.
La liberté d'abord, ensuite vient la gloire,
Après, richesse, vice, et barbarie enfin.

Mais celle-ci possède en son volume immense
Une page mieux faite et pleine d'éloquence,
Dans ces lieux où le faste insolent, luxueux
Des tyrans, amassait trésors et jouissance,
Voluptés que l'oreille ou l'œil impérieux,
L'âme, le cœur, la langue appelaient... mais silence.

CIX

Approche, admire, loue, abaisse, pleure, ris,
Car à tous sentiments la scène peut suffire,
Homme, mouvant pendule entre larmes et rires.
Les royaumes, les temps s'y pressent réunis.
La montagne jadis portant la pyramide
D'empires écroulés et plongés dans le vide,
De la gloire étalant tous les colifichets,
Des rayons du soleil doublant la flamme même.
Où sont ces palais d'or? Où retrouver jamais
Ceux qui de les bâtir eurent l'audace extrême?

CX

Cicéron ne fut pas éloquent comme toi,
O colonne sans nom sur ta base enfouie.
Les lauriers d'un César touchent peu mon envie;
D'un lierre à son séjour cueilli couronnez-moi.

Sont-ils à toi, Titus, cet arc, cette colonne
Ou bien à toi, Trajan[21]? Au temps, moi, je les donne.
Des colonnes, des arcs, il dispose moqueur.
Le buste de l'apôtre a surmonté la cime,
Et sa statue insulte avec un pied vainqueur
L'urne d'un empereur et sa cendre sublime,

CXI

Dormant dans un cercueil suspendu sous l'azur,
Vers les astres tourné, le digne sanctuaire
D'un esprit éthéré de la céleste sphère,
De ces esprits divins le dernier le plus pur
Qui régna glorieux et puissant sur le monde,
Sur le globe romain. Après lui ce qu'il fonde,
Nul ne l'a soutenu. Tous perdent tour à tour
Ce qu'il avait conquis. Il est plus qu'Alexandre
Pur de vin et de sang. On adore en ce jour
Le nom du grand Trajan plus brillant sous la cendre.

CXII

Capitole, où chercher ta roche et les héros
En triomphe conduits par Rome sur ta cime?
La roche Tarpéienne, où le traître en l'abîme
Trouvait la guérison, l'oubli de tous les maux

De son ambition. Des vainqueurs la dépouille
Y dort-elle entassée? Oui, si plus bas l'on fouille,
Mille ans de factions ici dorment encor,
Au Forum où la voix de Cicéron résonne,
Où l'éloquence éclate, et l'air sous son essor
Jaillit comme enflammé de sa bouche qui tonne!

CXIII

O champ de factions, de sang, de liberté,
Ici d'un peuple fier la passion respire,
Depuis qu'en son aurore on voit poindre l'empire
Jusqu'au jour où le monde est par Rome dompté.
Déjà la liberté s'est voilé le visage;
L'anarchie usurpant ses droits régnait sauvage,
Lorsque enfin assaillant, sans pudeur, tout soldat,
D'un pied brutal, marcha sur les lois polluées,
Faisant taire de peur un servile sénat,
Ou parler à prix d'or des voix prostituées.

CXIV

Vers un dernier tribun nous étendons les mains,
Rejetant cent tyrans; vers toi, de l'Italie
L'espoir, et le vengeur de siècles d'agonie;
Toi, l'ami de Pétrarque et dernier des Romains,

Rienzi[22] ! Qu'un rameau couronne au moins ta tombe,
Si de la liberté le tronc pourri qui tombe
Porte encore une feuille. Oh, du Forum champion,
Chef du peuple, et Numa d'une Rome nouvelle,
Qui ne fis qu'apparaître un matin, pur rayon ;
Ton règne fut trop court, lueur d'une étincelle.

CXV

Égérie[23], un doux nom, suave création
D'un cœur qui ne voulut nul autre sanctuaire
Que ton sein idéal, quoique tu sois, chimère,
Une fille de l'air, aurore ou vision,
D'un désespoir d'amour la nymphe imaginaire,
Ou même, il se pourrait, que beauté de la terre,
Tu soumisses jadis un noble adorateur,
Un monarque amoureux. Qu'importe l'origine,
La pensée était belle et pleine de grandeur,
Ton visage offre aux yeux une forme divine.

CXVI

De ta fontaine encor les gazons toujours frais,
Distillent de tes eaux la goutte, perle fine.
La grotte d'où jaillit la source cristalline,
Reflète de ce lieu le génie aux doux traits,

Jeune, immortel comme elle. On ne voit plus sa rive
Par les arts effacée, et la nymphe plaintive
Dans sa prison de marbre a cessé de dormir.
Au pied de sa statue, au fond, entre une fente,
Elle glapit, scintille et se plaît à frémir
Sur les mousses, les fleurs, le lierre qui serpente,

CXVII

Et toujours verdoyant s'enlace. Le coteau
Tout émaillé revêt sa robe printanière.
Le lézard à l'œil vif glisse sur la fougère,
Et de l'été gazouille avec bonheur l'oiseau.
Par leur éclat les fleurs à faire quelque pause
Invitent le passant ici pour qu'il repose.
Le zéphir doucement semble les balancer.
La suave violette en sa teinte azurée,
Que d'un baiser le ciel se plaît à caresser,
Dans ce tableau magique est par lui colorée.

CXVIII

Ici tu reposas dans ton antre enchanté,
Égérie, et ton cœur en sa céleste ivresse
Pour un amant mortel palpitait de tendresse,
En écoutant de loin son pas précipité.

L'azur de minuit voile un rendez-vous mystique
Sous le dôme étoilé, quand tu t'assieds pudique
Près ton adorateur! Qu'entrevit ce séjour?
Ce fut là sûrement le nid d'une déesse,
Celant ses chastes feux; le temple de l'amour,
Oracle primitif du monde en sa jeunesse.

CXIX

En unissant ton âme à l'âme d'un mortel,
Ne l'as-tu pas unie à ton divin délire,
Et l'amour qui, mourant comme naissant, soupire,
Fut-il éthérisé d'un transport éternel?
Et ton art a-t-il pu l'élever à ta sphère,
Purifier au ciel le bonheur de la terre,
Extraire le venin (sans ôter l'aiguillon),
De la satiété qui détruit toute joie,
Chasser enfin du cœur le funeste poison,
Et l'herbe parasite où nous tombons en proie?

CXX

Nous gaspillons du cœur la jeune affection.
Elle n'arrose, hélas! que les sables arides.
La luxueuse ivraie en ses moissons livides
De ce germe fécond rance corruption,

Flatteuse pour l'œil seul; fleurs dont l'odeur sauvage
Exhale l'agonie et l'accès de la rage,
Arbuste dont la gomme est un âcre poison,
Plantes que fait surgir la passion funeste,
Franchissant les déserts, sans guide et sans raison,
Pour le prix défendu de quelque fruit céleste.

CXXI

Tu n'es point de la terre, Amour, un habitant;
Mais nous croyons en toi. Ton culte est le martyre
De chaque cœur brisé qui gémit et soupire,
Séraphin invisible en un sein palpitant,
Que l'œil nu, sans portée et frappé d'impuissance,
N'a vu ni ne verra dans sa subtile essence.
C'est l'esprit qui t'a fait quand il peupla les cieux,
En façonnant ainsi sa propre fantaisie,
Où la forme se rive, indissolubles nœuds,
A l'âme consumée et jamais assouvie.

CXXII

Et l'esprit exalté par sa propre beauté,
Fiévreux en crée une autre, enfant de son délire.
Là sont les traits, le type où le sculpteur s'inspire
Par lui seul. Son génie a seul tout enfanté,

La nature peut-elle apparaître aussi belle ?
Où sont tant de vertus dans l'histoire réelle,
Les rêves du matin que l'on poursuit le soir,
Ce paradis lointain sans bord et sans rivage,
Du crayon, du pinceau, de l'art le désespoir,
Ne saurait refleurir sur l'impuissante page.

CXXIII

Aimer, c'est délirer. Frénétique fureur
Du jeune âge ; la cure est pire à l'âme folle
Quand le charme rompu vient dépouiller l'idole
De toute sa beauté, de son fard imposteur ;
Mais l'idéal subsiste, il enchaîne, il nous lie
D'un invincible anneau de puissante magie,
Et l'ouragan semé par nous, est moissonné.
Infatué, semblable à l'alchimiste avide,
Le cœur à sa poursuite ardente est acharné ;
Nous touchons au trésor, mais au fond il est vide.

CXXIV

Flétris des l'âge tendre et haletant toujours
Sans atteindre le fruit et l'onde de Tantale,
Nous poursuivons sans fin la chimère fatale.
Le fantôme moqueur, mirage de nos jours,

Qu'on atteint, mais trop tard. Double est notre infortune.
Gloire, amour, or, honneurs, c'est la perte commune :
Malheur ou vanité ! Nul pire entre les maux ;
C'est un nom différent pour chaque météore ;
La mort est la fumée au sein de ce chaos,
Quand la flamme qui fuit s'éteint et s'évapore.

CXXV

Peu, nul n'a ce qu'il aime ou ce qu'il eût aimé.
Le hasard, l'accident, d'aimer le besoin même,
Ont pu bannir un temps l'antipathie extrême.
Bientôt elle revient au cœur envenimé.
L'événement est là, ce dieu de la matière,
Créateur malfaisant, qui nous pousse à mal faire.
Sa béquille, baguette, instrument infernal,
Brise notre espérance et la broie en poussière ;
La poussière que tous, marqués du sceau fatal,
Ont foulée en passant à travers la carrière.

CXXVI

Dans l'ordre naturel, notre vie est un faux
Violant l'harmonie ! Arrêt inexorable,
Du péché primitif, ô tache ineffaçable,
Nous sommes sous l'upas aux immenses rameaux ;

Ses branches sont les cieux, sa racine est la terre
Distillant en rosée esclavage, mort, guerre,
Les maux que nous voyons, que nous ne voyons pas.
De toutes les douleurs l'invisible est la pire,
Les tortures de l'âme incurables, hélas!
Et l'angoisse du cœur, qui tue et qui déchire.

CXXVII

Pesons tout cependant. Car lâche est l'abandon
De la raison, celui du droit de la pensée,
La dernière ressource à l'homme ici laissée.
Moi, je veux disposer au moins de ma raison,
Bien qu'au berceau la lange, ô faculté divine,
T'enchaîne et te torture. En vain l'on te confine
Dans une épaisse nuit, pour que la vérité,
En surprenant nos yeux trop tôt n'aille point luire.
Le rayon perce enfin, et de sa cécité
Le temps guérit l'aveugle, et l'art saura l'instruire.

CXXVIII

Arcade sur arcade[24]! On dirait qu'en son sein
Rome aurait réuni dans un seul sanctuaire,
Dans un trophée unique un faisceau séculaire
Debout, au Colisée. Dans son éclat divin

On voit planer la lune en torche naturelle.
Le ciel semble devoir sa lumière immortelle
Au vaste amphithéâtre, au tableau glorieux,
De contemplation inépuisable mine.
D'une italienne nuit l'azur majestueux
Dont la couleur austère, immense, l'illumine

CXXIX

De poétiques tons, échos du firmament,
S'étend et flotte au loin sur l'antique merveille
Et projette à l'entour la grande ombre qui veille
Sur les vastes contours du noble monument.
Où le temps a passé, le sentiment respire ;
L'édifice où sa main pesa sans le détruire
Avec sa faux brisée, est magique, imposant,
Et surpasse la pompe, éclipse la richesse
D'un moderne palais qui, tout éblouissant,
Comme un douaire, attend son vernis de vieillesse.

CXXX

O Temps ! décorateur des ruines des morts,
Médecin dont la main est souveraine et sûre
Et qui du cœur guéris la saignante blessure,
Toi qui des jugements corriges tous les torts,

Creuset des vérités, ô philosophe unique,
Car après toi le reste est faux et sophistique;
Qui ne péris jamais, quoique temporiseur,
Économe savant, puissance vengeresse,
J'élève jusqu'à toi les mains, les yeux, le cœur,
Et pour une faveur à toi seul je m'adresse.

CXXXI

Au milieu du naufrage, ô temps où tu te fis
Une châsse divine, un temple, un sanctuaire,
Vois mon indigne offrande, hommage trop vulgaire
De peu d'ans fruits amers, mais par le sort mûris.
Si tu m'as vu trop haut aspirer et prétendre,
Repousse ici mes vœux, refuse de m'entendre.
Si j'ai gardé le calme au milieu du bonheur,
Opposé mon orgueil aux impuissantes haines
Sans plier sous leur poids, qu'en vain ce triste cœur
N'ait pas porté ce fer! N'auront-ils pas mes peines?

CXXXII

O toi, fille d'enfer, ô grande Némésis,
Qui des crimes humains nivelles la balance;
Dont les anciens jadis adoraient la puissance,
Qui terrible évoquais de l'abîme à tes cris

Contre Oreste hurlant et sifflant, l'Euménide,
Pour venger un forfait, monstrueux parricide,
Crime juste, s'il fût venu d'une autre main,
Dans ton domaine antique où ton pouvoir sommeille,
Je t'invoque. Ah, n'as-tu jamais lu dans mon sein?
Il le faut. A ma voix que Némésis s'éveille!

CXXXIII

J'ai pu pécher aussi, j'ai saigné justement,
Des torts de mes aieux et de mes torts victime.
Si le coup fût parti d'une arme légitime,
Sans l'arrêter, j'aurais laissé couler mon sang.
Qu'il ne soit pas du moins absorbé dans la terre.
A toi je le dévoue, accueille ma colère ;
De ma cause c'est toi, toi que je veux charger.
Toi seule cherche, trouve et poursuis ma vengeance.
Par respect, je n'ai pas pris soin de me venger,
Mais n'importe, je dors... Toi, veille en mon absence.

CXXXIV

Et si ma voix éclate, ah, ce n'est point qu'ici
Je recule devant mes souffrances passées;
Qu'il parle celui-là qui les vit retracées
Sur mon front pâlissant ou dans mon cœur flétri.

Je cherche un monument gravé sur cette page,
Ces mots ne doivent point s'envoler, vain langage.
Moi, cendre, un temps marqué devra pour moi tester,
De ce vers prophétique accomplir la menace,
Sur des têtes d'humains faire enfin éclater
Mes malédictions, montagne qui s'amasse.

CXXXV

Je pardonne : voici ma malédiction.
Ah! n'ai-je point, ô terre, écoute-moi, ma mère,
Ciel, regarde, témoin d'une éternelle guerre,
N'ai-je point enduré la persécution
Qui doit demander grâce? Espérance déçue,
Cœur brisé, nom flétri, vie intime perdue;
Si je n'ai pas péri par le seul désespoir,
C'est que j'avais été pétri d'une autre argile
Que celle de ces cœurs en qui mon œil peut voir
Le limon vil, impur de leur âme servile.

CXXXVI

N'ai-je point de la haine éprouvé tout le mal,
Depuis les graves torts jusqu'à la perfidie,
Et du rugissement que fait la calomnie,
Au sourd bourdonnement du stupide animal,

Jusqu'au venin caché de la tourbe reptile,
Race à double visage, hypocrite et subtile
Qui d'un silence faux couvre la vérité,
Dont un geste, un soupir est le seul interprète,
Et fait accroire aux sots dans leur crédulité
Tout ce que sous-entend la satire muette ?

CXXXVII

Mais j'ai vécu déjà, non vainement vécu.
Mon esprit peut faiblir, mon sang perdre sa flamme,
Et mon corps s'affaisser dans la lutte de l'âme ;
Mais un germe est en moi, par qui j'aurai vaincu
La torture et le temps. Un souffle, si j'expire,
Semblable au son lointain d'une muette lyre,
Un charme non terrestre, étrange à leurs esprits,
Descendra par degrés sur leur âme apaisée,
Et dans ces cœurs de roche, alors plus attendris,
Tardif remords d'amour, répandra sa rosée.

CXXXVIII

C'en est fait : mais salut, ô terrible pouvoir,
Sans nom, et de ces lieux invisible génie,
Voltigeant à minuit et dans l'ombre infinie,
Grand, auguste, imposant, sans les terreurs du soir.

Tu hantes le séjour où des manteaux de lierre
Enveloppent les morts d'un crêpe funéraire.
La scène solennelle emprunte dans ces lieux
A ta présence un sens pénétrant et sensible
Qui, perçant le passé, le révèle à mes yeux,
Et m'en fait devenir le témoin invisible.

CXXXIX

Là bourdonnait autour l'essaim des nations,
De pitié murmurant, ou délirant de joie,
Quand un homme égorgeait son semblable, sa proie.
L'égorger! mais pourquoi? Plaisantes questions.
C'est qu'au cirque où le peuple à grands cris le demande,
Telles étaient les lois, lorsque César commande.
Qu'importe où nous gisons, pâture au ver rongeur,
Sur le champ de bataille ou bien aux jeux de lice,
C'est un même théâtre où le héros acteur
Doit succomber. Il faut qu'il y tombe et pourrisse.

CXL

Là devant moi mourant gît le gladiateur [25]
S'appuyant sur sa main. Sa virile figure
Se résigne à la mort et brave la torture.
Sa tête s'affaissant tombe et trahit son cœur.

De son flanc entr'ouvert, rouge et béante route,
Son sang lentement coule et descend goutte à goutte.
Comme la pluie annonce un orage d'été.
Autour de lui bientôt roule et tourne l'arène,
Il expire, et l'écho ne s'est pas arrêté,
De cent cris acclamant le vainqueur sur la scène.

CXLI

Passif, insouciant, il dédaigne ces cris.
Ses yeux suivent son cœur qui déjà l'abandonne,
Regrettant, non la vie ou l'ignoble couronne,
Mais bien le toit rustique où son essaim de fils,
Libres encor, sourit, troupe folâtre et chère,
Près du Danube autour de leur dacienne mère;
Pendant que lui, leur père, à plaisir égorgé,
Meurt pour solenniser quelques fêtes romaines.
Son cœur se glace, il meurt. Mourra-t-il non vengé ?
Vandales, levez-vous, assouvissez vos haines !

CXLII

Où le meurtre exhalait une sueur de sang,
Où les peuples couraient en hordes rugissantes,
Comme les eaux d'un mont descendant mugissantes,
Torrent en cent détours, sans règle, bondissant;

Quand le blâme ou l'accueil d'une troupe idolâtre
Faisait vivre ou périr, jeu de l'amphithéâtre,
Ma voix retentit seule, et l'étoile filant
Tombe sur la ruine, et dans la vide arène,
Au travers de l'arcade et du gradin croulant
Où mes pas en échos frappent l'étrange scène.

CXLIII

Des débris... Quels débris ! Palais, demi-cités,
Murailles ont surgi, refaits avec leur masse.
Près du squelette nu cependant si l'on passe,
On demande où gisaient ces restes dévastés.
N'a-t-on que déblayé l'enceinte ? Au sanctuaire
Fouillez... La brèche alors apparaît tout entière,
Le jour accusateur la montre nue aux yeux.
Si vous vous approchez du colosse de Rome,
Il ne peut supporter le rayon lumineux,
Démasquant le ravage et des ans et de l'homme.

CXLIV

Lorsque sur l'horizon on voit Phébé monter,
Qu'à la dernière arcade en silence elle brille
Dans un moment d'arrêt ; quand l'étoile scintille,
Que la brise du soir dans l'air vient agiter

La forêt des murs gris et leur guirlande fauve,
Ressemblant au laurier de César au front chauve;
Quand la douce clarté luit sans étinceler,
Évoque alors les morts dans ce cercle magique!
Par des héros ces lieux se sont senti fouler.
Tu presses de leurs pas la trace poétique.

CXLV

« Tant que le Colysée à Rome existera,
« Rome sera debout; mais que le Colysée
« Tombe, Rome avec lui tombera renversée.
« Et si Rome périt, le monde périra. »
De nos vieux pèlerins, enfants de ma patrie,
Sur le colosse ancien ce fut la prophétie
Au siècle des Saxons. Sur leur fondation
Ils sont tous trois debout cependant : voici Rome,
Voilà son grand débris sans résurrection,
Et le monde brigand; autrement qu'on le nomme!

CXLVI

Châsse de tous les saints, temple de tous les dieux,
Simple, sévère et pur, dôme austère et sublime[26],
De Jupiter au Christ comblant le vaste abîme,
Épargné par le temps et béni par les cieux;

Debout, ferme et serein, lorsque chancelle et croule
Arc triomphe, empire; et que l'aveugle foule
Se fraie avec effort un sentier épineux.
Ne dois-tu point durer, ô toi, l'orgueil de Rome,
Temple divin des arts, Panthéon glorieux,
Braver la faux du temps et la verge de l'homme!

CXLVII

Relique des beaux jours et des plus nobles arts,
Nue et riche à la fois, on sent dans son enceinte,
Pénétrant tous les cœurs, l'émanation sainte.
O modèle parfait, délice des regards,
Pour celui dont le pied parcourt l'antique Rome,
La gloire perce et luit au travers de son dôme;
Le dévot pour rosaire ici trouve l'autel.
Le seul admirateur des œuvres du génie
Peut reposer ses yeux sur maint buste immortel
Mainte forme où l'image est encore la vie.

CXLVIII

Dans un coin ténébreux je rencontre un cachot[27].
Qu'y vois-je? rien... Regarde encore en sa nuit sombre,
Deux formes lentement me dessinent leur ombre.
Les deux spectres sont-ils les hôtes du caveau?

Non pas. C'est une vue apparente et réelle :
Un vieillard, une femme à la fois jeune et belle,
Une mère nourrice en toute sa fraîcheur.
Son sang coule en nectar, douce métamorphose.
Que fait-elle? Son sein, dans sa pure blancheur,
Sans voile, avec ses lis à nos regards s'expose.

CXLIX

La source de la vie épanche son flot pur
Sur le cœur; c'est du cœur que vient la nourriture,
Lorsque devenant mère au gré de la nature,
La femme s'électrise à ce regard d'azur,
Dans ce cri de l'enfant qui souffre et balbutie,
Impatient, la plainte en entrant dans la vie.
De joie elle tressaille. Ah! pourquoi, le sait-on?
Quand sortant du berceau, d'un doux bouton s'élève,
A ses yeux enchantés un tendre rejeton?
Quel fruit viendra? Qui sait? Caïn fut l'enfant d'Ève.

CL

Ici jeunesse à l'âge offre son aliment,
Le lait qu'il lui donna. C'est à son propre père
Qu'elle paie en son sang la dette tributaire,
De ce sang qui naquit avec elle en naissant.

Non, il ne mourra pas, tant que sa faible haleine
Aspirera la vie à la féconde veine,
Au trésor de santé; que l'amour filial
Comblera chaque jour le Nil de la nature
Plus vivace et profond que le cours fluvial :
Vieillard, bois, vis! le ciel n'a point d'onde plus pure.

CLI

Le chemin que la fable a par le lait tracé
Sur la voûte étoilée, au milieu de l'espace,
De ce groupe n'a point la majesté, la grâce.
La nature, en voyant son ordre renversé,
Triomphe plus encor que dans ce vide immense
Où les mondes lointains se roulent en silence.
Nourrice de ton père, ah! ranime son sang,
Sous la goutte sacrée, et cette riche source
Ne lui manquera pas. Telle s'affranchissant
L'âme vers l'univers reprend sa libre course.

CLII

Tournez vos pas, marchez au môle d'Adrien,
Des tombeaux de l'Égypte image impériale,
Et pyramide informe, en masse colossale.
Du César le caprice aux bords du Nil lointain,

Fantaisie imprévue et folle du voyage,
A l'artiste imposa ce monstrueux ouvrage;
Ce long enfantement d'un énorme géant,
Pour les cendres d'un nain ! Étrange architecture,
Le philosophe rit de dédain en voyant
D'un tel fond s'élever une telle structure !

CLIII

Voici l'Église ; ô ciel ! quel dôme merveilleux [28] !
Ton chef-d'œuvre, Diane, au loin que l'on contemple,
Est une humble cellule auprès du vaste temple
Bâti sur le tombeau d'un martyr généreux.
D'Éphèse aussi j'ai vu la merveille ! Abattue,
Sa colonne au désert jonche la terre nue.
Dans l'ombre court l'hyène et hurle le chacal.
Sous les feux d'un soleil splendide, oriental,
J'ai vu tes minarets briller, Sainte-Sophie,
Où c'est l'usurpateur, le musulman, qui prie.

CLIV

Mais des temples anciens et des autels nouveaux,
Seul au milieu de tous, nul autre ne t'égale.
Du Dieu saint, du vrai Dieu, grande arche sans rivale.
Depuis que de Sion s'accomplirent les maux,

La désolation de la cité divine,
Du Seigneur irrité triste fille, orpheline;
Des monuments humains quel plus digne du ciel?
Puissance, majesté, force, beauté, lumière,
Tout conspire à la fois dans le temple éternel,
Arche sainte, où le culte épure la prière.

CLV

Entre! De sa grandeur tu n'es pas atterré,
Et pourquoi? Ce n'est pas qu'elle soit rétrécie,
Mais de ce lieu ton âme embrassant le génie
A grandi colossale et plus haut aspiré
En s'ouvrant un chemin vers la céleste sphère;
Elle a porté ses vœux au sein du sanctuaire
Vers l'immortalité! Tu pourras contempler,
Si Dieu t'en juge digne, un jour Dieu face à face;
Comme le saint des saints, ici sans t'accabler,
Se laisse contempler dans sa divine châsse.

CLVI

Tu marches, et tu vois grandir devant tes yeux,
Ainsi qu'en gravissant d'un mont la haute cime,
Du temple par degrés l'élégance sublime.
L'espace croît toujours, mais croît harmonieux

Dans son immensité. C'est un concert de l'âme :
Riches marbres, peinture, autels et jets de flamme
Du sein de lampes d'or; puis dôme aérien
Rival des monuments les plus hauts de la terre.
Mais ils tiennent au sol; le colosse chrétien
Sert de base au nuage en la céleste sphère.

CLVII

Tu ne vois pas le tout; mais seulement un pan.
Divise ce grand tout pour que l'esprit contemple
D'un coup d'œil plus précis chaque objet dans le temple,
Comme en mer chaque baie arrive à l'Océan.
Sur les détails distincts concentre ta pensée,
Que toute sa puissance en toi bien amassée,
Recueille en son trésor chaque proportion
Des diverses beautés; tourne sous chaque face
Le tableau glorieux en ses gradations,
Dont l'ensemble fuit l'œil qui vainement l'embrasse.

CLVIII

A qui la faute? A toi; notre perception
Ne saisit les objets que sur une surface.
Ainsi le sentiment profond en nous surpasse
Le défaut du langage et de l'expression.

Ainsi cet édifice en sa masse écrasante
Confond notre regard, et, puissance imposante,
Insulte tout d'abord à notre humilité ;
Jusqu'à ce que, croissant, montant avec le temple,
Notre esprit par degrés agrandi, dilaté,
S'étende à la grandeur du géant qu'il contemple.

CLIX

Arrête, éclaire-toi ! La contemplation
Te profitera plus que dans la vue oisive
Des chefs-d'œuvre de l'art, dans l'extase passive
Des artistes puissants, vaine admiration
Des maîtres excellents par qui fut accomplie
La merveille au-dessus de l'antique génie.
La source du sublime ouvre ici son trésor,
Où l'homme peut tirer du sein de nouveaux mondes
Un fleuve intarissable, offrant des sables d'or
En inspirations austères et profondes.

CLX

Mais monte au Vatican, vois le front douloureux,
Vois de Laocoon la poignante torture [29],
Et son amour de père et les maux qu'il endure ;
Mortel sachant souffrir comme souffrent les dieux.

Mais efforts superflus, lutte impuissante et vaine,
Contre les nœuds de fer du dragon qui l'enchaîne,
Qui roule en ondoyant autour d'un bras mourant
Et rive les anneaux venimeux qu'il déploie.
Le monstre accumulant ses plis en les serrant,
Torture, enlace et tue en étouffant sa proie!

CLXI

Voici le roi de l'arc, au trait céleste et sûr [30].
Dieu du jour, de la vie et de la poésie,
Corps mortel, que le feu du soleil vivifie.
D'un triomphe récent rayonne son front pur;
Le dard vient de partir, et du dieu la vengeance
La flèche a résonné. L'œil, la narine lance
Un superbe dedain. Puissance, majesté,
Font jaillir les éclairs qu'au loin Phébus fulmine;
Et dans le seul regard qui l'a manifesté,
Éclate, resplendit une essence divine.

CLXII

Sa forme délicate, un rêve de l'amour
Qu'a pu se figurer la nymphe solitaire,
Dont le cœur soupirait pour sa douce chimère,
Pour un amant venu de l'immortel séjour,

Exprime l'idéal, dans l'œuvre qui respire
Tout ce que la beauté de plus charmant inspire,
Lorsque chaque penser, chaque conception
Était le pur rayon, était l'image exquise
De l'immortalité, noble émanation
Dont le rayonnement en dieu se réalise.

CLXIII

Si Prométhée osa jadis ravir au ciel
Le feu dont nous souffrons, le souffle du génie
L'a bien restitué dans toute l'énergie
Dont ce marbre est empreint, poétique, immortel.
Type auguste de gloire, œuvre matérielle
De l'homme, il est d'en haut la divine étincelle.
Le chef-d'œuvre est intact et sacré par le temps;
Nulle parcelle encor n'est tombée en poussière;
Il n'a pas pris la teinte et le vernis des ans,
Mais a gardé son feu, son âme tout entière.

CLXIV

Où donc est-il l'ami, pèlerin de mes champs,
Lui qui guida ma muse à travers la carrière?
Il vient tard, ce me semble, et demeure en arrière..
Il n'est plus; sa voix meurt en ces derniers accents.

Ses erreurs ont cessé; sa vision expire
Comme un flux et reflux. Lui-même est un délire,
Rien qu'une fantaisie. A l'essaim sensitif
Des vivants et souffrants, si mêlé dans leur classe
Il pouvait... Mais passons : fantôme fugitif,
De la destruction il s'envole en la masse.

CLXV

Là tout, ombre, substance et vie, est confondu,
Ce dont nous héritons, jusqu'au subtil atome
Dans un linceul mortel, où tout devient fantôme,
Couvert du poêle terne à l'entour étendu.
Entre nous et ce qui resplendit, un nuage
S'élève, sous nos yeux, fantastique mirage,
La gloire à peine luit, crépuscule du soir,
Qui décrit dans le vide une auréole sombre
Plus triste que la nuit. C'est comme un cercle noir,
Un anneau ténébreux qui rayonne dans l'ombre,

CLXVI

Et nous fait, en plongeant dans l'abîme, observer
Ce qu'un jour nous serons, lorsque notre substance
Doit descendre au-dessous de cette pauvre essence.
Dans cet abaissement, oser encor rêver

A la gloire, et vouloir d'un renom éphémère,
Que nous n'entendrons plus, essuyer la poussière?
Nous ne l'entendrons plus! O penser de bonheur;
Ne reprendre jamais sa première nature.
C'est bien assez d'avoir porté ces faix du cœur,
De ce cœur qui sua le sang dans sa torture.

CLXVII

Silence! De l'abîme une voix monte et sort,
Voix lugubre et lointaine, en douloureux murmure[31].
Le cri de tout un peuple atteint d'une blessure
Incurable et profonde, et comme un glas de mort.
Le sol béant s'entr'ouvre en l'horreur des ténèbres,
Le gouffre, gémissant sous cent spectres funèbres,
Surtout offre une femme, une reine en son port;
Le front découronné, des douleurs maternelles
Pâle, mais belle encore, et pressant, vain effort,
Pour l'enfant de son sein ses stériles mamelles.

CLXVIII

Qu'es-tu donc devenue, ô fille, enfant des rois,
Es-tu morte, du peuple espérance dernière?
Sans toucher une tête aussi noble, aussi chère,
Le tombeau pouvait bien t'oublier une fois.

Dans le sein de la nuit, quand ton cœur saigne encore,
Pleurant sur ton enfant, toi mère d'une aurore,
La mort ensevelit pour toujours ta douleur.
De l'avenir en toi le séduisant délire,
Avec toi du présent s'est enfui le bonheur
Si plein qu'il débordait sur l'île et sur l'empire.

CLXIX

La femme du village enfante sans mourir.
Mais toi... Princesse heureuse et l'idole adorée,
On pleure à peine un roi; toi tu seras pleurée,
Et de la liberté le cœur, gros de soupir,
Pour toi seule gémit. Prodigue de prière,
Elle avait sur son front si pur de jeune mère
Rêvé son arc-en-ciel! Toi, solitaire époux
Soudain tu vois briser l'union éphémère,
Restant veuf à la fois de deux gages si doux,
Toi l'époux d'une année, hélas, des morts le père!

CLXX

Ta robe nuptiale est un tissu de deuil.
Le fruit de ton hymen est cendre; et dans la cendre
La rose d'Albion, la perle a dû descendre.
L'amour de tout un peuple est au fond d'un cercueil.

Comme nous reposions notre avenir sur elle !
Bien que la nuit pesât sur nos tombes, fidèle
L'Anglais se promettait d'obéir à son fils,
En bénissant la mère et l'enfant dans l'aurore ;
Et sa postérité, pour nos regards ravis
L'étoile du berger, ne fut qu'un météore !

CLXXI

Malheur à nous, non point à la mère, elle dort.
La légère vapeur du souffle populaire,
L'écho de vains conseils, faux oracle et chimère,
Qui sous la monarchie ont frappé dès l'abord
De sons adulateurs les oreilles princières,
Jusqu'au jour où, s'armant, des nations altières
Se levèrent debout ; le caprice du sort
Qui renverse les rois et met dans la balance,
Contre-poids du pouvoir, levier dont tout l'effort
Tôt ou tard brise et broie une aveugle puissance ;

CLXXII

Tel peut-être eût été son destin... Oh ! non pas,
Si jeune, belle et bonne, et quel cœur le dénie,
Aimable sans effort et grande sans envie.
Épouse et mère hier... là maintenant hélas !

Que de liens brisés par cette heure tragique,
Le désespoir étend une chaîne électrique
Du cœur du roi son père au plus humble sujet.
Le choc en fut semblable au tremblement de terre;
Il émut tous les cœurs, pleins d'un si cher objet,
Les cœurs, faisceau compact, de toute l'Angleterre.

CLXXIII

Salut, Némi[32]! cachée au fond de tes coteaux,
Tu ris de l'ouragan qui renverse le chêne,
Et rompt de l'Océan la digue, faible chaîne,
En lançant jusqu'aux cieux l'écume de ses flots.
Il épargne à regret ton lac uni de glace.
On dirait que la haine imprime à ta surface
Dans ton miroir ovale un aspect froid, serein.
Tes eaux d'un pur cristal dorment dans leur asile
Comme on voit le serpent, lourd d'un sommeil d'airain,
Enroulé sur lui-même et qui dort immobile.

CLXXIV

Là brillent d'Albano les flots vifs et mutins,
Qu'à peine a séparés de leur sœur la vallée.
Au loin le Tibre coule en la plaine émaillée,
Et le vaste Océan baigne les bords latins,

Le théâtre fameux de cette guerre épique :
« Je chante les combats et cet homme héroïque
« Dont l'astre d'un empire éclairait le berceau. »
Cicéron y venait oublier les comices,
Et là-bas, où des monts s'élève le rideau,
Est la villa Sabine, Horace, tes délices.

CLXXV

Assez! Mon pèlerin atteint le but. Adieu!
Il faut se séparer; notre tâche est finie,
Ensemble par tous deux la carrière est fournie.
Jetons les yeux ensemble encor vers le flot bleu,
Sous lui, sous moi s'étend la mer intérieure.
Contemplons du sommet du mont d'Albe à cette heure
Notre ami du jeune âge, ô toi, vieil Océan,
Que du roc de Calpé, majestueux théâtre,
Notre course a suivi dans son rapide élan,
Jusqu'aux lieux où l'Euxin roule son flot noirâtre

CLXXVI

Sur des rochers mouvants [33]. De longs ans sont passés,
Et pourtant peu nombreux, dans ce pèlerinage;
Quelques maux, quelques pleurs de plus en ce voyage,
Comme au point de départ ici nous ont laissés.

Notre course pourtant ne fut pas inutile;
Nous en cueillons le fruit dans ce paisible asile
Où l'on se sent renaître aux rayons du soleil,
Où la terre et les mers nous donnent même joie
Que s'il n'était personne au moment du réveil
Pour troubler le beau jour que l'astre nous envoie.

CLXXVII

Ah! puissé-je fixer au désert mon séjour,
Un bon ange avec moi pour embellir la scène;
Oubliant les humains, mais sans avoir de haine,
N'aimant que ma compagne avec tout mon amour!
Éléments dont je sens l'influence et l'empire,
Pouvez-vous m'accorder le bien auquel j'aspire?
C'est être plus qu'humain. Est-ce crédulité,
Erreur, illusion, que par un tel génie
Maint lieu dans la nature encor soit habité?
Converser est si rare avec une Égérie!

CLXXVIII

Un plaisir règne aux bois que nul ne vient fouler;
Il existe un délice au loin sur le rivage
De la profonde mer; sa musique sauvage
Est la société que rien ne peut troubler.

Je n'aime pas moins l'homme, aimant plus la nature
Dans ces saints entretiens où mon âme s'épure,
Évitant le retour de tout ce que je fus.
Là du vaste univers je me mêle à la sphère.
Et sens ce que j'exprime en langage confus,
Incomplet, et pourtant ce que je ne puis taire.

CLXXIX

Roule, roule, Océan, ton flot sombre, azuré !
Les flottes par milliers en vain rasent tes plaines,
Si le sol est jonché de ruines humaines,
De l'homme, leur auteur, à tes pieds expiré,
S'arrête le pouvoir qu'enchaîne ton rivage ;
Et de son despotisme, effacé, sans image,
Sauf son propre débris, l'ombre à peine survit,
Comme une goutte d'eau, lorsqu'il s'enfonce et tombe,
Et lorsqu'en l'étouffant ton gouffre l'engloutit,
Privé de nom, de glas, sans linceul et sans tombe.

CLXXX

Ses pas glissent sur toi. Tes champs aux vastes bords
A son avidité n'offrent point de dépouille ;
Te dressant dédaigneux contre lui, s'il te fouille
Tu repousses au loin ses impuissants efforts.

S'il veut sur ton domaine exercer ses ravages,
De tes gouffres profonds jusque dans les nuages
Ton écume en jouant le vomit vers ses dieux,
Frissonnant et hurlant; sa ressource précaire,
Est quelque port ou baie où gît le malheureux,
Que rejette le flot pour qu'il végète à terre.

CLXXXI

Ces escadres qui font trembler les nations,
Et les rois dans leurs forts, foudroyant les murailles,
Léviathans de chêne aux énormes entrailles
Dont le frêle inventeur, dans ses prétentions,
Se proclame ton maître, arbitre de la guerre,
Ne sont que tes jouets; flocons, neige éphémère:
Ils fondent dans tes flots, où se fondit l'orgueil
De la fière Armada que ton écume souille,
Bouillonnant au-dessous du formidable écueil,
Comme de Trafalgar la superbe dépouille.

CLXXXII

Sur tes bords maint empire, excepté toi, sombrant,
L'Assyrie et la Grèce, et Rome avec Carthage,
Que sont-ils devenus? Quand tu battais leur plage
Aux jours de liberté, le joug de maint tyran

Les opprima depuis, et tu vis leurs rivages
Soumis à l'étranger, à l'esclave, aux sauvages.
La ruine en déserts a changé ces états,
Tu ne changes d'aspect qu'en tes joyeux ébats.
Mais, sur ton front d'azur, impassible et limpide,
Jamais la main du temps n'osa tracer de ride.

CLXXXIII

O glorieux miroir où le grand Créateur
Imprime et réfléchit sa forme en la tempête ;
Paisible ou balancé dans la brise de fête,
Sous les vents déchaînés, aux feux de l'équateur,
Sous le pôle glacé, dans le profond abîme ;
Sans limite, infini, phénomène sublime,
Type éternel et pur qui nous anéantit ;
Trône mystérieux, siége de l'invisible,
Car c'est de ton limon que tout monstre jaillit.
Insondable, en tous lieux, tu marches invincible !

CLXXXIV

Je t'ai toujours aimé. Dans mes jeux puérils,
Ma joie était d'errer sur ton sein, mon théâtre,
En avant emporté par ta vague folâtre,
Enfant, de tes brisants je goûtais les périls.

Ils étaient mon délice, et si, pleine d'alarmes,
La mer les irritait, ma peur avait ses charmes;
Car je pensais alors que j'étais ton enfant,
Et je me confiais loin et près à ma mère,
Et comme encore ici je le fais triomphant,
Joyeux je caressais ton humide crinière.

CLXXXV

J'ai terminé ma tâche et mes chants vont finir [34],
Mon thème en ses échos expire. Ici du songe
Il faut rompre le charme alors qu'il se prolonge.
De ma lampe des nuits la lueur va mourir.
Mais ma page est écrite et je scelle ces lignes,
J'aurais voulu sans doute en tracer de plus dignes.
Je ne suis plus le même, et de mes visions
Le vol est moins palpable à mes yeux, et la flamme
Qui venait m'échauffer dans mes illusions
S'allanguit, s'évapore et s'éteint dans mon âme.

CLXXXVI

Adieu! Ce mot doit être et fut toujours un son
Douloureux au départ... Mais adieu... Sur la scène
Vous qui suiviez les pas, et sans reprendre haleine
Du pèlerin errant parcouriez l'horizon,

Si de lui vous gardez une seule pensée,
Un simple souvenir, sa tâche est compensée.
Il n'aura pas en vain porté le lourd bourdon
Orné de coquillage, et la rude sandale.
Adieu! pour lui la peine en ce chemin si long,
S'il en eut; mais à vous de ses chants la morale.

FIN DE CHILDE HAROLD

NOTES DU CHANT IV

1. Pont attenant au palais des doges, sur lequel passaient les prisonniers extraits des puits et condamnés à mort.

2. Le Lion de Saint-Marc domine le golfe de Venise.

3. Allusion au Marchand de Venise et à l'Othello de Shakspeare, et à Venise sauvée d'Otway.

4. Frédéric Barberousse, empereur d'Allemagne, après une lutte acharnée contre l'Italie, dut se résigner, en 1177, à conclure la paix à Venise, où il se prosterna, en présence du doge, devant le pape Alexandre III.

5. H. Dandolo, doge de Venise en 1192, qui prit Constantinople à l'âge de quatre-vingt-dix-sept ans.

6. P. Doria, amiral génois, d'abord vainqueur, puis tué au siége de Venise, en 1380.

7. Victoire de Lépante, remportée sur les Turcs, en 1571, par les Vénitiens et les Espagnols, sous les ordres de don Juan d'Autriche.

8. La Brenta, rivière sur la côte vénitienne qui longe le Frioul.

9. Arqua, village près de Padoue, patrie de Pétrarque.

10. Le poëte s'y enferma pendant deux heures et y conçut son poëme : Lamentations du Tasse.

11. Byron savait mal le français.

12. Dante; puis Arioste, auquel le poëte assimile le grand romancier Walter Scott.

13. Lettre de Servius Sulpicius à Cicéron.

14. La Vénus de Médicis. Voir Lucrèce, poëme à la Nature I.

15. Boccace fut enterré à Certaldo, Pétrarque à Arqua, Dante à Ravenne.

16. Un tremblement de terre eut lieu pendant la bataille, sans que les combattants s'en aperçussent.

17. La cascade de Terni, près de Spolète.

18. Voir, pour ces détails, la vie de Cromwell.

19. Cécilia Métella fut, dit-on, la femme de Crassus.

20. Le mont Palatin, récemment exploré, offre des débris du palais des empereurs.

21. L'arc de triomphe de Titus, les colonnes Trajane et Antonine.

22. Rienzi, tribun de Rome en 1347.

23. La fontaine Égérie, aux environs de Rome.

24. Le Colysée, colosseum, construit par Vespasien et Titus.

25. La statue du gladiateur mourant.

26. Le Panthéon de Rome construit par Agrippa.

27. Légende du vieillard allaité par sa fille.

28. L'église Saint-Pierre de Rome.

29. Le groupe de Laocoon.

30. L'Apollon du Belvédère.

31. Allusion à la mort de la princesse Charlotte d'Angleterre en 1817.

32. Le lac de Némi, auprès du lac et du mont Albain.

33. Symplegades ou Cyanées, deux rochers à l'entrée du Pont-Euxin.

34. Le poëte prend ici congé du lecteur, après lui avoir fait traverser, sous le charme de ses impressions, le Portugal, l'Espagne, la Grèce et la Turquie, de 1809 à 1811 (chants I et II); puis la Belgique, la Prusse rhénane, la Suisse, Venise, Florence et Rome, de 1816 à 1818 (chants III et IV).

LA
FIANCÉE D'ABYDOS

NOUVELLE TURQUE.

> Si nous n'avions aimé jamais avec tendresse,
> Si nous n'avions aimé jamais avec ivresse,
> Si l'on ne s'était vu, ni quitté sans retour,
> Jamais l'on n'aurait eu le désespoir d'amour.
> (BURNS.)

CHANT 1

I

Connaissez-vous la terre où la vie elle-même
Au myrte réunit le cyprès pour emblème?
L'amour de la colombe y fond dans la douleur
Et du vautour la rage y respire le crime,
Palpitant tour à tour de joie et de bonheur,
Tour à tour cramponnée aux flancs de sa victime.

Connaissez-vous du cèdre et du pampre le sol,
Où la fleur voit briller ses éternels calices,
Où l'arbre est toujours vert, où du zéphir le vol
Caresse, en ses jardins, les roses ses prémices
De ses ailes que charge un onctueux trésor ;
Où mûrit le citron, où pullule l'olive ;
Où du chantre des nuits jamais la voix ne dort,
Où la terre et le ciel dans leur couleur si vive
Se disputent rivaux le prix de la beauté ;
Où l'Océan revet sa teinte purpurine,
Où la vierge, habitant un pays enchanté,
Des roses qu'elle tresse en sa grâce enfantine
A toute la douceur. La terre, où tout enfin,
Tout, excepté l'esprit de l'homme, est beau, divin ?
C'est le ciel d'Orient, du soleil c'est la terre.
Ah ! comment à ses fils peut-il sourire en père
Ce beau soleil si pur ? A ses indignes fils,
Après ce qu'ils ont fait peut-il encor sourire ?
D'amants en leurs adieux ils ont le fol délire,
Délire dans leur cœur, délire en leurs récits.

II

Entouré de maint rude esclave,
Dans l'appareil qui sied au brave,
Chacun en silence attendant

Du maître le commandement,
Pour guider ses pas, pour qu'on veille
Sur son repos quand il sommeille,
Giaffir[1] occupe son divan.
Sur son front par l'âge tracée
Siégeait la profonde pensée ;
Et, quoique l'œil du musulman,
Froid miroir, sans tache, insensible,
Du cœur qui s'agite au dedans,
Sache cacher les sentiments,
Excepté l'orgueil invincible :
L'air morne et glacé qu'il montrait
En dit bien plus qu'il ne voudrait.

III

« Qu'on se retire ! » On sort. « Devant moi qu'on appelle
Des gardiens du harem le chef sûr et fidèle. »
Seul avec Giaffir son fils est demeuré
Et l'esclave nubien aux ordres préparé.
« Il dit : Haroun, dès que l'escorte
Aura dehors passé la porte
(Malheur à la tête dont l'œil
Aura vu franchissant le seuil
Ma chère fille dévoilée),
Va, fais la sortir de la tour

Son heure est à présent scellée,
Irrévocable et sans retour.
Cache lui pourtant ma pensée,
Que sa tâche lui soit tracée
Par moi seul. » — « A ton bon plaisir,
Maître. » Entendre c'est obéir,
Au despote ainsi doit suffire.
L'esclave plus rien ne doit dire.
De suite il marche vers la tour.

  Le jeune Sélim à son tour
Ose rompre enfin le silence,
Par un Salam[2] profond commence ;
Puis, l'œil baissé, lent, il parla
Prosterné devant le pacha.
Qu'un Musulman plutôt expire
Que de s'asseoir devant le sire.
« De peur que ma sœur ou son noir
Ne soient blâmés, tu dois savoir,
Si l'on faillit ; sur moi, mon père,
Sur moi doit tomber ta colère !
Le matin brillait si joyeux,
Laissons du sommeil le délice
Aux hommes fatigués et vieux.
Se pourrait-il que je jouisse,
Moi seul, des glorieux tableaux
Que déploient la terre et les flots,
Sans une autre âme qui réponde

Aux pensers dont mon cœur abonde,
Palpitant, ivre de bonheur,
Ce serait ennuyeux, d'honneur !
Car quel que soit mon caractère,
Je ne puis vivre solitaire.
De ma sœur donc j'ai rompu le sommeil
Car tu sais bien que toute affaire urgente,
Fait, pour moi, du harem tourner la clef stridente.
Puis des gardiens devançant le réveil,
Des verts cyprès nous gagnons le bocage,
Du monde entier faisant notre partage,
Là nous lisions, en savourant l'oubli,
Les contes de Mejnoun et les chants de Sadi[3],
Quand du tambour le son grave qui roule
Bat au divan pour appeler la foule.
A ce signal que j'ai bientôt connu,
Pour le Salam je suis vite accouru.
Ma sœur encor se promène... Ah ! mon père,
Épargne-moi l'accès de ta colère.
Nul ne pourrait entrer dans le bosquet,
Sauf dans la tour les eunuques au guet. »

IV

« Fils d'esclave et de mère infidèle, »
Dit le pacha d'une voix solennelle,

« Oui, c'est en vain que d'un père l'espoir,
Le vœu, serait un jour en toi de voir
Ce qui pourrait offrir la ressemblance
D'un homme, au moins avoir son apparence.
Toi, quand ton bras devrait lancer le dard,
Bander l'arc et dresser le coursier avec art;
Toi Grec, sinon de foi, mais Grec au fond de l'âme,
Tu vas courir, toi plus vain qu'une femme,
Où se plaît l'onde en murmurant à fuir,
Voir un bouton de rose éclos s'ouvrir.
Que ce globe enflammé, dont ta mollesse adore
D'un regard nonchalant la matinale aurore,
Te prête de ses feux quelque fécond rayon!
Toi qui verrais de sang-froid sous la mine,
Ces créneaux des chrétiens essuyer le canon,
Par cent éclats s'écrouler en ruine,
Du vieux Stamboul les murailles tomber,
Sous ces vils chiens de Moscou succomber,
Sans frapper un seul coup pour la mort ou la vie
Sur ces Nazaréens, ces pourceaux! Infamie!
Ah! va du fuseau féminin
Et non du fer armer ta main.
Mais cours, Haroun, à ma fille; regarde,
Et fais attention; à ta tête prends garde,
Si Zuleika souvent ainsi s'envole, assez!
Tu vois mon arc, il a sa corde, tu le sais. »

V

A Sélim si nul son n'échappe
De sa bouche, ou du moins ne frappe
L'oreille du vieux Giaffir,
Au cœur le poignant souvenir
De chaque mot, de chaque injure,
Font une plus vive blessure
Que le glaive d'un vil chrétien.
« Fils d'esclave, lâche insulte amère.
Fils d'esclave, et quel est le père ;
Le père, et quel est donc le mien ? »
Il poursuit ses pensers dans leur sombre carrière,
Et des éclairs plus vifs que ceux de la colère
Ont brillé dans son œil, bientôt évanouis.
Et le vieux Giaffir a regardé son fils.
Il tressaille, en cet œil quand lui-même a vu luire
L'éclair que son courroux a déjà su produire,
Il a vu la révolte au fond couver tout bas.
« Approche, enfant, pourquoi ne me réponds-tu pas ?
Oui, je t'ai remarqué : ton humeur veut paraître ;
Il est des actions que tu ne peux oser.
Si ta barbe en sa force avait déjà su croître,
Si ta main plus habile avait su se dresser,
Je jouirais de voir ta main rompre une lance,
Et même contre moi hasardant ta vaillance. »

Quand le fiel sur Sélim à longs traits se versait,
Sur lui de Giaffir l'œil aussi se fixait ;
Le sien dardait de même un éclair de lumière,
Et hardi menaçait avec fierté son père ;
A Giaffir enfin Sélim sait imposer.
Giaffir l'a senti, mais ne peut l'énoncer.
  « Dans ce sournois j'ai peu de confiance,
  Et quelque jour j'en aurai du chagrin,
  Je ne l'aimai jamais dès sa naissance,
  Et... mais son bras ne vaudra jamais rien.
Car à peine peut-il courir, suivre à la chasse
  Du faon timide ou du cerf prompt la trace ;
Et bien moins voudrait-il dans le combat lutter,
Pour la vie et l'honneur s'il fallait disputer.
Je ne me fierai point à sa voix, à sa vue,
  Même à ce sang qui me touche aussi près.
Ce sang... mais cette histoire il ne l'aura pas sue.
  Certes, je veillerai sur lui plus que jamais.
Pour moi, c'est un Arabe ; à mes yeux ce me semble,
Au milieu du combat, un vil chrétien qui tremble.
  Mais silence, j'entends de Zuleika la voix :
C'est l'hymne des houris qui me charme et caresse,
Elle est le rejeton de mon sang, de mon choix,
Plus que sa mère même objet de ma tendresse,
Avec tout mon espoir sans crainte et sans souci ;
Toujours la bienvenue, ici-bas ma péri.
Douce comme, au désert, l'eau qui rendra la vie

A la lèvre brûlante au cristal rafraîchie,
Telle aussi tu parais à mes avides yeux !
La Mecque n'eut jamais de pèlerins pieux
Pour leur vie adressant plus de vœux tributaires
Que je n'offris pour toi de vœux et de prières ;
Moi qui bénis déjà, quand tu naquis, le jour,
Qui le bénis encor avec tout mon amour. »

VI

Aussi belle que fut celle qui la première
Tomba par le serpent, doux ange de lumière,
Dont le type fatal pénétra son esprit,
Séduite, comme ensuite elle a toujours séduit ;
Éblouissante ainsi qu'en un brillant mensonge
La vision berçant la douleur en un songe,
Quand aux champs d'Élysée un cœur rencontre un cœur
On croit trouver au ciel, en séraphique chœur,
Tous les êtres chéris qu'il perdit sur la terre ;
Douce comme à la tombe un souvenir d'amour,
Pure encor comme l'est d'enfance la prière,
Dont l'innocente main montre l'heureux séjour.
Telle était du vieux chef la fille en tous ses charmes.
Il l'accueille en versant, mais sans chagrin, des larmes.
Qui n'a pas éprouvé combien sont impuissants
Les mots pour essayer de peindre une étincelle

De la beauté céleste? En ses ravissements,
Quel mortel n'a subi sa magie éternelle?
Quel homme à son aspect ne sent battre son cœur,
Sa joue en cet instant qui change de couleur,
Jusqu'à ce que d'ivresse en son propre délice,
L'œil ébloui, charmé, fasciné, s'obscurcisse,
Aveu de ton empire, ô puissante beauté,
Subjuguant par ta force et par ta majesté?
Telle était Zuleika, qui montre en elle unie,
D'elle seule ignorés, la foule des attraits;
Éclair d'amour, esprit, charmes de mille traits,
Le cœur formant d'un tout l'éloquente harmonie,
Et cet œil si brûlant! Toute une âme en jaillit!
Sur deux boutons de lys, ses deux bras avec grâce,
Dont le contour se croise et moelleux s'arrondit,
De l'arbuste imitant la tige qui s'enlace,
Sur le col de celui qui bénit son enfant,
Tour à tour caressante et par lui caressée,
Ainsi vient Zuleika. Giaffir triomphant
En dedans, à sa vue, a changé de pensée.
Ce cœur farouche et dur, mais plein d'affection,
A sa fille jamais ne causera de peine,
Les liens sont trop forts! La seule ambition
De cet amour profond a pu briser la chaîne.

VII

« Ma Zuleika, l'idole de mon cœur,
Ce jour va dire à tous si tu m'es chère,
Puisque je veux oublier ma douleur,
A son enfant doit renoncer un père.
Un autre va bientôt te posséder,
C'est un époux, ma fille bien-aimée.
Jamais guerrier ne sut mieux commander,
Chef plus vaillant, mieux conduire une armée.
Quoique fort peu la noblesse de sang
Importe aux fils de Moslem, Karasman [4]
Brille entre tous parmi la troupe fière
Du Timariote, heureux chef d'une terre
Qu'il a gagnée et saura bien tenir;
Cet homme enfin à qui je veux t'unir,
Du bey Oglou c'est le parent; son âge,
Il ne sert pas de savoir. Homme sage,
Je ne veux point pour ma fille un enfant.
De toi fort digne un douaire t'attend;
Mon gendre et moi, puissants et forts ensemble,
Nous rirons bien de ces firmans de mort
Qui font que du sultan chacun des sujets tremble:
Leurs messagers sauront bientôt quel sort
Nous réservons à ces tristes ministres,
Dignes porteurs de ces présents sinistres.

De ton père aujourd'hui tu sais la volonté :
C'est tout ce que ton sexe a besoin de connaître.
   C'était à moi, c'était ma qualité
   De t'enseigner ton devoir; mais ton maître,
   Ton époux, lui, peut t'enseigner un jour
   Du cœur la voie et l'art charmant d'amour. »

VIII

En silence la vierge incline avec pudeur
Sa tête, et ses beaux yeux se sont remplis de larmes
Dont le poids l'étouffant retombe sur son cœur
En altérant son teint que ses vives alarmes
Font pâlir et rougir, puis rougir et pâlir,
Comme si de ces mots le trait ailé, rapide
A travers son oreille était venu jaillir;
C'est le saisissement d'une vierge timide,
Les pleurs sont si brillants dans l'œil de la beauté,
Qu'amour de ses baisers craint d'en sécher la trace;
Si suave est la rougeur de la timidité
Que même la pitié ne veut point qu'elle passe.
Mais Giaffir l'oublie; au moins s'il pense ainsi,
Il n'en témoigne rien, si ce n'est par oubli.
Il a frappé trois fois en sa main, et demande
Son coursier. Il remet son chibouk de rubis,
Monte en beau cavalier, escorté de sa bande
De Mamelouks, Delhis avec les Maugrabis.

Puis d'un bond, à travers la plaine
Fièrement il s'est élancé
De leurs jeux guerriers vers la scène,
Avec le sabre aigu, le jerrid émoussé,
Pendant que le Kislar et ses Maures fidèles⁵
Aux portes du harem veillent en sentinelles.

IX

Mais Sélim, appuyant sa tête sur sa main,
Promenait vaguement ses longs regards au loin,
Sur le flot azuré, petillant d'étincelles,
Et qui paisiblement s'enfle entre les Dardanelles;
Il ne voyait pourtant la terre ni la mer,
Ni du pacha la garde, au turban large et fier,
Se livrer à ses jeux d'une sanglante adresse,
Et fendre, de la guerre imitant les travaux,
Le feutre avec le sabre, éclatante prouesse!
Il ne voit pas dans l'air voler les javelots,
Ni n'entend les échos des allahs, cri bachique;
Vieux Giaffir, ta fille est son idée unique!

X

Des lèvres de Sélim nul mot n'est échappé,
Zuleika d'un soupir a trahi sa pensée,

D'une morne stupeur il est comme frappé,
Sur l'horizon sa vue est encore fixée.
Vers lui se sont tournés les regards de sa sœur,
Qui voudrait deviner son chagrin sans l'apprendre;
Elle a sa peine aussi, mais autre est sa douleur
Où l'œil peut démêler un sentiment plus tendre;
En dépit d'elle-même et sans savoir pourquoi,
Sa voix vient expirer de faiblesse ou d'effroi.
Elle n'ose, il le faut; et quand l'essaiera-t-elle?
« C'est étrange, mon frère a détourné les yeux
De celle qu'il aimait d'un cœur aussi fidèle;
Nous n'eûmes ni n'aurons jamais de tels adieux. »
Et d'un pas lent trois fois elle parcourt la chambre,
Ensuite elle saisit l'urne où, se mêlant à l'ambre,
L'atargul[6] de la Perse affectant tous les sens,
Exhale dans les airs un nuage d'encens.
Qui répand à l'entour la senteur odorante
Sur le pavé, les murs, les lambris éclatants.
Quelques gouttes alors de l'essence enivrante
Dans sa folâtre main vont sur les vêtements
De Sélim arroser la robuste poitrine,
Insensible à leur jet comme un marbre glacé.
« Quoi, tu boudes toujours? » a dit sa voix badine,
« Ah! cher Sélim, c'est mal; de toi c'est déplacé. »
Elle aperçoit autour un doux tapis de Flore,
Un rare assortiment des fleurs de l'Orient,
Ce qu'il aimait naguère, il peut l'aimer encore,

Si de sa Zuleika ses fleurs sont un présent.
Cette pensée à peine en sa tête est éclose,
Que sa main cueille et tresse en guirlande la rose,
Et cette douce main dans le même moment
Jette la fleur charmante aux pieds de son amant.
« Cette fleur, pour calmer les ennuis de mon frère,
Apporte de Bulbul[7] un message secret :
Elle annonce à Sélim que ce soir, pour lui plaire,
Il viendra de sa voix déployer tout l'attrait,
Et quoique la tristesse en son chant soit empreinte,
Une fois essaiera d'en varier le ton,
Avec ce faible espoir qu'une plus vive teinte
Chassera ces pensers si noirs par sa chanson. »

XI

« Quoi? ne pas accepter de moi ma pauvre rose?
Quelle fatalité! C'est jouer de malheur.
Ah! se peut-il qu'ainsi sur moi ton front se pose,
Ne sais-tu pas qui t'aime ici du meilleur cœur?
O mon Sélim chéri, plus que l'idole chère,
Dis-moi donc, est-ce moi que tu crains ou tu hais?
Viens, place sur mon sein ta tête si légère,
Et puis pour te bercer, un baiser, sans succès
Si je chante, à ma voix si sourde est ton oreille,
Sourde aux sons de Bulbul, de nos nuits la merveille.

Notre père nous traite avec sévérité.
Mais pourquoi sa rigueur, de toi je dois l'apprendre,
Il est loin de t'aimer; c'est trop la vérité,
Mais de ta Zuleika l'amour sincère et tendre,
L'oublias-tu, Sélim? Sans doute, j'ai dit vrai.
Le projet du pacha... de Karasman le bey
L'allié..... S'il était un jour ton adversaire,
Alors, et par la Mecque et par son sanctuaire,
Je te le jure ici, ce serment n'est pas vain,
Ils admettent le vœu de la femme en prière,
Sans ton consentement, ton appui tutélaire,
Le sultan tout-puissant n'aurait jamais ma main.
Crois-tu que Zuleika de Sélim se détache,
Qu'elle apprenne jamais à partager son cœur?
A tes côtés chéris, à toi si l'on m'arrache,
Où retrouver l'ami, le guide de ta sœur?
Le temps n'a jamais vu, jamais ne verra l'heure
Qui pourrait séparer mon âme unie à toi?
Elle ne quittera Sélim que je ne meure.
Ah! quand même Azraël[8], de son fatal carquois,
Décocherait sur nous sa flèche inévitable,
Qui doit voler enfin, et dissout tout d'ailleurs,
On le verrait encore, union inviolable,
Dans la même poussière enfermer nos deux cœurs!»

XII

Sélim vit, sent, existe; il renaît, il respire,
Il relève la vierge à ses genoux gisant;
Sa pensée en éclairs luit dans son œil perçant.
Après que s'est passé l'accès d'un fol délire,
Ayant longtemps couvé dans une longue nuit,
Sa pensée en rayons brûle, fond et jaillit.
 Tel le torrent caché naguère
 Dans la fange de ses roseaux,
 Se montre en rompant la barrière
 Dans l'étincelle de ses flots.
 Telle la foudre avec sa flamme
 Du nuage a brisé l'effort.
 Ainsi de cet œil jaillit l'âme,
 Fendant un cil épais et fort.
Le cheval entendant la trompette guerrière,
Le lion que le chien chasse de sa tanière,
Un tyran effleuré dans un assaut soudain
D'un fer mal dirigé par l'inhabile main,
N'a pas senti la vie en lui plus convulsive
Que celui-là qui vient, d'une oreille attentive,
D'entendre un vœu fatal contenant tout son sort.
Alors ce qui couvait de sa poitrine en sort.
 « Tu t'es donnée à moi, je te tiens pour la vie!
Et te rendrais à peine avec mes jours, ravie;

Ainsi tu m'appartiens par ce serment sacré
Qui nous unit tous deux quoique d'un seul juré.
L'acte de ton amour est acte de sagesse,
Plus d'une tête aura son salut dans ce vœu;
Mais ne te dédis point. De moi ta simple tresse
Veut plus que de l'amour; ce seul, ce fin cheveu
Qui sur ta belle joue imprime une caresse,
Je ne voudrais jamais, moi, le ternir au prix
De ces vastes trésors, innombrable richesse,
Dans les puits d'Istakar[9], qui gisent enfouis.
Ce matin une nue a crevé sur ma tête,
D'injures j'essuyais le choc et la tempête;
Giaffir m'appela même lâche et poltron.
Maintenant j'ai raison, j'ai le droit d'être brave.
Un fils de concubine, ignoble et vil esclave
(Allons, ne frémis pas, il me donna ce nom)
Peut montrer, si peu fait qu'il soit à la parade,
Un cœur que ne sauraient dompter acte ou bravade.
Son fils, en vérité, car vois-tu, grâce à toi,
Peut-être je le suis ou le serai, j'espère;
Que ce serment secret qui te relie à moi,
Pour tous, excepté nous, soit un profond mystère.
Je sais quel misérable à ta rétive main
Ose aujourd'hui prétendre et te voudrait pour femme.
Nul n'amassa jamais de plus injustes biens,
L'empire n'eut jamais dans son sein plus vile âme.
N'est-il pas d'Égrepo[10]? Non, jamais n'a paru

Dans Israël entier une plus lâche race.
Mais chut! que ce serment soit de tous inconnu.
Du reste, un jour le temps dévoilera sa face.
Laisse-moi, laisse aux miens la garde d'Osman-Bey;
Prêt aux jours du péril, j'ai tout pour la défense.
Mais ton Sélim, crois-le, n'est pas ce qu'il paraît :
Des armes, des amis, j'ai tout pour la vengeance. »

XIII

« Tu n'es pas, cher Sélim, ce qu'ici tu parais?
Mais en ton être, alors, quel changement extrême!
Ce matin j'avais vu la douceur sur tes traits,
A présent, est-ce toi? Non, tu n'es plus le même.
Tu connais dès longtemps envers toi mon amour :
Il est ce qu'il était, non plus fort ou bien moindre.
Te voir, sinon t'entendre, être avec toi le jour,
Et puis haïr la nuit, avant qu'il vienne poindre,
Puisque avec le jour seul revient le rendez-vous.
Vivre ensemble et mourir, c'est là mon espérance;
Imprimer sur ton front les baisers les plus doux,
Sur tes yeux, sur ta bouche, ô suave jouissance!
Un comme celui-ci, pas d'autre; es-tu content?
Tes lèvres, par Allah! sont le feu de ton âme.
Quelle fièvre circule en ton sein haletant!
Mes veines ont gagné presque la même flamme,

Je le sens, la rougeur est sur mon front confus.
Partager tes trésors sans excès, sans abus,
Te voir en souriant d'un œil jamais maussade,
Alléger, s'il se peut, moitié ta pauvreté,
Faire tout, excepté te clore la paupière,
La force manquerait même à ma volonté.
Là se bornent mes vœux. Ah! pourrais-je mieux faire?
Ou plus exiges-tu? Mais, Sélim, réponds-moi.
Pourquoi s'envelopper d'un si profond mystère?
Je ne puis concevoir ni m'expliquer pourquoi.
C'est bien, puisque tu dis qu'il convient de se taire.
Mais où tendent ces mots : Des armes, des amis?
Ces mots portent plus loin que mon intelligence.
Ce que je voulais dire et ce que je redis,
C'est que si Giaffir a jamais connaissance
De ce même serment que j'ai fait devant toi,
Tu ne dois craindre en rien que son courroux le change.
Mais sans doute il voudra me laisser libre, moi,
Dont le vœu naturel ne peut sembler étrange,
D'être ce que je fus. Qui donc s'offrit aux yeux
De Zuleika naissante, à sa première aurore?
Quel autre que toi seul, compagnon de ses jeux,
Frère de son berceau, voudrais-je voir encore?
Dis-moi pourquoi ne plus aux regards confesser
Ces pensers qu'en naissant j'eus avec la lumière,
Et par quel changement me faut-il renoncer
A cette vérité dont notre âme était fière?

Notre loi, notre Dieu, notre foi nous défend
D'exposer notre sexe à tout regard profane;
Du grand Prophète aussi, moi la docile enfant,
Je ne murmure point, fidèle musulmane.
Sa loi fit mon bonheur, te laissant, il me laisse
Tout ce que je possède. Ah! quel tourment affreux
De me voir engager d'une sainte promesse
A l'homme que jamais n'aperçurent mes yeux!
Avec tant de douleur pourquoi tant de mystère?
De force voudrais-tu l'enfermer dans mon sein?
Je sais que du pacha le hautain caractère
Ne te veut, mon ami, ni te promet de bien.
Que de fois, sans raison, sur nous fondit l'orage!
Ah! nous préserve Allah qu'il en ait le sujet!
Mais, je ne sais pourquoi, c'est un triste présage,
Comme un péché sur moi pèse ce lourd secret.
Si vraiment ce secret cache un acte coupable
(Et je le sens ainsi quand il couve en mon cœur),
Ah! dis-le moi, Sélim, en un temps favorable,
Et ne me laisse pas en proie à la terreur.
Mais regarde là-bas et vois le Tchocadar[11],
Mon père a du quitter les vains jeux de la guerre.
Je tremble malgré moi d'affronter son regard.
Parle, explique, Sélim, où tend donc ce mystère? »

XIV

« Assez, ma Zuleika; vas, rends-toi dans la tour,
Et moi, de Giaffir saluant la présence,
Je vais l'entretenir longuement, tour à tour
De levée et d'impôts, de firmans, d'ordonnance.
Des rives du Danube est venu le courrier,
Sinistre messager de funestes nouvelles.
Le vizir vaillamment sous le fer meurtrier
Des nôtres fait tomber les phalanges fidèles,
Ce qui donne un sujet de joie au mécréant.
Notre sultan sait bien, et sans peu de scrupule,
Payer à son ministre un triomphe sanglant.
Mais, écoute, ce soir, quand vers le crépuscule
Le tambour donnera le signal du repos,
Tu verras pénétrer Sélim dans ta retraite.
Sortons alors sans bruit du harem; près des flots
L'amour viendra guider notre course secrète,
Les remparts du jardin protégent nos projets
Contre l'audacieux qui voudrait nous surprendre,
Troublant le rendez-vous; ou, s'il s'ouvre un accès,
Ma main à celui-ci ne fera pas attendre
Ce fer déjà senti, qu'on peut encor sentir.
Mais tu sauras plus tard, contre ton espérance,
Plus que tu n'as pensé, que tu ne peux ouïr.
Ne crains pas ton Sélim, en lui prends confiance;

Tu sais que du harem je tiens sur moi la clé. »
« — Te craindre, mon Sélim ! jamais un mot semblable
Jusqu'ici, cher amant, à moi n'est arrivé. »
« — Hâte-toi. J'ai la clé. La garde favorable
De Haroun, qui reçut un présent, a l'espoir
D'autres dons. Zuleika, ce soir tu dois connaître
Mon histoire, mon plan, mes craintes; tu vas voir
Que je ne suis pas tel qu'aux yeux je puis paraître. »

CHANT II

I

Sur l'Hellespont le vent mugit[12],
Comme en cette fatale nuit,
Quand l'amour sur l'onde en furie
T'envoyait, oubliant sa vie,
Fille de Sestos, ton amant,
Si jeune, si fier, si charmant!
Ah! quand de la tour solitaire
La torche dardait sa lumière,
Par les vents, les flots écumeux,
Lorsqu'à l'amant audacieux
Criait vainement la mouette
De ne pas quitter sa retraite;
Quand la mer et les flots en bas
Lui présageaient un sûr naufrage,
Lui, que l'écueil n'arrête pas,
Ne voit, n'entend aucun présage.
Devant son œil fixe, ébloui,

L'astre d'amour a seul jailli ;
C'est là l'étoile qu'il salue ;
Nul bruit à son oreille émue
N'a sonné que ces doux accents :
Flots, réunissez deux amants !
Ce conte est vieux, mais un amour fidèle
Peut dans deux cœurs raviver ce modèle.

II

Le vent mugit, et du large Hellespont
La vague roule au loin dans les ténèbres,
Va se gonflant, s'élève comme un mont,
Et de la nuit les longs voiles funèbres
Cachent ces champs en vain noyés de sang,
Du vieux Priam et l'orgueil et la gloire ;
Vastes déserts, reliques de mémoire,
Vide tombeau d'un état florissant ;
Sauf le rêve immortel et le divin délire
Dont l'aveugle de Scio, le vieux barde s'inspire.

III

Et moi-même pourtant dans ces lieux j'ai passé [13],
Mon pied s'est arrêté sur ce sacré rivage,
Ce frêle corps, la vague en jouant l'a bercé.

Barde, avec toi rêver et gémir sur la plage,
Refouiller ce vieux sol, croyant que des héros,
Non fabuleux, au tertre ont enfoui leurs os ;
Parcourir ce théâtre, irrécusable scène
Que ton flot bat encore, ô toi noble Hellespont,
Puisse être ainsi longtemps mon sort en ton domaine.
Qui te nierait? Un cœur glacé, de marbre un front.

IV

Sur les ondes d'Hellé la nuit étend ses voiles,
Phébé n'a pas paru sur l'Ida, sur le mont
Où son disque brillait dans un groupe d'étoiles,
Nul guerrier ne gourmande un paisible rayon,
Mais l'heureux pâtre encor bénit cette déesse.
Son troupeau paît aux lieux, vénérable tombeau
Du héros[14] qui sentit du chef troyen l'adresse
Et la flèche mortelle ! Ah ! ce pompeux monceau
De terre et de débris, d'un demi-dieu le trône
Où marchait à l'entour l'orgueilleux fils d'Ammon,
Et que maint peuple exalte et que maint roi couronne,
Est un je ne sais quoi solitaire et sans nom.
En dedans ta demeure. Ah, ridicule place !
Au dehors l'étranger ne peut que murmurer
Le nom de qui dormait dans cet étroit espace.
Des hommes la poussière au moins sait plus durer

Que la pierre funèbre où burina l'histoire.
Toi, ta poussière a fui, mais non pas ta mémoire.

V

Bien tard, bien tard ce soir, Phébé va réjouir
Le pâtre et rassurer le batelier timide.
Jusque-là nul fanal qui des rocs peut jaillir
Au frêle esquif luttant ne servira de guide.
Tous les feux de la baie ont pâli tour à tour ;
Un seul y brille encor, solitaire à cette heure.
Un seul d'un vif éclat illumine la tour :
De Zuleika la lampe éclaire la demeure.
Sur le divan soyeux sa main blanche a jeté
D'odorants chapelets nageant en des flots d'ambre
Où ses beaux doigts couraient avec agilité.
Près des mobiles grains qui parfument la chambre
Un bijou (pourrait-elle oublier cet objet,
Qui de sa tendre mère est la sainte amulette?).
Un bijou resplendit du limpide reflet
Qu'en mille prismes verts l'émeraude répète.
Il contient du Koursi[15] le texte révéré,
Consolant cette vie et gagnant la future ;
Sur son Comboloïo gît le Coran sacré,
Avec luxe enrichi de mainte enluminure.
On y voit des centons en blason orgueilleux

Que les scribes des ans sauvèrent du naufrage.
Auprès, sur ces rouleaux, naguère harmonieux,
Aujourd'hui dort son luth, le chantre du bocage.
Puis autour de sa lampe, où l'or ciselé luit,
Fleurissent des bouquets en des vases de Chine,
Des doux tissus d'Iran le plus riche produit;
Du tribut de Shiraz l'essence la plus fine,
Tout est là pour charmer les sens et surtout l'œil,
Et pourtant on y voit régner un air de deuil.
Cellule de Péri, tendre nid de mollesse,
Dans une rude nuit que fait donc ta déesse?

VI

Enveloppée en de noirs vêtements
Que portent seuls par droit et privilége
Le noble émir et les chefs musulmans,
Du cafetan qui cette nuit protége
Ce sein, comme le ciel à Sélim précieux,
Sa Zuleika marche et tremblante et voilée;
D'un pas prudent au bosquet ombrageux,
En tressaillant dans le fond de l'allée,
Lorsque le vent s'engouffre et pousse un hurlement.
Dans un sentier moins âpre enfin son cœur timide
Avec bonheur peut battre librement;
Et l'enfant suit son mystérieux guide.

De son Sélim comment se séparer?
Quoique la peur défende qu'elle approche,
Comment ouvrir sa bouche au dur reproche?
Comment former sa lèvre à murmurer?

VII

Ils ont atteint la grotte, œuvre de la nature
Qu'agrandirent les soins de l'art ingénieux;
C'est là que Zuleika, de sa voix suave et pure,
Venait accompagner son luth harmonieux,
Méditer le Coran dans l'antre solitaire,
Peupler un paradis douteux de sa chimère.
Où l'âme de la femme ira, lors du trépas,
Le Prophète jadis n'a point daigné l'apprendre.
Le séjour de Sélim est plus sûr sous ses pas;
Elle ne peut penser que jamais ce cœur tendre
Supporte son Éden en d'autres paradis,
Sans elle qu'en ce monde il désire, il adore.
Qui lui serait plus chère? Au ciel quelle houris
Après sa Zuleika le charmerait encore?

VIII

Mais quelque changement s'est naguère introduit
Dans la grotte depuis la visite dernière

De Zuleika. Serait-ce un effet de la nuit
Qui change les objets mieux vus à la lumière?
Une lampe de bronze à l'entour a jeté
Sa mourante lueur sans céleste clarté;
Dans un coin plus secret de la sombre retraite,
Sur d'étranges objets son œil surpris s'arrête :
Des armes et des dards sont entassés en rangs,
Non ceux qu'ont aux combats les delhis en turbans :
C'est un amas de fer, mainte lame étrangère;
Une est rouge, ah! peut-être est-elle meurtrière!
Le sang est-il sans crime? On voit sur le buffet
Une coupe où l'on but, mais non point le sorbet.
Que ceci veut-il dire? Elle veut reconnaître
Son Sélim. Est-ce lui? Sélim, ah, peut-il l'être?

IX

Sa robe d'apparat sur le marbre est gisant,
Son front sans le turban à la couronne altière,
Un châle rouge en plis sur ce front menaçant
Est roulé sans apprêts, enveloppe légère.
Ce poignard dont la garde étincelle en rubis,
En diamants de feu dignes d'une tiare,
N'est plus à sa ceinture où ses reins sont garnis
De grossiers pistolets, accoutrement bizarre;
Un sabre recourbé pend à son ceinturon;

Il laisse voltiger sur chaque épaule, en rond,
Un manteau blanc flottant, la légère capote
Que l'on voit sur le dos de l'errant Candiote,
Sa veste sur son sein, plaquée en or, dessous,
Bien attachée, offrait une cuirasse épaisse,
Et les cordons liés au-dessous des genoux,
Avaient un gland d'argent qui retombait en tresse.
Mais sans l'air de fierté, de haut commandement
Qui parlait dans son œil, son geste, son langage,
A qui l'eût regardé non attentivement,
D'un jeune Galiougis[16] il eût offert l'image.

X

« Non ! je ne suis point tel qu'à tes yeux je parais,
Et juge maintenant si mes discours sont vrais.
Mon histoire n'est point un vain conte qu'en songe
Tu pourrais avoir vu. Si ce n'est pas mensonge,
D'autres, sur mon honneur, devront s'en repentir.
J'aurais beau la cacher, tu ne peux devenir,
Toi, l'épouse d'Osman. Si tu n'avais toi-même
De ta bouche avoué m'avoir donné ta foi,
Je n'aurais pu ni dû rompre le sceau suprême
D'un secret ténébreux qui dort et gît en moi.
Je ne te parlerai d'amour qu'après le reste,
Que le temps, le péril, la vérité l'atteste.

Mais promets-moi d'abord ta main avec ton cœur,
Ne prends pas d'autre époux; car tu n'es pas ma sœur! »

XI

« Je ne suis pas ta sœur! Dieu! tu n'es pas mon frère?
Dédis ces mots! Resté-je, hélas! seule sur terre
Pour pleurer, ou plutôt pour maudire le jour
Qui, solitaire, a vu sans appui ma naissance?
Ah! pour ta Zuleika tu n'auras plus d'amour.
Ce cœur le pressentait, hélas! en sa souffrance;
Mais reconnais encor ce que je fus pour toi :
Toujours ta Zuleika, ta sœur et ton amie.
M'as-tu conduite ici, toi, pour m'ôter la vie?
Si tu veux te venger, je t'offre mon sein, voi,
Rassasie à loisir ton cœur de sa vengeance.
Pour moi, plutôt cent fois être au nombre des morts
Que vivre n'étant rien pour toi dans ton absence;
Peut-être encore pis. Ainsi je sais dès lors
Pourquoi ce Giaffir te fit toujours la guerre;
Et moi je suis, hélas! l'enfant de Giaffir.
Mais de sa Zuleika Sélim n'est plus le frère.
C'est elle qui te fit outrager et honnir.
Si tu veux à présent la laisser encor vivre,
En esclave partout permets-lui de te suivre. »

XII

« Zuleika, mon esclave! Ah, moi je suis le tien!
Réprime, mon amour, ce transport frénétique;
Ton sort doit être uni jusqu'à la mort au mien.
J'atteste le Prophète et sa sainte relique;
Et que cette pensée ici dans sa douceur
Soit un baume calmant versé sur ta douleur!
Que les vers du Coran gravés sur cette lame
En dirigent l'acier pour nous garder tous deux,
Comme je garderai fidèle, dans mon âme,
Ce serment solennel prêté devant les cieux.
Il faut changer ce nom qui flattait ton envie
Et l'orgueil de ton cœur. Tel est l'avis du ciel,
Sans se briser, ta chaîne est pour nous élargie,
Bien que ton maître soit mon ennemi mortel.
Ce que Sélim te fut ou fut censé naguère,
De même à Giaffir était jadis mon père.
Un frère de son frère avait tramé la mort[17]!
Il épargna du moins alors ma tendre enfance,
Me berçant d'une erreur et caressant mon sort.
Cette fraude vaut bien sa juste récompense.
Il m'éleva sans nom, en neveu de Caïn.
Et, comme un lionceau que surveille un gardien,
Mord et ronge et peut bien briser un jour sa chaîne,
De mon père le sang me bout en chaque veine.

Mais, dans ton intérêt et de toi par amour,
De la vengeance avant que pour lui sonne l'heure,
Pour qu'elle éclate mieux, j'en attendrai le jour.
Il ne faut pas pourtant qu'en ces lieux je demeure.
Mais, Zuleika, d'abord écoute, apprends comment
Giaffir opéra l'œuvre horrible du sang ! »

XIII

« Comment leur cœur passa de l'envie à la haine,
Si l'envie ou l'amour en fit deux ennemis,
C'est ce que de savoir je ne suis pas en peine,
Un rien, une étincelle, en de bouillants esprits,
C'est assez, et la paix en est bientôt bannie.
A la guerre le bras d'Abdallah fut puissant,
Son nom est célébré dans les champs de Bosnie,
Combien fut redouté ce guerrier menaçant,
Paswan l'atteste assez par sa horde rebelle[18] :
Sa mort est le seul trait que j'aie à rappeler,
Œuvre de Giaffir, de sa haine cruelle ;
Puis comment le secret qu'on me vint révéler,
Secret de ma naissance, un jour s'il doit mieux faire,
A déjà fait d'un coup mon âme noble et fière. »

XIV

« Lorsque Paswan, après de longs ans de combats,
Pour le pouvoir enfin et d'abord pour la vie,
Dans Widdin commandait fièrement, les pachas
Ont rallié l'armée autour de la patrie;
Dans le commandement le frère au frère égal,
Fort de son pachalik qu'avec soi chacun mène,
Déployant ses drapeaux, longs crins de son cheval,
De Sophie a revu son armée en la plaine;
Chaque tente est plantée et le poste assigné,
L'un des frères, hélas! n'en fit aucun usage.
Que sert d'en dire plus? Le perfide breuvage
Qu'apprête Giaffir, par son ordre est donné,
Avec un poison prompt, subtil comme son âme,
Il envoie avant l'âge Abdallah dans les cieux.
Au milieu de son bain où la fièvre l'enflamme,
Après que des chasseurs sont terminés les jeux,
Il ne croit pas qu'un frère au frère offre en sa rage,
Pour étancher sa soif, la coupe du venin.
Un esclave est gagné qui porte le breuvage,
La première gorgée est la mort dans son sein.
Si mon histoire en toi fait naître quelque doute,
Zuleika, mande Haroun, il te la dira toute. »

XV

« Le crime consommé, la tribu de Paswan
En partie étouffée et sans être soumise,
De mon père Abdallah la province est conquise,
Car toi tu ne sais pas comme est notre divan :
L'argent peut procurer au plus cruel des hommes
Le crédit, en jetant l'appât de vastes sommes.
Les honneurs d'Abdallah mort furent envahis,
De Giaffir épuise en ses coffres taris
Un injuste trésor qu'aisément il répare.
Tu veux savoir comment? Ah! regarde à l'entour,
Vois cette terre inculte et la moisson si rare,
Demande au paysan courbé du poids du jour,
Si son gain récompense un front brûlant qui sue?
Pourquoi l'usurpateur, en daignant m'épargner,
Me donne en son palais la place qui m'est due,
Je ne sais. Cette énigme est toute à deviner :
Honte, regret, remords et confiance extrême,
Nulle peur d'un enfant sans force et sans appui;
L'adoption, par qui n'a pas d'enfant lui-même,
D'un fils de qui le ciel ne l'avait pas béni;
Ou cabale, ou caprice, ou quelque autre mystère,
Ont pu me conserver en paix. Non, le tyran,
Giaffir, ne saurait courber son humeur fière;
Moi, d'un père jamais je n'oublierai le sang. »

XVI

« De secrets ennemis sont cachés chez ton père,
Ils ne sont pas tous sûrs ceux qui rompent son pain;
De ma naissance ici s'ils savaient le mystère,
Ses jours, ses heures même auraient bientôt leur fin.
Il ne leur faut qu'un cœur, un but pour les conduire,
Une main pour montrer où le bras doit agir;
Haroun seul sait et sut, et lui seul pourrait dire
Cette histoire qui marche et va bientôt finir.
Il grandit au palais d'Abdallah, jeune esclave
Occupant au sérail le rang qu'il tient encor,
Et vit son chef mourir. Mais qui pourrait d'un brave,
En ses vœux impuissants, accomplir tout l'effort,
Venger ce maître? Hélas! trop tardive vengeance,
Ou préserver ce fils de ce même poison?
Il choisit ce parti. Lorsque ivre de puissance,
Ses ennemis vaincus, Giaffir triomphant
Et ses amis trahis, trône avec insolence,
Devant sa porte Haroun m'a conduit, pauvre enfant,
Et cherché non en vain, pour moi pendant qu'il prie,
Ma présence l'atteste, à me sauver la vie.
De ma naissance ainsi le secret est voilé,
Devant tous, devant moi surtout il est celé.
Sain et sauf, Giaffir, quittant la Roumélie,
S'établit en deçà des rives de l'Asie,

Loin des bords du Danube, avec un confident,
Avec le seul Haroun, témoin de cette histoire,
Dont il garde en son cœur la profonde mémoire,
Le vivant souvenir d'un drame palpitant.
Mais le captif nubien n'a senti que des chaînes
Aux secrets d'un tyran, dont il veut s'alléger,
En mon sein chaque jour il vient les décharger :
Allah donne aux méchants des armes toujours vaines,
Des esclaves contraints, pour le crime séduits,
Instruments corrompus, complices, point d'amis. »

XVII

« Ce récit, Zuleika, résonne avec rudesse ;
A ta douceur il va sonner encor plus dur ;
Et quoiqu'ici ma langue et t'irrite et te blesse,
Moi je te prouverai que le fait est trop sûr.
Je te vis tressaillir tout à l'heure à ma vue,
De ma robe l'aspect semble t'avoir émue ;
Cependant j'ai porté, je porterai longtemps
Ce costume grossier, ces rudes vêtements.
Tu vas frémir encor. Le jeune Galiougis,
A qui par un serment ta foi s'est engagée,
Est lui-même le chef de ces hardis forbans
Qui placent dans leur glaive et leurs lois et leur vie ;
Dont les récits affreux et les actes sanglants

Jetteraient l'épouvante en ton âme saisie.
Ma troupe apporte ici les armes que tu vois,
La main qui les manie au signal est présente ;
Cette coupe s'emplit pour la horde sans lois
Qui la vide en entier sans qu'elle s'en repente.
Le Prophète pardonne à l'esclave enivré,
Dans le vin infidèle une fois égaré. »

XVIII

« Que pouvais-je être ? Au fond d'un gynécée
Proscrit, d'errer je sentais le désir.
Quand de loisirs ma vie était bercée.
Car en tout temps le tremblant Giaffir
Me refusait le coursier et la lance,
Et tu le sais, Mahomet ! que de fois,
En plein divan, avec son arrogance,
Le tyran m'a honni d'une ironique voix,
Comme si cette main trop faible, involontaire,
Laissait tomber la rêne et le fer dans ces murs,
Seul il marchait constamment à la guerre,
Sans m'éprouver ; dans ces harems obscurs,
Aux soins d'Haroun m'abandonnant sans gloire.
Béni de nul espoir d'avenir, ni mémoire.
Tandis que toi, que j'appris à chérir,
Toi qui charmais mon cœur et venais l'attendrir,

On t'envoyait à Brousse, au sein de ses murailles,
Pour attendre là-bas le destin des batailles.
Le vieil Haroun, qui vit mon esprit dépérir
Sous le joug dégradant d'un ignoble servage,
Voulut pour quelque temps, généreux, affranchir
Son captif des liens de ce lâche esclavage,
En me faisant promettre ici de revenir
Avant qu'ait expiré l'emploi de Giaffir [19].

    Ma langue en vain de l'allégresse
    Voudrait exprimer les accents,
    Et le trouble de tous mes sens
    Transportés d'une folle ivresse,
    Lorsque, s'ouvrant au jour, mes yeux
Contemplaient terre, mer, le soleil et les cieux;
    Mon esprit perçant ces prodiges,
    Pénètre au fond de ces prestiges.
Tout ce que je sentais sera représenté
    Par un seul mot : J'avais la liberté.
Je cessai de gémir même de ton absence,
L'univers, le ciel même étaient en ma puissance. »

XIX

    « Loin de ces bords silencieux,
    La barque d'un Maure fidèle
    Me porte où mon œil curieux

Veut contempler de la nacelle
Les îles du vieil Océan,
Diadème d'azur, de pourpre étincelant;
Je les vis tour à tour chacune en son parage,
Mais en quels lieux, mais en quels temps;
Je me joignis à l'équipage,
A qui je promis par serments
De vaincre ou de périr, qu'il triomphe ou périsse.
Quand ce qui reste à faire à nous tous sera fait,
Il sera temps alors que Sélim te finisse
Et cette histoire et son récit complet. »

XX

« Des pirates la race est sans loi, vagabonde [20],
Et sa forme grossière au fond est sans douceur;
Chaque foi, chaque race existant dans le monde
A trouvé, peut trouver en elle une autre sœur.
Mais son langage franc, une main toujours prête,
L'obéissance au chef le plus impérieux,
Pour tous les coups de main une âme active et faite,
D'une lâche terreur sans obscurcir ses yeux;
Amitié pour chacun et pour tous foi sincère,
Et vengeance jurée à ceux qu'on voit périr;
Tout forma de ces cœurs l'instrument nécessaire
Pour aider mes projets et pour les mieux servir.

De ces hommes les uns (de tous j'ai fait l'étude)
Sont distincts de la foule; ils ont un noble sang;
Un esprit fin surtout, sous l'écorce un peu rude,
Apporte à mon conseil la sagesse du Franc;
A de plus hauts pensers d'autres tendent, aspirent,
Fiers séids de Lambro [21], rares, derniers martyrs,
Après la liberté par avance soupirent,
Et discutant leurs plans, chimériques désirs,
Rangés en rond devant la petillante flamme,
En rêvant d'arracher les rajas à leur sort.
Qu'ils flattent à loisir, qu'ils soulagent leur âme,
Parlant de droits égaux et du faible et du fort,
De ces droits que jamais nul ne connut au monde;
Moi, comme un autre aussi, j'aime la liberté.
Patriarche Océan, ta course vagabonde,
A moi Tartare, à moi le séjour sans cité,
Au rivage ma tente et sur l'eau ma galère,
Avant villes, sérails, pour moi passent avant
Porté par mon coursier ou par ma nef légère,
A travers le désert ou sous l'aile du vent,
Où tu le veux, mon barbe, où tu glisses, ma voile.

« Mais pour ma course errante, ah, toi, sois mon étoile,
Zuleika! prends ma barque et daigne la bénir,
Toi, colombe de paix, de mon arche promesse;
Ou, si luttant, l'espoir venait à me trahir,
Dans le choc, sois l'Iris qui luit à ma détresse,
Sois le rayon du soir chassant la nue au loin,

D'un sourire charmant dore mon lendemain
Du céleste reflet d'un regard prophétique.
O toi, fille du ciel, douce vierge angélique,
Comme du muezzin le chant si solennel,
Du haut du minaret, à la sainte prière,
Dans la Mecque invoquant le pieux tributaire,
A genoux prosterné qui répond à l'appel ;
Suave, des jeunes ans comme la mélodie
A l'éloge muet arrachant de doux pleurs ;
Chère, comme en l'exil la voix de la patrie,
Chaque son de ta voix calmera mes douleurs.
Pour moi dans cet Aden [22], dans l'oasis des îles,
S'ouvre pour t'abriter le plus doux des asiles,
Un berceau frais et pur, paradis renaissant.
Cent bras vont se lever à mon premier accent ;
Avec ma main, mon cri, comme un seul qui s'élève,
Qui brandit, qui menace et défend d'un seul glaive.
De ma troupe entourée, ô toi, devant mes yeux,
Ma Zuleika chérie, à mes côtés placée,
Que l'or des nations, ce butin précieux,
Embellisse à l'envi ma belle fiancée !
Les loisirs du sérail, un siècle de langueur,
Seront bien compensés par ces jours de bonheur.
Clairvoyant du destin en cette course errante,
J'aperçois maint péril, mais ne vois qu'un amour ;
D'un seul tendre baiser la bouche caressante,
Paiera vingt ans de peine avec un seul beau jour.

Malgré les traits du sort, de l'amitié perfide,
Quel doux rêve, au moment où l'orage est plus fort,
Quand tout change à l'entour, les amis et le sort,
De te trouver encore et fidèle et solide !
Affermis seulement comme Sélim ton cœur,
Que celui de Sélim comme le tien soupire,
Pour charmer tous nos maux, partager tout bonheur,
Unir chaque penser, qui sur un point conspire,
Tout, hors se séparer ! Libre une fois ma main,
Ma main pourra guider de nouveau notre bande,
Amour entre nous seuls et haine au genre humain !
Qu'ici chacun de nous obéisse ou commande,
Nous ne suivrons ici que le penchant fatal
Qu'assigne la nature à tout homme martial.
Vois où le conquérant arrête le carnage :
Il dit que c'est la paix quand il fait le ravage.
Comme les autres j'ai la race et la vigueur,
J'en use, mais je veux ne posséder de terre,
Pour ma propriété, que juste la longueur
De mon sabre et du fer de mon bon cimeterre ;
Le pouvoir ne gouverne et ne sait se tenir
Qu'en divisant autrui par la force et la ruse,
La première est notre arme. Oui, le temps peut venir
Où l'autre trouvera peut-être son excuse,
Quand la cité nous donne un jour pour sa prison
Le cachot social. Dans la cité ton âme
Même pourrait faillir. Que de fois son poison

Corrompit un cœur sain dans le péril ! La femme
Plus que l'homme, en voyant l'idole de son cœur
Que frappent le malheur, la mort ou la disgrâce,
Laissera dans le luxe endormir sa douleur
Et ternir... O, jamais !... de ton beau nom la trace.
Arrière le soupçon ! Mais la vie est hasard.
Ici rien à gagner et tout nous reste à craindre.
Mais le doute et la peur de te perdre par l'art
Et le pouvoir d'Osman, qui sait flatter et feindre,
Et par la volonté du cruel Giaffir ;
Doute et peur vont céder au souffle du zéphir
Que l'amour cette fois a promis à ma voile.
Rien n'arrête deux cœurs par sa faveur bénis ;
Leurs pas peuvent errer comme l'errante étoile,
Mais dans la confiance ils reposent unis.
M'endormant avec toi dans la nef vagabonde,
Je trouverai plus doux le travail, les climats,
L'immensité, les mers, la terre, tout un monde.
L'univers est à nous ; dans nos mains, dans nos bras,
A nous deux, tendre amie, embrassons la nature.
Ah ! vents, déchaînez-vous, pour qu'à mon col le nœud
De tes bras soit serré. Le plus profond murmure
De ma bouche pour toi sera le dernier vœu.
L'amour, des éléments ne peut craindre la rage.
L'art humain est l'écueil le pire, c'est le roc
Dont notre course craint par-dessus tout le choc.
Un point menace encor : dans les eaux le naufrage.

Arrière! mes pensers, noirs pensers de terreur,
Se dressant à mes yeux, spectres affreux d'horreur.
Cette heure doit ouvrir ou fermer notre fuite;
Saisissons-la; le sort nous trace le chemin.
Deux mots encore et puis le conte est à sa fin :
Toi, d'un seul de ta bouche arrête la poursuite
De nos deux ennemis. Osman et Giaffir,
Ce dernier pourrait-il cesser de me haïr?
Et cet autre, entre nous barrière insurmontable,
Cet Osman, contre toi n'est-il pas implacable? »

XXI

« Mon gardien[23] de retour juste à temps, sauve encor
Sa foi de tout soupçon, sa tête de la mort.
Peu l'ont su, nul n'a dit que Sélim a sur l'onde,
D'île en île porté sa course vagabonde;
Et depuis ce moment de ma troupe écarté,
Bien que trop rarement j'abandonne la terre,
Elle ne fera rien, n'a rien exécuté
Que je n'aie ordonné moi-même de le faire.
Je forme tous les plans, partage le butin;
Les travaux, il convient qu'aussi je les partage.
Mais le temps fuit, ma barque est flottante au rivage,
Et j'occupe en ces lieux ton oreille sans fin.
Derrière nous laissons à la fois crainte et haine,

Avec sa suite Osman doit arriver demain ;
Cette nuit, il le faut, doit rompre enfin ta chaîne.
Mais partons, si tu veux sauver ce bey hautain
Et les jours de celui qui te donna la vie.
Malgré les vœux sacrés qui t'unissent à moi,
Et t'attachant au monde, éprouves-tu l'envie
De rétracter ici des vœux d'un libre choix?
As-tu peur des secrets qu'ici tu viens d'apprendre?
Si je reste en ces lieux ce n'est point pour attendre
Et te voir d'un rival entre les bras passer.
Ah! puisse le péril moi seul me menacer! »

XXII

Zuleika demeure saisie,
Fixe et muette de douleur;
Sa forme semble être durcie,
Comme jadis dans son malheur,
Niobé, l'orgueilleuse mère,
Transformée en un bloc de pierre.
La statue ici vient offrir
De l'antique une jeune image.
Mais sa bouche n'a pu s'ouvrir,
Ses yeux essayer leur langage,
Ni de son œil glacé, hagard
N'a pu jaillir un seul regard.

Avant que soudain une torche
Du jardin éclaire le porche,
Puis une, puis une autre luit ;
De feux s'illumine la nuit.
« Toi qui n'es plus un frère, ah, fuis, toi plus qu'un frère ! »
Au loin, partout court la lumière,
Cent lueurs d'un rouge enflammé ;
Non seules, car maint bras armé,
Nu dans les airs un fer agite,
Se croise, se joue et se quitte
Avec les flambeaux et l'acier.
L'on cherche ; en fureur le dernier
Giaffir a brandi son sabre ; l'on s'approche...
Sélim doit-il trouver sa tombe sous la roche ?

XXIII

Il reste ferme et dit : « La crise va passer,
Un baiser, Zuleika, le dernier, un baiser ;
Ma troupe peut entendre auprès le son d'alarme
Et du rivage voir la flamme de mon arme ;
Mais nous sommes trop peu, et nos coups superflus
Seraient vains ; mais n'importe, un autre effort de plus ! »
De la caverne il s'élance à l'entrée,
D'un coup de feu les airs ont retenti ;
De Zuleika l'être est glacé, saisi ;

Sans tressaillir, l'œil sec, elle est comme atterrée,
Fixe de désespoir. « Ils n'ont pas entendu,
Ou s'ils rament vers moi, c'est pour me voir perdu !
Viens donc, sors du fourreau, paternel cimeterre,
L'explosion les a tous attirés sur moi ;
Fer, as-tu jamais vu plus inégale guerre ?
Adieu, ma Zuleika, d'ici retire-toi,
Et demeure en dedans ; laisse passer l'orage,
Sur toi de Giaffir s'émoussera la rage.
Ne bouge pas, de peur que vers toi par hasard
Ne s'égare une balle, un seul perfide dard.
Mais crains-tu pour ton père ? Ah, plutôt que je meure
Avant qu'en ce conflit mon fer le cherche ! Non,
Quand il m'appellerait un lâche, un vil poltron,
Dût sa main me verser le poison à cette heure !
Mais irai-je, en agneau, rencontrer leur acier ?
Non, mon bras frappera, hors le sien, tout cimier ! »

XXIV

D'un bond il a gagné la terre,
Et le premier de la bande qui fond
Sur lui, déjà mord la poussière,
Le crâne ouvert, informe tronc.
Un autre tombe ; autour, en foule,
D'ennemis l'essaim s'est pressé.

De droite à gauche il le refoule.
Affrontant ce flot opposé,
A cinq rames, près du bord même,
Sa nef paraît; avec vigueur,
Ses compagnons, effort suprême,
Rament. Oh! s'ils avaient le bonheur
D'être à temps pour sauver leur frère!
Car la vague a baigné son pied.
Sa troupe, fendant l'onde amère,
Dans la baie a brandi l'acier.
Plongeant, s'élançant à la nage,
Désespérés, ils vont lutter,
Et touchent enfin le rivage;
Au carnage pour ajouter!
Car déjà son meilleur sang coule
Et rougit la vague qui roule.

XXV

Respecté par le plomb, par le fer épargné,
Ou le sentant à peine au milieu du carnage,
Sélim, trahi du sort, partout environné,
Se porte où le flot vient se briser au rivage.
Sur la terre il avait posé son dernier pas,
Frappé le dernier coup qui donna le trépas...
Hélas! pourquoi d'ici détourna-t-il la vue

Pour chercher une amante à ses yeux disparue?
Vain regard! cette pause a décidé son sort,
Un coup d'œil va fixer, sceller l'arrêt de mort,
Ou du captif sans fin river la triple chaîne.
Triste gage d'amour, dans l'angoisse et la peine;
L'espoir dure toujours dans le cœur des amants!
Son dos était tourné vers les flots écumants,
Auprès, ses compagnons étaient postés derrière,
Quand siffle avec ces mots la balle meurtrière :
« Mort à tout ennemi du puissant Giaffir! »
Quelle bouche, quel bras a fait soudain partir
La foudre de la voix et de la carabine?
Quelle balle a chanté sa funèbre chanson,
Faisant siffler trop près de sa voix assassine,
Pour s'égarer dans l'air, l'inévitable plomb?
Meurtrier d'Abdallah! cette voix est la tienne.
Dans la lente gorgée un père a bu la haine,
De nouveau, par tes soins, le fils doit à ta main
De sa vie en sa fleur une plus prompte fin.
Le sang à larges flots jaillit de sa poitrine,
Troublant du flot amer la blancheur cristalline;
Si sa bouche a tenté de gémir une fois,
Une vague en hurlant vient étouffer sa voix.

XXVI

Le matin lentement chasse au loin le nuage,
Le combat a laissé, rare trophée, épars,
Les débris; et les cris qui troublaient le rivage
A minuit, ont cessé. Mais des fragments de dards
Et de glaive brisés autour jonchent la scène,
Des pas marqués, des mains empreintes sur l'arène,
Tout indique la lutte. Ici, gisent tout près
Une torche, un bateau sans rame et sans agrès.
Dans les herbes de mer, sous l'algue embarrassée,
Sur la grève profonde en pente qui descend,
Une capote blanche apparaît enfoncée.
Elle est fendue en deux; d'une tache de sang
Elle est teinte; dessus, le flot passe et repasse
Sans que la tache rouge et profonde s'efface.
Mais où donc est celui qui la portait? O vous,
Qui voudriez pleurer sur ces tristes reliques,
Cherchez-les où les flots les frappent de cent coups,
Sur le cap de Sigée et ses rives classiques,
Et vingt fois vers Lemnos les roulent ballottant.
L'oiseau de mer glapit voltigeant sur sa proie,
Qui du bec affamé fuit l'atteinte en flottant,
Quand sur cet oreiller où son vol se déploie
Une tête en posant, sans arrêt, sans repos,
Sans fin, va, vient, descend et monte avec les flots.

Cette main qui se meut, mais qui se meut sans vie,
Semble encor faiblement, menaçante, lutter,
En haut, en bas, à fleur. Qu'importe, ensevelie,
Qu'en un tombeau vivant elle aille s'arrêter?
Car l'oiseau qui déchire et mord la masse informe
N'a fraudé que le ver! Le seul œil, le seul cœur,
Qui pût pleurer, saigner sur la mouvante forme;
De sa mort ressentant une immense douleur,
Aurait recomposé du corps la forme entière,
En baignant de ses pleurs le turban funéraire:
Ce cœur s'était brisé, cet œil s'était fermé,
Même avant que le sein cessât d'être animé!

XXVII

Près des ondes d'Hellé quelle est la voix plaintive
Que poussent la pleureuse et le pâle pleureur?
Dernière des enfants de Giaffir! il arrive
Trop tard ton fiancé, ton maître, ton seigneur,
Pour te voir à présent ni jamais sur la terre.
N'entend-il pas l'écho de ce chant funéraire,
Du bruyant Wulwulleh [24] vain avertissement?
Des femmes le cortége au seuil gémit et pleure,
A l'hymne de la mort instruit par le Coran,
Et l'esclave muet les bras croisés demeure.
Maint soupir au dedans, maint cri sous le zéphir

En dit trop. Tu n'as pas vu ton Sélim périr
Quand il quitta la grotte. Ah ! ton cœur fut de glace.
Pour l'amour et la joie il était ton seul bien,
Et joie, amour, espoir, avec Sélim tout passe.
Et ce dernier penser que tu ne pouvais rien,
Plus rien pour le sauver, pour tuer dut suffire,
S'échappant en un cri ! Sépulcre virginal,
Paix à ton cœur brisé, tu perds au moins le pire;
C'est ton premier malheur, quoique profond, fatal.
Tu fus trois fois heureuse, en ignorant l'absence,
Et la honte et l'orgueil, la haine et la vengeance,
Et ta morsure atroce, implacable remord !
Oh ! l'horrible tourment pire que la folie,
Ver rongeur, immortel et qui jamais ne dort,
Penser de sombre jour, de nocturne agonie,
Qui redoute la nuit en abhorrant le jour;
Qui déchire le cœur, voltigeant à l'entour.
Que ne consume-t-il ce cœur; puis, qu'il s'enfuie !

    Malheur à Giaffir; sa rigueur est punie.
Inexorable chef; à toi malheur ! En vain
Sur ta tête tu veux entasser la poussière,
En étendre sur toi le sac; c'est cette main
Dont périt Abdallah, victime de son frère,
Qui fait périr le fils, c'est le même assassin.
Qu'elle arrache à présent ta barbe en sa détresse !
Le bijou de ton cœur promis au lit d'Osman,
Celle qu'en la voyant eût prise ton sultan,

Ta fille, hélas, n'est plus! Espoir de ta vieillesse,
Solitaire rayon de ta vie au déclin,
Cet astre s'est couché qui luisait le matin;
Sur les rives d'Hellé l'étoile plus ne brille.
Qui l'éteignit? Le sang par ta main répandu.
En vain ton désespoir crie à l'écho : Ma fille,
Où donc es-tu? L'écho répond : Où donc es-tu?

XXVIII

Au milieu des tombeaux, innombrables reliques,
Des marbres éclatants que le sombre cyprès
Couronne de massifs noirs et mélancoliques,
Survivant dans le deuil sans se faner jamais;
Emblème de douleur dont la marque est visible,
Sur chacun des rameaux, sur la feuille insensible,
Arbre triste et pleureur, comme un premier amour
Qui ne s'est pas encor vu payer de retour;
Au centre du bocage, au berceau funéraire,
Toujours un coin de terre affecte de fleurir.
Une rose incolore en ce lieu solitaire,
Douce et sans incarnat aime à s'épanouir [25].
La main du désespoir semble l'avoir plantée,
Tant elle est pâle et frêle! Au plus léger zéphir
La feuille vacillante en serait agitée;
Et pourtant la tempête aura beau l'assaillir,

Quand plus rude qu'un ciel d'hiver, la main humaine
A sa tige voudrait de force la ravir :
Inutile est l'effort, la violence est vaine,
On verra dès demain la rose refleurir.
D'un esprit bienfaisant mollement caressée,
Buvant avec amour la céleste rosée,
Ce n'est point de la terre une vulgaire fleur
(Chaque fille d'Hellé le pense avec justice),
Qui du choc de l'orage affronte la fureur,
Déployant en dehors du berceau son calice,
Sans tomber, sans languir, encor que le printemps
Lui refuse du ciel les humides présents,
Et, fuyant de l'été les chauds rayons, aspire
Aux brises du zéphir, qui mollement soupire.

    Toute la nuit près du rosier
    Un oiseau gémit invisible,
    Et tire d'un suave gosier,
    Quand frémît son aile flexible,
    Des accords dignes des houris.
    Le rossignol aux sons magiques,
    N'a pas, pour enchanter les nuits,
    Des soupirs si mélancoliques.
    Le pèlerin, ici captif,
    Éprouve une vague souffrance,
    Le mal d'amour sans espérance,
    En écoutant ce chant plaintif.
Et cependant on verse une si douce larme,

La tristesse est si calme et libre de terreur,
Qu'on voudrait de l'aurore arrêter la lueur
Qui vient de ces accents, hélas, rompre le charme.
On voudrait plus longtemps pleurer, veiller encor,
Sous cet étrange son de suave mélodie !
Mais du jour rougissant quand éclate l'essor,
Avec lui des accords expire la magie.
Il est de jeunes cœurs (cet âge aime à rêver),
De ces crédules cœurs, épargnez-leur le blâme,
Qui pensent quelquefois, d'erreur pour se bercer,
Que ce chant si perçant, si profond et plein d'âme,
En syllabes s'unit et forme à l'unisson
Un mot de Zuleika retraçant le doux nom [26].

Du haut de son cyprès la voix se fait entendre
Et se fond dans les airs, écho liquide et tendre.
C'est sous cet arbre vert, au virginal tombeau,
Que du frêle rosier la fleur a son berceau.
Un soir on y posa le marbre tumulaire,
Il avait disparu déjà le lendemain.
Oh non! ce ne put être alors un bras humain
Qui porta sur la grève un pareil bloc de pierre,
Car (d'Hellé la légende ainsi l'a raconté)
On retrouva le marbre à ce bord funéraire
Où Sélim était mort, par le flot ballotté,
Le flot lui refusant un plus digne ossuaire.
Ici, pendant la nuit on voit, dit-on, gisant
Le spectre fier, hagard, d'une tête en turban,

Et de là s'étendant sous la vague écumante,
D'*Oreiller du pirate* il prit le nom fatal.
Où le deuil fit jaillir la rose de l'amante,
Elle fleurit encore, ornement sépulcral,
Pâle, froide, isolée, humide de rosée;
Car l'aurore en naissant la baigne de ses pleurs.
Telle de la beauté la joue est arrosée
De larmes, au récit de tragiques douleurs!

FIN DE LA FIANCÉE D'ABYDOS

NOTES

1. Le poëme de la Fiancée d'Abydos fut composé en 1813. Giaffir, nom historique, a été pacha de Scutari.

2. Salutation turque et arabe.

3. Mejnoun et Leïla, les amants fidèles des contes orientaux; Sadi, célèbre poëte persan.

4. Kara Osman, nom historique; pacha de Magnésie.

5. Le Kislar aga, chef des eunuques.

6. Attar-Gul, essence de rose.

7. Bulbul, le rossignol de l'Orient.

8. Azraël, l'ange de la mort.

9. Istakar, antique capitale des rois de Perse.

10. Égrepo ou Négrepont, l'ancienne Eubée, île mal famée chez les Turcs.

11. Tchocadar, le messager qui marche devant un haut dignitaire.

12. Allusion aux amours de Héro et Léandre. Voir Virgile, *Géorgiques*, III.

13. Byron a traversé à la nage ce détroit poétique.

14. Achille, tué par Pâris. Alexandre le Grand fit religieusement le tour de son tombeau.

NOTES

15. Le Koursi, amulette retraçant les perfections de Dieu. Le Comboloïo, rosaire turc ou persan.

16. Galiougis, marin ou pirate turc.

17. Giaffir empoisonna au bain son frère Abdallah.

18. Abdallah et Giaffir avaient marché ensemble, sur l'ordre du sultan, contre Paswan Oglou, pacha rebelle de Widdin.

19. Le pacha venait d'être chargé d'une expédition guerrière.

20. Par cette peinture de la vie des pirates, Byron préludait à son poëme du Corsaire.

21. Lambro Canzani, marin grec, qui tenta en 1789 l'affranchissement des rajas, ses compatriotes.

22. Aden, capitale de l'Arabie heureuse.

23. Haroun, confident de Sélim.

24. Chant de deuil des Musulmanes.

25. Légende locale admirablement poétisée par Byron.

26. Il est presque impossible de reproduire, même imparfaitement, la grâce et la délicatesse des vers anglais.

LE
GIAOUR
OU LE MÉCRÉANT
NOUVELLE TURQUE ET VÉNITIENNE [1]

CHANT I

I

Pas un souffle, pas une haleine,
Pour agiter le flot roulant
Au pied de la tombe athénienne [2]
Qui, de son roc étincelant,
Semble saluer la nacelle
Voguant aux bords qu'un de ses fils,
Héros en vain, sauva jadis.

. . . .

Beau climat, où toujours chaque saison sourit
Aux îles, ton orgueil, d'un sourire propice.
Du haut du Sunium leur aspect réjouit[3]
Le cœur, l'œil enchantés, ineffable délice;
Elles prêtent leur joie au plus morne chagrin.
 Là, puissant Océan, la teinte
 Des pics diaprés sur ton sein
 Réfléchit sa tremblante empreinte,
 Colorant le flot lumineux
 Qui semble animer de ses jeux
 Et caresser le beau rivage
 De cet Éden oriental.
 Et, si zéphir sur le parage
 Brise des mers le bleu cristal,
 De l'arbre abat la fleur légère,
 Qu'il est enivrant le soupir
 Qui parfume au loin l'atmosphère,
 Brûlant les sens d'un mol désir!
 Car sur le roc, dans la prairie,
 La sultane du rossignol[4],
 La rose brille épanouie,
 Vierge, qui sensible à son vol,
 Dès que vibre sa mélodie,
 Et résonnent ses mille chants,
 S'ouvre, et rougit à l'harmonie
 Du plus aimable des amants.
 La reine des jardins, la reine,

Sans craindre aquilons ni frimas,
Fleurit, des hivers souveraine,
Les hivers ne la troublent pas.
Toujours la brise douce et pure,
Portant les parfums odorants,
Que lui prodigue la nature,
Les transforme en céleste encens.
Au ciel, dans sa reconnaissance,
La rose prête avec bonheur
Sa plus délicieuse essence,
Sa plus séduisante couleur.

Ici mainte fleur, maint ombrage
Qu'à partager se plaît l'amour,
Mainte grotte, maint ermitage,
Du pirate muet séjour,
Retraite où se blottit sa voile
En attendant du gai marin,
Quand au soir apparaît l'étoile,
Et la guitare et le refrain.
Glissant alors avec la rame
Qui s'agite et se meut sans bruit,
Et sous l'écueil fendant la lame,
Dans l'ombre, le rôdeur de nuit
Fond invisible sur sa proie,
Changeant en cris ses chants de joie.

Contraste étrange, où pour des dieux
La nature a marqué ses traces,
Dans ce séjonr aimé des cieux,
Paradis émaillé de grâces,
L'homme seul épris du malheur,
Change la terre en solitude,
Et foulant, en brute, la fleur,
Se fait une cruelle étude
De gâter ce qui de sa main
N'attend ni travail ni culture,
Et ce qui, féerique et divin,
Naît sans efforts de la nature;
Épargnant à son temps les soins,
A sa nonchalance la peine,
Et prévenant tous ses besoins,
Pourvu qu'il ait une âme humaine.

Contraste étrange! Où dort la paix
Règne la sauvage rapine,
Sur cette scène de bienfaits,
Répandant au loin la ruine.
Telle, des anges ténébreux,
Si l'on eût vu la horde impie
Conquérir le trône des cieux,
Des noirs enfers race affranchie,
Tel cet asile du repos
Fut d'abord créé pour la joie,

Quand les tyrans, maudits bourreaux,
En ont fait leur indigne proie.

II

Qui, sur les morts en s'inclinant,
Voit la mort, avant qu'elle fuie
Dans le premier jour du néant,
Dans le dernier de l'agonie,
Avant que la destruction
Altère et de ses doigts efface,
En triste dissolution,
Ces traits où règne encor la grâce;
D'un ange admirant la beauté,
La vie en sa dernière phase,
Cet air tendre en sa fixité,
Ce calme si pur de l'extase,
Cette joie avec ses langueurs :
Tout, hors cet œil vitreux et vide
De flamme, de joie et de pleurs.
Tout, hors ce front glacé, livide,
Et la rigidité du mort,
Où le pleureur, l'âme saisie,
Lit son appel au même sort
Dans cet œil terne qu'il épie;
Oui, sans ces preuves du néant,

Sans elles seules, l'espérance
Douterait encore un instant
Du tyran et de sa puissance.
Douce ereur, décevant tableau !
Limpide rayon de lumière;
Avant de s'éteindre au tombeau,
Extase première et dernière !
De ces rives tel est l'aspect⁵.
La Grèce, mais la Grèce éteinte,
Doux objet d'un tremblant respect;
Du bandeau funèbre elle est ceinte,
On tressaille, hélas : à la mort
Manque l'étincelle de l'âme;
Un reflet survit à sa flamme,
C'est la morne beauté qui dort.
Sa beauté fleurit dans la tombe,
Dernier rayon qui vient des cieux,
Auréole dorée en un débris qui tombe.
Seul et suprême adieu d'un passé glorieux.

    De ces flammes jadis célestes,
    L'étincelle au foyer chéri
    Se reflète encor, mais ses restes
    N'animent plus ce sol béni.

    Pays des hommes de mémoire,
    De la plaine au roc menaçant,
    Morts ayant un tombeau sans gloire,

Au sol jadis libre et puissant;
Temple du fort, autel du brave,
Est-ce ton reste de splendeur!
Approche ici, servile esclave,
Te souviens-tu de ta grandeur?
Dis : sont-ce là les Thermopyles?
Dis encor : quels sont ces flots bleus?
De souches libres, branches viles,
Oui, cette mer, ce roc fameux,
C'est le golfe de Salamine!
Ces exploits d'un si grand renom,
Sous l'astre qui vous illumine,
Qu'ils soient votre sainte leçon;
Remuez des aïeux la cendre,
Ressuscitez ses feux éteints!
L'homme héroïque osant descendre,
En lice, imitant leurs destins,
Saura, dans la suprême étreinte,
A leurs grands noms joindre, en mourant,
Son nom qui, d'une égale crainte,
Doit glacer un nouveau tyran;
Rendra l'honneur et l'espérance
A ses fils, qui voudront mourir,
Plutôt qu'en un lâche silence
Et, sous le joug courbés, servir.
La lutte, une fois engagée,
Aux fils, par un père expirant,

Transmise et toujours prolongée,
Verra son peuple triomphant.

III

Grèce, dis-le, vivante page,
Immortel témoin d'âge en âge :
Tandis qu'en la poudre couchés
Dans leur muette pyramide,
Les rois dorment clos et cachés,
Tes héros, dont la fosse est vide,
La colonne sans piédestal,
Tes héros, adoptant pour trône
Les montagnes du sol natal,
Portent l'éternelle couronne ;
Et là, ta muse avec transport
Montre l'impérissable tombe
De ceux que respecte la mort.
Hélas ! mon courage succombe
A retracer le long chemin
Qui, de la splendeur à la honte,
Mena ce peuple souverain.
Tous les périls, il les surmonte,
Vainqueur de tous, au cœur si fier :
Mais, dégradé par la mollesse,

Il dégénère en sa bassesse ;
Il rampe sous un joug de fer.

Que dire en foulant ton rivage?
Point de légende des vieux temps,
Point de ces récits d'un autre âge,
Rappelant ces jours éclatants
Où d'un beau ciel l'homme était digne.
Les cœurs dans tes vallons nourris,
Qui, de l'honneur suivant le signe,
Auraient pu relever leurs fils,
Restes dégénérés des braves,
Servant aujourd'hui, vil troupeau,
Des esclaves ils sont esclaves
Du berceau jusques au tombeau.
Engourdis pour tout, sauf le crime,
Souillés de ces tristes fléaux
Qui, déshonorant l'homme infime,
Le rapprochent des animaux ;
Sans même une vertu sauvage,
Un seul cœur libre et généreux !
Ne portant au prochain rivage
Que les ruses de ses aïeux,
Le Grec, subtil à toute époque,
Ne sait plus briller qu'en cet art ;
En vain la liberté l'invoque,
Car son vif et mâle regard

S'éteint incliné sous la chaîne.
Non ! je ne plaindrai plus ses maux.
Et cependant sur cette scène
Féconde en palpitants tableaux,
Je veux faire un triste récit.
En l'écoutant on pourra croire
Que le premier qui l'entendit
Dut bien gémir de cette histoire.

IV

De loin, tranchant sur les flots bleus,
Les rochers projettent leur ombre,
Et du pêcheur frappent les yeux [6],
Comme la nef perfide et sombre,
Que dirige, en hôte furtif,
Le pirate ou l'âpre mainote.
Pour son caïque il va craintif,
Fuyant la périlleuse grotte ;
Épuisé, son bras lent, mais fort,
Sous une dépouille d'écaille,
Rame et se tend avec effort,
Sans qu'un seul moment il défaille.
De Léone, enfin, vers le port,
Aux lueurs d'une nuit sereine,
Il avance, et déjà le bord

Rassure sa vue incertaine.

. . . .

« Mais qui vient sur ce noir coursier,
Avec le fracas du tonnerre,
Lâchant le mors, pressant l'acier
Qui bat sous le sabot la terre?
L'écho répète, caverneux,
Bond pour bond, qui frappe et qui roule,
L'écume, sur ses flancs poudreux,
Comme les flots ruisselle et coule;
Mais si l'Océan de ses flots
Suspendant la fureur, s'arrête,
Ce cavalier n'a nul repos,
Et, quand s'affaisse la tempête,
Elle est plus calme que ton cœur,
Mécréant ! qu'ici je devine,
Car ta race me fait horreur.
Déjà dans tes traits se dessine
Ce que le temps doit, de son sceau,
Fortifier, sans qu'il s'efface,
Jusqu'aux limites du tombeau,
En profonde et fatale trace.
L'éclair des passions gravé
Sur ton front pâle et jeune encore,
Ton œil mauvais, au sol rivé,
Quand tu fuis comme un météore,
Tout me parle, et je reconnais

En toi cette race assassine
Que tout fils d'Othman à jamais
Évite, s'il ne l'extermine.
Il court, il vole au loin, il fuit;
Ma vue est sur lui seul fixée;
Car si, comme un démon de nuit,
Son ombre à mes yeux est passée,
Ses traits, son air ont amorti
Mes sens sous leur sinistre empreinte,
Et son galop a retenti
Dans mon cœur que glace la crainte;
Pressant de son coursier le flanc
Sous son éperon, vers la roche
Qui surplombe au loin l'Océan,
De sa haute cime il s'approche,
Il tourne et se hâte éperdu,
Le pic me cache sa retraite.
Je sais combien est mal venu
L'argus dont la vue indiscrète
Importune celui qui fuit.
Pour l'homme qui prend telle fuite,
Nulle étoile qui trop ne luit
Et ne conspire à sa poursuite.

V

« Je l'aperçois; il a jeté
Un dernier coup d'œil sur la scène;
Au coursier soudain arrêté,
Un moment a rendu l'haleine.
Ainsi dressé sur l'étrier,
D'où vient que son œil regarde
Par delà le bois d'olivier?
Les lueurs que le croissant darde,
A l'entour éclairent les monts;
Des temples les lampes vacillent;
Du tophaïque errent les sons [7]
Indécis; cependant pétillent
En éclats bruyants et joyeux,
Les cris du Musulman fidèle,
Portant vers la voûte des cieux
Son tribut d'amour et de zèle.
Car du Ramazan le soleil
Vient à l'instant de disparaître;
Du Bairam c'est le gai réveil;
De la nuit commence l'ivresse.
Mais toi, fronçant tes noirs sourcils,
Étranger d'une impure souche,
Quand tu t'arrêtes, quand tu fuis,
Est-il rien ici qui te touche?

Il s'arrête; en ses traits la peur
A la haine a fait bientôt place;
Mais ce n'est pas cette rougeur
Qui du courroux marque la trace;
Non, c'est le marbre du tombeau
Dont la pâleur et le silence
Attristent la nuit du tableau.
Du front ridé l'éclair s'élance
Menaçant, il lève son bras;
Sa main incertaine s'agite...
Part-il? revient-il sur ses pas?
Troublé du délai de sa fuite,
Son coursier de jais a henni.
Ah! je vois scintiller le glaive
Que la main agile a saisi
Et que soudain elle relève.
Oui, ce son lui donne l'éveil
Et met fin à sa rêverie.
Ainsi tressaille le sommeil
Au chant du hibou qui s'écrie.
L'éperon a piqué les flancs
Du coursier, qui se précipite
Plus impétueux que les vents,
Va, cours! sa vie est dans sa fuite.
Comme le trait, il prend son vol.
Il a doublé le roc sauvage,
De son pied dépassé le sol,

Il n'ébranle plus le rivage.
La cime atteinte, loin des yeux
Disparaît l'aigrette chrétienne,
Ombrageant son front orgueilleux.

Un instant, il retint à peine
Le coursier dans son libre essor,
Un instant il fut immobile,
Puis, comme assailli par la mort,
Il a repris son vol agile.
Mais sur son âme s'entassant
Des hivers de sombre mémoire,
Dans cet atome d'un instant
A dû rouler toute une histoire,
Siècle de crime et de douleur !
Quand on hait, qu'on craint ou qu'on aime,
Un tel moment seul verse au cœur
Des flots d'amertume suprême.
Mais lui, quel mal l'a donc blessé
Par tout ce qui frappe et déchire ?
L'arrêt sur son sort a pesé ;
C'est l'arrêt d'un affreux martyre.
Dans sa longueur qu'il est mortel !
Bien qu'un point dans l'abîme immense,
En pensée il dure éternel ;
La pensée errante s'élance,
Infinie et sans horizon,

Aussi loin que la conscience
Qui peut produire un mal sans nom,
Et sans fin et sans espérance.
L'heure passe, il a disparu !
Échappe-t-il ? périt-il solitaire ? »

. . . .

VI

Hélas ! au moment inconnu[8]
Qu'il toucha, laissa cette terre,
De Hassan vengeant les méfaits,
Le ciel, sous qui l'homme succombe,
Pesait sur un pompeux palais
Pour le réduire en une tombe;
Comme le Simoun du désert[9],
Il vient, passe, ouragan sinistre,
Semblable à ce souffle d'enfer,
Du noir malheur fatal ministre,
Dont l'aiguillon dévastateur
Flétrit et dessèche en une heure
Jusqu'au cyprès, dernier pleureur
Des morts, quand déjà nul ne pleure.

La colonnade est sans coursier;
De Hassan le palais splendide

N'a plus de serfs sous son palier ;
On voit dans l'angle sombre et vide,
L'insecte filant son réseau
Qui sur le mur s'étend et flotte ;
Le harem, pleurant son berceau,
A la chauve-souris pour hôte ;
Où le vil hibou vient voler,
Châtelain de la forteresse,
Et le chien sauvage hurler
De faim, de soif et de détresse.
Dans la fontaine aux riches bords,
La source a fui son lit de marbre
Où gisent des insectes morts
Et des restes calcinés d'arbre.
Quel plaisir de la voir jadis
Lancer, pour calmer l'atmosphère,
Son onde en argent, en rubis,
Et douce, flottante chimère,
Verser dans l'air, libre en son vol,
Sa fraîcheur toujours renaissante,
Et la verdure, émail du sol,
Dans cette enceinte ravissante !
Quel plaisir, sous un ciel si pur
Et rayonnant de mélodie,
De contempler son jet d'azur,
D'ouïr sa nocturne harmonie !

Faible enfant, dans son âge heureux,
Hassan, autour de la cascade,
Avait eu ses folâtres jeux;
Souvent, au sein de la naïade,
Des bras de sa mère enlacé,
Au sommeil il se vit bercé.
Souvent de Hassan la jeunesse
D'une belle écoutant les chants,
Sentit s'unir à leur tendresse
De ces flots les tendres accents;
Mais de Hassan cette fontaine
N'ombragera pas les vieux jours,
Le sang qui réchauffait sa veine
Comme l'onde a fui pour toujours.
Ici nul son de voix distincte,
D'amour, de regret ou d'émoi,
Du cœur ne retrouve l'empreinte.
De femmes un long cri d'effroi,
Un suprême accent funéraire
A retenti pour dernier bruit,
Et tout, hors le vent qui mugit
Dans la fenêtre, a dû se taire.
L'ouragan aura beau hurler,
Les torrents inonder la plage,
Jamais on n'entendra frôler
Sous la main le discret treillage.

Ah, combien aux sables déserts
Un pas d'homme nous charme encore!
Le deuil même, en frappant les airs,
Ressuscite un écho sonore,
Disant au moins : « Tout n'est pas mort,
Et dans un seul la vie existe ».
Ici mainte chambre où luit l'or,
A la solitude résiste;
Sous ce dôme, le temps rongeur
Poursuit lentement son ravage,
Mais au seuil habite l'horreur.
Le fakir a fui ce parage;
Le derviche errant n'y vient plus,
Il n'est point d'appât qui l'attire.
A des vœux, hélas, superflus
Ces lieux ont cessé de sourire.
L'étranger, épuisé de faim,
Haletant, jamais ne s'arrête
Pour bénir le sel et le pain
Et pour y reposer sa tête.
La richesse ou la pauvreté,
Sans laisser une seule trace,
Sans offrir l'hospitalité,
Sans la recevoir vient et passe.
La bienveillance est morte ici,
Aux flancs déserts de la montagne,
Avec Hassan est morte aussi

La douce pitié sa compagne.
Son toit, refuge hospitalier,
De la faim est le froid asile.
Le convive a fui le foyer,
Le vassal du labeur s'exile,
Depuis que son turban fendu
A fléchi sous le cimeterre ;
Que par l'infidèle abattu,
Il a roulé dans la poussière !

. . . .

VII

« J'entends le son de pas pesants[10],
Mais nulle voix ne me salue ;
Plus près je compte les turbans
Et l'ataghan frappe ma vue,
Serré dans sa gaîne d'émail[11].
Je reconnais, devant la bande,
Un émir, à son vert camail.
« Qui va là ? » — « Sur cette demande,
Ce prompt salam vient attester
Que je suis de foi musulmane.
Le doux fardeau, qu'aime à porter
Ta bonne âme mahométane,
Semble être digne de tout soin ;

C'est une charge précieuse;
De la recevoir au besoin
Ma nacelle serait joyeuse. » —
« D'accord, démarre ton esquif,
En silence et saisis la rame
Reste ferme; d'un bras actif,
Mais sans bruit tu fendras la lame.
A mi-chemin des rocs où dort
Du détroit l'eau noire et profonde,
Suspends ta tâche et ton effort.
Halte! oui, c'est ici; sur l'onde
Bien vite a glissé ton bateau
Et cependant c'est le voyage
Le plus long que. . . . . »

. . . . « Le lourd fardeau
Soudain a plongé : le rivage
De la vague a reçu le flux,
Et, pendant qu'il s'enfonce, il semble
Qu'un mouvement lointain, confus,
Active encor le flot qui tremble;
Bien qu'à peine sur le courant
Un rayon glissât en saillie.
J'ai regardé jusqu'à l'instant
Où cette masse évanouie,
Comme un caillou s'étrécissant,
De plus en plus imperceptible,

En atome blanc, pâlissant;
Enfin s'engloutit invisible.

« Là dort ce secret douloureux
Connu seulement des génies,
Dans les profondeurs infinies
De l'abîme mystérieux.
Saisis d'une angoisse inquiète,
Jusqu'en leur palais de coraux,
Ils n'osent révéler aux flots
Cette scène horrible et muette! »

VIII

Étincelante en son essor,
La reine insecte, qu'on admire
Sur les prés d'émeraude et d'or
Du beau pays de Cachemire[12],
Au printemps quand l'enfant chasseur
Court haletant à sa poursuite,
Aime à poser de fleur en fleur,
Et longtemps l'attire et l'invite.
Course sans fin! car vers les cieux
La sylphide soudain s'envole,
Et l'enfant, les pleurs dans les yeux,
Et le trouble au cœur, se désole.

Ainsi, sur l'aile des plaisirs,
La beauté brillante et folâtre,
Fatigue, par de vains désirs,
L'amant naïf qui l'idolâtre.
Fol espoir, stérile frayeur,
Éclat trompeur de tant de charmes ;
Car de cette chasse l'ardeur
Devra s'éteindre dans les larmes !

Si le poursuivant est vainqueur,
Insecte pris, fille trahie,
Ont même ennui, même douleur,
Auront bientôt même agonie.
Jouet frivole de l'enfant,
De l'homme éphémère caprice,
S'il est conquis, l'objet charmant
A perdu son plus pur délice.
Chaque toucher qui le séduit,
Déflore sa beauté première ;
Grâce, couleur, éclat s'enfuit,
Il erre, il tombe solitaire.
Avec une aile, un cœur saignant,
Quelle victime, hélas, repose ?
L'insecte ira-t-il voltigeant
Revoir la tulipe et la rose ?
Flétrie en un jour, la beauté,
Retrouvera-t-elle la joie

Au sein d'un berceau dévasté?
Non, jamais l'essaim ne déploie
Ses ailes sur qui va mourir;
Et des êtres pleins de tendresse,
Accueillant avec un soupir,
Ce qui le moins les intéresse,
Ont des larmes pour tout malheur,
Sauf pour la honte d'une sœur!

. . . .

L'esprit en qui le crime habite,
C'est le tortueux scorpion,
Qui, ceint par la flamme, s'agite
Dans sa dévorante prison.
En cercle étroit il se replie
Entouré de cuisants fléaux,
Frémissant dans son agonie,
Sous l'excès cruel de ses maux.
Il n'a plus rien qui le soulage
Que l'aiguillon qu'il nourrissait,
Sûr venin lancé dans sa rage
A l'ennemi qu'il menaçait;
Et de ses maux il ne respire
Qu'en le plongeant dans son cerveau.
L'âme coupable vit, expire
Comme cet insecte bourreau:
Déchiré par sa conscience

L'esprit à la terre inégal,
Séparé par l'espace immense
Du ciel son ennemi fatal,
Ne trouve, en haut, que nuit épaisse,
En bas, qu'angoisse qui le tord,
Autour que flamme qui le presse,
Au dedans de soi que la mort !

. . . .

IX

Le noir Hassan fuit sa demeure,
Du harem détournant ses yeux ;
La chasse occupera chaque heure,
Mais il n'est point chasseur joyeux.
Il n'eût jamais pris cette fuite
Quand Leila vivait à sa cour.
Au sérail Leila plus n'habite,
Hassan dirait seul son séjour.
D'étranges bruits courent la ville,
Que ce soir même elle s'enfuit,
Lorsque des lampes mille et mille
Fêtaient du Ramazan la nuit,
Et du Bairam la sainte fête,

Quand tous les feux de l'Orient,
Des minarets et de leur faîte,
Le proclamaient à tout croyant.

Ce fut au bain que dans sa rage
Hassan l'avait suivie en vain.
Leila sous les habits d'un page,
D'un jeune page géorgien,
Fuyant son maître, faible esclave,
Loin de lui cherchant un amant,
Avec le félon Mécréant
Trahit le guerrier le plus brave.
Hassan en conçoit un soupçon :
Mais elle était si tendre et belle
Qu'il n'admet point de trahison
De cette trop chère infidèle
Méritant la nuit du tombeau.
Il va le soir à la prière,
Et de la mosquée au berceau,
Festine au kiosque solitaire ;
Tel est le conte des Nubiens
De cette charge si trompeuse
Les trop infidèles gardiens.
Voici l'autre histoire douteuse :
Cette nuit encor l'on crut voir,
Au flambeau de Phébé tremblante,
Seul, monté sur son cheval noir,

Et marquant sa trace sanglante,
Le Mécréant, de l'éperon
A son coursier donnant carrière.
Mais rien sur le rouge sillon,
Point de femme ou page derrière.

. . . .

X

Qui de Leila peindrait les yeux[13]?
Regardez ceux de la gazelle,
Leur reflet vous guidera mieux
Que le portrait le plus fidèle :
Même œil noir, avec plus d'élan,
Même orbite et langueur mourante ;
C'est l'âme qui jaillit vibrante
Et pareille au feu d'un volcan.
De Jamschid c'est la rare pierre[14],
C'est l'âme. Le Coran dira
Que cette forme est poudre et terre ;
Moi, je dirai non, par Allah !
Non, ma tête étant suspendue
Sur Alstrat[15], sur le lac de feux,
Un paradis devant ma vue,
Et les cent houris aux beaux yeux !
Dans ceux de Leila qui put lire,

Et croire à l'arrêt du Coran,
Disant que la femme respire
Pour les seuls plaisirs d'un tyran?
Jouet d'enfant, jouet fragile,
Qui brille et se brise en sa main,
Sans âme, roseau fait d'argile
Éphémère et sans lendemain?
Les muphtis, devant sa puissance,
Avoueraient qu'à travers ses yeux
Resplendit la divine essence
D'un rayon pur et radieux;
Que sur sa joue épanouie
Du grenadier la riche fleur,
Sans languir fanée ou ternie,
Imprima sa fraîche couleur.
Ses cheveux comme la jacinthe
En boucles flottaient onduleux,
Quand, dans la cour et son enceinte,
D'un port noble et majestueux,
Elle surpassait ses compagnes,
Foulant le marbre, où son pied blanc
Eut plus d'éclat que des montagnes
La neige, recouvrant leur flanc,
Avant que le sein de la nue,
Son berceau, la laissât couler,
Avant qu'elle fût descendue
Au sol qui devait la souiller.

Le noble cygne effleure l'onde.
De Circassie on voit l'enfant
Se mouvoir ainsi vagabonde;
Du Franguestan oiseau charmant[16],
Le cygne ému lève sa crête,
Bat de son aile avec orgueil
Le flot, qu'en écume il rejette,
Quand l'étranger touche son seuil.
Leila levait plus blanc encore
Son col couronné de beauté,
Attirant celui qui l'adore,
Repoussant la témérité
Qui venait encenser l'idole;
Par le respect glaçant les sens,
Les vœux de la passion folle
Qui lui prodiguait son encens. —
Telle était Leila, douce et fière;
Ainsi battait son tendre cœur,
Pour un cœur, Hassan, qui sut plaire;
Tu ne fus pas l'heureux vainqueur!

XI

Le cruel Hassan, en voyage
Part avec vingt de ses suivants,
Dans le plus complet équipage,

Armés de mousquets, d'ataghans.
En avant le chef, comme en guerre,
Porte, avec un air menaçant,
Au ceinturon le cimeterre
Qui de l'Arnaute[17] but le sang,
Alors que la troupe rebelle
Au col de Parné se glissa,
D'où peu redirent la nouvelle
Entre eux, de ce qui se passa.
Ses pistolets à la ceinture
D'un pacha jadis ont brillé,
Et, malgré l'or de leur monture,
L'œil d'un brigand en eût tremblé.
Il va, dit-on, à la conquête
De quelque épouse, dont la foi
Le console de la coquette
Qui naguère trahit sa loi;
Esclave d'un seigneur et maître,
Femme parjure à son serment,
Coupable autant qu'on saurait l'être
Pour un indigne Mécréant!

Le dernier rayon illumine
La colline et le clair ruisseau,
Dont l'onde pure et cristalline
Charme les hôtes du coteau.
Là le marchand grec qui chemine

Trouve un repos, qu'il cherche en vain
Au sein de la cité voisine,
Où le maître envierait son bien.
S'arrêtant sans qu'un œil le voie
Esclave là, libre au désert,
Il remplit de vin et de joie
La coupe que le Turc, qui sert
Mahomet, dans sa soif avide,
Contre la loi jamais ne vide.

Le Tartare est au premier rang,
Tranchant au milieu de la chaîne
Par son bonnet jaune saillant;
Le reste en la gorge se traîne.
En haut, le mont lève un pic noir,
Où le vautour vorace aiguise
Son bec, peut-être pour ce soir,
Même avant que l'aurore luise.
Au-dessous, le fleuve enchaîné,
Fuyant la chaleur dévorante,
Laisse en un sillon décharné
Une plante en naissant mourante.
Là, les deux côtés sont jonchés
De granit gris, débris énormes
Dans le sentier gisant informes,
Par le temps, la foudre arrachés
Aux sommets des monts, que la nue

Voile de son épais brouillard.
Qui jamais sonda du regard
De Liakura la tête nue[18]?

XII

Enfin l'on touche au bois de pin
Bismilla[19]! Reprenons haleine;
Le péril est passé; de loin
On voit se dérouler la plaine,
Enfin, plus d'obstacle, au galop!
Le Chiaus l'a dit : à ce mot
Une balle en sifflant l'arrête;
Le Tartare a mordu le sol.
Sous un tel coup de la tempête,
A peine des coursiers le vol
Cède au poignet qui les modère.
Les cavaliers sautent à terre;
Mais trois ne remonteront plus.
La main invisible, inconnue
Qui les atteint et qui les tue
A bravé les vœux superflus
Des mourants demandant vengeance.
Ceux-ci, mettant à nu l'acier
Et la carabine et la lance,
Veillent penchés sur leurs coursiers;

Ceux-là, s'abritant par derrière,
Reculent vers le sombre roc,
Et du salpêtre et du tonnerre
De loin ils attendent le choc.
Aux coups d'ennemis invisibles,
Lâchement dans leurs trous blottis,
Voudraient-ils, saignantes brebis,
Rester exposés, impassibles?

L'orgueilleux Hassan de cheval
A seul dédaigné de descendre,
Il court, quand l'éclatant signal,
Comme l'éclair part, sans attendre,
En proclamant avec fracas
Que le point où s'est retranchée
La bande de brigands cachée,
D'avance a marqué leur trépas.
Sa moustache s'est hérissée;
La colère, enflammant ses yeux,
Rehausse son front orgueilleux.
« De près, de loin, sur moi lancée
La balle a beau siffler : la mort,
Plus sombre ailleurs, n'a pu me prendre! »
De son antre l'ennemi sort
Et crie aux vassaux de se rendre.
Le sourcil froncé de Hassan

Est plus craint que le sabre hostile.
Nul ne rend mousquet, ataghan,
Dans la troupe esclave et docile;
Nul n'oserait crier : Merci !
Mais de plus près, en pleine vue,
S'est enfin montré l'ennemi,
Quittant l'embuscade. A l'issue
Du bocage, on voit s'avancer
Aucuns sur chevaux de bataille,
Piaffant, qui semblent menacer
De frapper d'estoc et de taille.
Quel est le chef qui les conduit?
Quelle marque est par lui portée?
Un sabre étranger resplendit
Dans sa main droite ensanglantée.
« C'est lui, c'est lui, je le connais
A ce front olivâtre et blême.
Je le reconnais, c'est lui-même,
J'en suis sûr à cet œil mauvais
Qui dans sa trahison le guide,
A son cheval barbe noir jais;
Faux Arnaute, en vain le perfide
A mes regards voile ses traits
Que nous dérobait cet asile;
Celui que nous livre le sort
Ne peut échapper à la mort,
Lui, l'apostat d'une foi vile.

Meurs, de Leila maudit amant,
Meurs exécrable Mécréant [20] ! »

Comme un fleuve en la mer s'écoule,
Alors que, torrent sablonneux,
Il s'élance, écumant, et roule
Son cours sauvage, impétueux;
La mer, d'un mouvement contraire,
Élève, en colonnes d'azur,
Son éblouissante barrière,
Qui se dresse au loin comme un mur.
L'écume se tord ondoyante,
Et les flots se mêlent croisés;
La marée au loin haletante
Moutonne entre les rocs brisés;
Sous les vents rugissante et folle
La montagne d'eau, dans les airs
En étincelles, monte et vole
Comme un brillant réseau d'éclairs,
Puis sur la rive étincelante
De jets d'argent, en mille éclats
Retombe, lourde et menaçante,
Avec un horrible fracas.
Ainsi, comme un fleuve salue
La mer, qui reçoit son baiser,
Dans l'étourdissante entrevue
Des vagues qui vont s'épouser,

Ainsi chaque bande ennemie
Qu'entraîne le crime ou le sort,
Dans une commune furie,
Se croise, se pousse à la mort!
Les glaives opposés gémissent,
En échos au loin répartis ;
A l'oreille émue ils frémissent
En assourdissants cliquetis.
Le choc, les cris, le chant de guerre,
Le sifflement mortel du plomb,
Font sourdement trembler la terre
Et retentir tout le vallon,
Au lieu des chansons pastorales.
Peu nombreux, tous sont acharnés,
Dans leurs inimitiés fatales,
A vaincre ou mourir destinés.

Quel charme au printemps de la vie,
Quand de jeunes cœurs, pleins d'amour,
Se témoignent leur sympathie,
Pressés et pressant tour à tour !
Mais l'amour, qui, brûlant, aspire
A ces faveurs, que la beauté
Accorde à l'homme qui soupire,
Veut avec moins de volonté,
Moins d'ardeur que la haine extrême
Rapprochant deux fiers ennemis,

Dans cet embrassement suprême,
Quand, se saisissant et saisis,
Ils se resserrent et s'unissent
De ces étreintes, qui, jamais
Ne se relâchent, ne finissent
Tant ils se cramponnent de près !
L'amitié se joint, se sépare,
L'amour de ses ardeurs se rit ;
La haine, de ses vœux avare,
Seule jusqu'à la mort s'unit.

XIII

Son fer, brisé jusqu'à la garde
Et teint d'un sang qu'il a versé,
Que, toutefois, comprime et garde
Un bras hideusement blessé,
Vibrant encore l'arme perfide ;
Son turban roulé loin de lui,
En deux fendu, le nœud solide
Qui formait son plus ferme appui ;
En lambeaux sa robe flottante
Cramoisie, ainsi qu'au matin
S'abaisse la nue éclatante
Grosse d'un orage certain ;
En rouges plis son palampore [21]

Teignant chaque buisson souillé ;
Le sein tout palpitant encore
Bien que de mille coups criblé,
Le dos fixé sur la poussière
Et le visage au ciel tourné,
Hassan gît, couché sur la terre
L'œil ouvert, toujours acharné
Sur son ennemi qu'il abhorre,
Comme pour survivre au destin
Qui voulut vainement le clore
Dans sa haine, il n'est pas éteint.
Le vainqueur couve sa victime
De son œil plus noir que celui
Qui plonge au fond du sombre abîme
Où tout espoir est englouti !
« Oui, Leila dort au sein de l'onde,
Sous la masse immense de l'eau
Elle aura sa tombe profonde ;
Hassan, un plus rouge tombeau.
L'âme de Leila, trop sûr guide
Du fer mortel, s'est fait sentir
Au cœur du despote perfide,
Inaccessible au repentir.
Il implore en vain l'assistance
Du Prophète ; effort impuissant
Contre la haine et la vengeance
De l'implacable Mécréant.

Il implore Allah ! sa prière
N'est qu'un mot vide, qu'un vain son.
Leila dans son angoisse amère
Repoussée, et toi, vil félon
Exaucé ! Musulman stupide,
J'ai formé, devançant le jour,
Ma ligue, de vengeance avide,
Pour saisir le traitre à mon tour.
J'ai pu déchaîner ma colère ;
C'est fait, je pars, mais solitaire ! »

XIV

Les cloches des chameaux broutants
Font entendre leur tintements,
Sa mère, à travers le grillage[22],
Regarde, inquiète, à l'entour ;
La crainte a pâli son visage,
Elle voit, au déclin du jour,
Le ciel qui sur les prés distille
L'humide tribut de ses pleurs,
Et chaque étoile qui scintille
Verse ses tremblantes lueurs.
« C'est bien, oui, c'est le crépuscule,
Certes, sa suite n'est pas loin. »
Quittant vivement sa cellule,

Et du berceau de son jardin
Franchissant l'étroite barrière,
Elle gravit la haute tour.
« Qui donc le retient en arrière?
Que ne vient-il? Les feux du jour
Glissent sur ses coursiers agiles.
Pourquoi tardent-ils si longtemps,
Du fiancé les beaux présents?
Ses barbes sont-ils moins dociles?
Son cœur a-t-il plus de froideur?
Oh non! injuste et faux reproche;
Mêmes coursiers et même cœur.
Oui, là-bas, du pic le plus proche
Le Tartare a gagné le col,
Il descend déjà la montagne
A pas lents, et prenant son vol,
Bondit à travers la campagne.
A sa selle il porte les dons.
Devais-je accuser sa monture?
Je veux payer ses pas si prompts
Et sa fatigue avec usure. »

Le Tartare descend au seuil,
Et sous le poids son corps s'affaisse;
L'abattement est dans son œil,
Mais c'est ou fatigue ou mollesse?
Sa robe a des taches de sang,

Mais ces taches, fraîches sans doute,
En larges flots coulent du flanc
Du coursier qu'épuisa la route.
Soudain des plis un gage sort,
Juste ciel! de Hassan la crête,
Le calpac qui couvrait sa tête,
Le caftan rouge, ange de mort!
« Ah! quelle sombre fiancée,
Noble maîtresse, a vu ton fils.
Si mes jours ne sont pas ravis,
Ce n'est point par bonne pensée,
Par pitié qu'ils m'ont épargné;
Non, c'est pour ce fatal message
Où le vainqueur m'a condamné;
C'est pour porter ce rouge gage.
Paix au brave inondé de sang!
Guerre à l'infâme Mécréant! »
. . . .[23]

XV

Un turban sculpté sur la pierre[24]
Et sur le plus grossier granit,
Une stèle qu'étreint le lierre,
Que l'herbe, la ronce enfouit,

Où l'œil saurait à peine lire,
Le verset sacré du Coran,
Qui sur les morts plane et soupire,
Montre la place où gît Hassan
Au fond du vallon solitaire.
Là dort un fidèle Osmanlis,
Pieux comme le tributaire
De la Mecque au sacré lambris,
Contempteur du trop doux breuvage
Par le Prophète défendu;
Tournant vers l'autel son visage
A chaque refrain d'Alla-Hu,
Où se répète sa prière.
Pourtant, sur sa terre étranger,
Il meurt d'une main étrangère,
Armé sans que, pour le venger,
Dans la lutte il rencontre un frère.
Mais les filles du paradis
Ouvrent leur cour hospitalière;
Célébrant sa valeur guerrière.
Les yeux célestes des houris
Sur lui déjà brillent ardents;
Leur verte écharpe se déploie,
Portant leurs baisers aux vaillants
Avec leur éternelle joie.
Celui qui meurt en combattant,
En se mesurant dans la lice

Contre un perfide Mécréant,
Du ciel mérite le délice!
. . . .
Mais toi, vil félon, homme faux!
Des morts le ministre implacable,
Monkir te tordra de sa faux[25].
De ce châtiment redoutable,
N'échappant aux arrêts maudits
Que pour errer autour du trône
De l'implacable et sombre Éblis.
Il faut que le feu t'environne,
Te consume au dedans du cœur,
Flamme vivante, inextinguible,
Dont l'âpre et douloureuse ardeur
N'offre point d'image sensible;
Horrible enfer intérieur,
Que l'on ne peut voir ni décrire.
Mais d'abord aux jours de malheur,
Sur cette terre, affreux vampire,
Ton spectre, à la tombe arraché,
Hantera son lieu de naissance;
Toujours à sa race attaché,
Sucera son sang, sa substance.
Là de tes filles, de tes sœurs,
A minuit, en vampire avide,
Tu boiras la vie; aux horreurs
D'un banquet, d'où ton corps livide

Doit de force et fatalement
Tirer toute sa nourriture.
Tes victimes, en ce moment,
Dans cette poignante torture,
Enfin connaîtront le démon
Pour leur maître et seigneur suprême,
Te maudissant, lâche félon.
Maudites aussi par toi-même,
Tes fleurs, délicats rejetons,
Pâles, languiront sur leur tige;
Mais l'un des plus tendres boutons,
Le plus jeune et dernier vestige
Qui pour ton crime doit mourir,
La tête, ô monstre, la plus chère,
En expirant doit te bénir,
Toi même, oui, du nom de père!
Ce mot embrasera ton cœur.
Mais il faut accomplir la tâche,
Épier la pâle couleur
Qui de son front fuit, se détache,
Le dernier rayon de ses yeux,
L'étincelle qui luit, s'efface,
Et sur ses trait livides, bleus,
Le foyer mouvant qui se glace.
Ton impie et profane main
Arrachera la blonde tresse
Dont, gage si cher de tendresse,

Tu portais la boucle un matin.
Mais à présent ta frénésie
L'emporte, en signe d'agonie ;
Tes dents, tes lèvres en grinçant,
Ruissellent du sang innocent.
Cours alors vers la tombe vide,
Rugis comme le Ghoul, l'Afrit [26],
Jusqu'à ce que leur gent livide
Fuie un spectre plus qu'eux maudit! »

CHANT II

I

« De ce Caloyer solitaire [27]
Quel est le nom ? Ses traits connus
Jadis sur ma native terre
En passant me sont apparus,
Quand seul, courant sur le rivage,
Il pressait les flancs d'un coursier
Dont l'élan attestait l'usage
Du plus intrépide écuyer.
J'ai déjà vu cette figure
Empreinte d'amère douleur,
Image des maux qu'il endure.
Puis-je l'oublier ? Son malheur,
Que sur son front je pouvais lire,
Toujours palpitant y respire,
J'y trouve le même esprit noir
Et la mort qui s'y vient asseoir. »

« Deux fois trois ans passés, nos frères,
Au retour d'été l'ont reçu,
Consolant ici ses misères,
Pour quelque forfait inconnu.
Jamais cet homme-là ne prie
Avec nous, aux hymnes du soir;
A la chaire, où l'on s'humilie,
Jamais il n'est venu s'asseoir.
Lorsqu'au temple l'encens, l'anthème,
Montent vers la voûte des cieux,
Lui seul en ce moment suprême,
Insouciant, impérieux,
Reste en sa prison solitaire.
Nul ne sait sa race et sa foi.
Des Paynims désertant la terre [28],
Passant les mers, bravant la loi,
Il vint aborder sur la côte.
De race d'Othman il n'est pas,
Mais chrétien par l'air seul, cet hôte
Me semble un de ces renégats,
Regrettant leur apostasie,
Tout en fuyant le temple saint,
Et ne goûtant, triste folie!
Ni le vin sacré, ni le pain.
Apportant de vastes richesses
En ces murs, peu faits aux douceurs,
Il acheta par ses largesses

De notre abbé grâce et faveurs.
Mais si j'étais prieur, je jure,
Qu'un jour de plus, nul ne verrait
Séjourner l'étranger parjure
Ni qu'en ces parvis il vivrait.
Dans son isolement austère,
Il murmure d'un ton amer
De jeune fille le mystère
Qu'on aurait plongée en la mer.
Il parle, en ses songes, de glaives,
S'entre-choquant en cliquetis,
D'ennemis fuyant sur les grèves,
De torts vengés, d'affronts punis,
De Musulman qui tombe, expire.
On l'a vu, debout sur le roc,
En proie aux accès de délire,
Comme si, dans un rude choc,
Une main tronquée et sanglante,
Arrachée au corps maternel,
Pour lui seul visible et pendante,
Montrait, d'un geste solennel,
En avant, sous les eaux, sa tombe,
En l'attirant pour qu'il y tombe.

II

« Son œil effrayant, inhumain,
Sous un sombre capuchon brille ;
Du passé le signe certain
Éclate en cet œil qui pétille ;
Quoique flottant dans sa couleur,
Celui que ce coup d'œil domine,
Sous son poids sent faillir son cœur ;
Je ne sais quel charme y fascine.
Muet, il semble être parlant ;
Énigme inexplicable, essence
D'un esprit fier, dont l'ascendant
Assume et garde sa puissance.
Ainsi l'oiseau fuyant le sol,
Sous l'œil du serpent qui le dompte,
Tremble, en sentant fixer son vol ;
Nul homme impunément n'affronte
Le regard du sombre inconnu.
En rencontrant le solitaire,
Le moine à demi confondu,
Voudrait reculer en arrière,
Comme si cet œil vicieux,
Comme si cet amer sourire,
Communiquait, contagieux,
Le mal qu'il exhale et respire !

Qu'un sourire vienne à glisser
Sur cette lèvre méprisante,
S'il vient jamais, c'est pour verser
Une satire médisante.
Alors sa lèvre vibrera,
Pâle, et se crispant de colère
Soudain elle se fixera,
Froide et dure comme la pierre.
Que le mépris, que la douleur
Ne lui permît plus de sourire,
Ce serait mieux ; car du bonheur
Jamais sa gaîté ne s'inspire.

III

« Hélas ! qui pourrait retracer
A son aspect toute son âme !
Le temps n'a pas vu s'effacer
Des traits où brille encor la flamme.
Sur un fond noir et ténébreux
Il a gardé quelques nuances,
Qui peuvent révéler aux yeux,
Au milieu de tant de souffrances,
Un cœur qui n'a pas tout perdu
Dans sa trop coupable carrière.
L'œil vide et vainement tendu

De la multitude vulgaire
Ne voit que les saillants méfaits
Et la fatale destinée ;
Le sage, observant de plus près,
Sait découvrir l'âme bien née,
Le sang noble, fier, généreux,
Richesse fugitive et vaine,
Que le crime contagieux
A flétris de sa noire haleine.
Ce n'est pas au commun mortel
Qu'avec une pareille usure,
Sont octroyés ces dons du ciel ;
Et toujours vers cette nature
L'œil revient, quoique avec frayeur,
Dans son attention muette.
En effet, aucun voyageur
En route, jamais ne s'arrête
Devant une chaumière à jour,
Dont le toit s'écroule en ruine ;
C'est sur le débris d'une tour,
Où le dernier créneau domine,
Tour foudroyée au temps passé,
Par la tempête et par la guerre,
Que l'œil du passant est fixé.
Le mur que tapisse le lierre,
La colonne aux arceaux déserts,
Narrent une éloquente histoire,

Et de mémorables revers
Après de longs siècles de gloire.
Sa robe flottant à l'entour,
Il traverse du péristyle
La colonnade et le pourtour,
D'un pas tardif, ferme et tranquille.
On le regarde avec terreur,
Et lui, dans sa mélancolie,
Semble observer avec stupeur
Le rite et la cérémonie.
Mais quand l'anthème sonne au chœur,
Quand les moines à genoux prient,
Il se retire. A la lueur
Des torches rares qui s'enfuient,
Son œil noir sous le porche luit,
Et c'est là qu'à la dernière heure,
Pendant la prière de nuit,
Sans prier, muet il demeure.
On voit, sur le mur chatoyant,
Son capuchon flottant derrière,
Et ses cheveux noirs ondoyant,
Son sourcil sombre, atrabilaire,
Qui décrit un cercle fatal,
Comme si d'enfer la Gorgone
Avait, sur ce front infernal,
Placé de sa triste couronne
Le plus noir de tous les serpents.

Car il a repoussé du cloître
Les formules et les serments,
Et laisse ses longs cheveux croître,
Honteuse profanation !
Portant d'ailleurs notre costume
Fièrement, sans dévotion,
Et, violant toute coutume,
Il enrichit de ses bienfaits
Notre paisible sanctuaire,
Dont l'écho n'entendit jamais
Cet homme dire une prière.
Ah ! remarquez quand vers les cieux
Monte en grossissant l'harmonie,
Ces traits livides, ténébreux,
Cet air de glace, où s'associe
La défiance au désespoir.
Saint François, loin du sanctuaire
Tiens-le, si nous ne voulons voir
Du ciel la terrible colère
Sur nos fronts bientôt éclater !
Ah ! si, par un malheur étrange,
On a vu se manifester,
Sous notre forme, un mauvais ange,
C'est bien lui dans un corps mortel ;
Comme je crois, comme j'espère
Grâce pour mes péchés, le ciel
Le repousse ainsi que la terre ! »

IV

L'amour soumet les faibles cœurs ;
De ses passions l'âme esclave,
Trop craintive de ses douleurs,
Trop timide pour qu'elle brave,
En l'affrontant, le désespoir.
Mais l'âpre cœur de trempe sûre
Souffrira seul, sans s'émouvoir,
Son mal, incurable blessure.
Le métal brut devra brûler,
Plongé dans l'ardente chaudière ;
Au dehors, avant de briller,
Il fond, sans changer de matière.
Puis, pour tes besoins apprêté,
Ainsi que son maître l'ordonne,
Et docile à ta volonté,
Pour défendre ou tuer, il donne
La cuirasse au temps du danger ;
Contre ton ennemi la lame,
Au fond du cœur pour la plonger.
Mais, dans le creuset, dans la flamme,
S'il prend la forme d'un poignard,
Gare à celui-là qui l'affile !
Feux d'amour et femmes ont l'art
D'apprivoiser et de fléchir,

Grâce pour mes péchés, le ciel
Le repousse ainsi que la terre ! »
Avec leur puissance subtile,
De transformer et d'amollir
Même un cœur d'airain qui résiste,
Et qui se plie à leur façon ;
Mais l'empreinte à jamais subsiste,
Avant de changer, il se rompt !

La solitude après la peine
Est un faible soulagement.
Au milieu d'une vide scène,
Un cœur plongé dans son tourment,
N'en reste pas moins solitaire
Chez l'homme isolé sur la terre.
Le bonheur, si pour en jouir
L'on n'est deux, c'est encor souffrir.
L'âme, qui reste désolée,
Se recueille enfin pour haïr.
C'est comme, sous le mausolée,
Si les morts y pouvaient sentir,
Rampant sur eux, le froid reptile,
Et frissonner, saisis d'horreur,
Dans leur prison, trop vain asile,
Sous le ver rongeant le dormeur ;
De son festin de pourriture,
Sans pouvoir l'éloigner, ce ver

Mangeur glacé de sa pâture.
C'est comme l'oiseau du désert[29],
Dont le bec, pieux suicide,
Des siens pour apaiser la faim,
Prodigue à sa couvée avide
Sa vie en leur ouvrant son sein;
Et, qu'après ce dur sacrifice,
Il trouvât son nid dépeuplé.
Un mal poignant est un délice,
Auprès d'un cœur sec, désolé,
Désert sans ombre et gouffre vide
Où sont perdus tous sentiments.
Sans soleil, sans nuage humide,
Quel ciel peut s'endurer longtemps?
Oui, j'aime bien mieux la tempête
Que de n'avoir plus à lutter,
Quand la guerre des vents s'arrête,
Et puis de me voir rejeter
Du destin, débris solitaire,
Au milieu d'un calme d'airain,
Sur la plage où tout doit se taire,
Seul, sans un regard humain,
Usant à petits feux ma vie.
Il vaut mieux périr sous le choc,
Que de mourir, lente agonie,
Battu par lambeaux sur le roc!

. . . .

V

« Ta vie en paix coula, mon père[30],
A défiler tes chapelets,
A multiplier la prière,
Absolvant d'autrui les méfaits.
De tes jeunes ans jusqu'à l'âge,
Sans faute, sans soucis légers,
Tel fut ton lot et ton partage,
Sauf les maux communs passagers.
Tu recueilles ta récompense,
En échappant aux passions
Sans frein, qu'à toi la pénitence,
En ses secrètes actions,
Et ses péchés cachés confie ;
Versant ses intimes douleurs
Dans ton sein, où la sympathie
S'ouvre indulgente à nos erreurs.
Mes quelques jours, en petit nombre,
Coulèrent en joie ici-bas,
Bien plus dans la tristesse et l'ombre.
Pourtant aux heures des combats
Pour tromper la monotonie,
Aussi bien qu'à celles d'amour,
Échappant au poids de la vie,
Je l'allégeai, quand, tour à tour,

D'amis, d'ennemis le cortége,
Sur nos pas courant en longs flots,
Avec acharnement assiége ;
Tel je dédaignai le repos.
Mais, dans cette pâle existence,
Délaissé, sans rien pour haïr,
Rien pour aimer, sans espérance,
Sans orgueil, j'ai vu tout s'enfuir.
J'aimerais mieux, insecte immonde,
Ramper sur les murs des cachots,
Qu'en méditation profonde
Croupir dans l'éternel repos.
Bien que mon âme le regrette,
C'est reposer que non sentir ;
Mais cette paix que je rejette,
Le sort va me la départir.

« Je dormirai sans voir paraître
En un rêve ce que je fus,
Ce que je voudrais encore être
Oui, même avec mes vœux déçus,
Avec la perte de ma joie.
La tombe enfouit tout plaisir,
Le destin a scellé sa proie.
Avec eux mieux valait mourir
Que vivre une mourante vie.
Mais mon esprit ne fléchit pas

Sous cette incessante agonie,
Ma main ne chercha le trépas
Ni d'un fou de l'antique race
Ni d'un autre sot d'aujourd'hui.
J'ai vu, sans trembler, face à face,
Cette mort, qui m'aurait souri,
Jadis dans la lutte intrépide,
Quand le danger poussa mon cœur,
Non d'amour, mais de gloire avide,
Je l'affrontai, non pour l'honneur.
Je ris de la perte ou conquête,
De ces lauriers, vains oripeaux ;
Que les autres aillent en quête
D'emplois et de titres nouveaux.
Je les laisse au vil mercenaire.
Mais présentez-moi des objets,
Que je crois un digne salaire,
Femme aimée, homme que je hais,
Et je suivrai, destin, ta chance,
Meurtrier, sauveur à leur gré,
Avec le fer, le feu, la lance.
D'après ce langage assuré,
Peux-tu douter du caractère
De celui qui ferait encor
Ce qu'il a fait déjà naguère ?
Le faible subit, et le fort
De près affronte, en homme brave,

La mort qu'implore un vil esclave.
Que la vie aille à son auteur!
Moi sans pâlir sous la menace
Du danger que je vis en face
Heureux et fier, puis-je avoir peur?

VI

« Je l'aimai, l'adorai, mon père,
Vulgaires mots, trivial accent!
Ce que je dis, je le sus faire :
Ce fer rougi porte du sang,
Que rien n'efface de sa lame,
Versé pour l'objet adoré,
Qui pour moi mourut, noble femme!
C'est le sang d'un cœur abhorré
Qui fit battre et vibrer l'artère.
Ne tressaille pas, absous moi!
Ne te courbe pas jusqu'à terre,
Car il fut hostile à ta loi.
Son mahométisme rigide,
Au seul nom de Nazaréen
S'indignait. Homme ingrat, stupide!
Une arme, qu'une forte main
A su lancer; une blessure,
Faite par un Galiléen,

Frayant la route la plus sûre,
Ouvre au ciel turc le vrai chemin.
Aux portes mêmes du Prophète,
Les houris l'attendront un jour.

« Oui, je l'aimai ; dans la retraite
Toujours sait pénétrer l'amour,
Plus hardi que le loup vorace ;
Et s'il ose assez, c'est fâcheux,
De la passion si l'audace
Ne voit pas couronner ses feux,
A son tour aussi, d'une flamme. —
Il n'importe où, pourquoi, comment
Je fus heureux. Pour cette femme
Je soupirai non vainement ;
Et pourtant quelquefois je pense,
Non sans remords, à mon amour.
J'aurais voulu l'indifférence,
N'être pas payé de retour.
Elle mourut. Je n'ose dire
Comment. Sur mon front ce secret,
En traits de feu pourrait se lire,
C'est de Caïn maudit l'arrêt.
Suspends ton jugement suprême,
J'ai causé l'acte, sans agir,
Mais comme son bourreau, moi-même
Je n'eusse pas craint de punir

Une amante à deux infidèle :
Elle avait parjuré sa foi ;
Il la frappe, trahi par elle.
Mais elle m'aime ; il meurt par moi !

« Quelle que soit sa destinée,
Sa trahison fit mon bonheur,
Tout entière elle s'est donnée,
Que peut un tyran sur un cœur ?
Ce bras, qui trop tard la protége,
Donnant ce qu'il peut, a donné,
(Ma peine ainsi d'un poids s'allége)
La tombe à l'ennemi damné.
Sa mort me pèse assez légère,
Je ne puis guère la sentir ;
La perte d'une tête chère
M'a fait ce que tu dois haïr.
Du noir Hassan l'heure est fixée,
Il l'apprend du rude Tahir[31],
Par la voix sinistre annoncée,
Il entend soudain retentir
A son oreille, voix fatale,
Du plomb meurtrier les éclats,
Et comme la foudre infernale,
Qui de la mort sonne le glas.
Lorsque les troupes défilaient
Vers ces lieux, demeurés leur tombe,

Quand les ennemis se mêlaient,
A mort frappé lui-même tombe;
Dans cette heure où l'on méconnaît
Le danger, le choc de la guerre.
Un cri : Secours-moi, Mahomet!
Et pour Allah quelque prière,
C'est tout ce qu'il a dit et fait.
Il m'a croisé dans la mêlée;
Moi j'épiais, quand il gisait,
Son âme, près d'être exhalée.
Quoique semblable au léopard
Que le chasseur de dards hérisse,
Il sentit moitié moins le dard
Que moi celui de mon supplice.
Je cherchai, cherchai vainement,
A sonder toute l'agonie
De cet esprit en son tourment;
Chaque trait montrait sa furie,
Non ses remords. Je voulus voir,
Pour mieux aiguiser ma vengeance,
De ce damné le désespoir,
Le repentir et l'impuissance,
Au sein d'une crise d'horreur,
A dépouiller l'affreuse tombe
De sa trop poignante terreur,
Lorsque sans espoir il y tombe!

VII

« Les climats froids en ont le sang;
L'amour y vaut ce nom à peine :
Mais le mien brûlait, bondissant
Des feux allumés dans ma veine,
Ainsi que la lave, en torrent,
Au sein de l'Etna bouillonnant.
Je ne sais pas, dans mon délire,
Gémir sur un ton langoureux,
Roucouler mon tendre martyre,
Ma chaîne et mon joug amoureux.
Mais, si l'amour profond, sincère,
Se décèle, éclatant aux yeux
Par le visage qui s'altère,
Par un pouls agité, fiévreux,
Par la lèvre qui, dans la crise,
Se crispe, mais sans murmurer,
Par le cœur saignant qui se brise,
Le cerveau qu'on voit s'égarer,
Par une action téméraire
Faisant vibrer l'acier vengeur,
Par ce que j'ai senti naguère
Et sens encore au fond du cœur :
Si c'est là de l'amour le gage,
Certes, cet amour fut le mien.

J'en ai donné maint témoignage,
Mais, signe lugubre et certain,
Je ne gémis ni ne soupire,
Il me faut jouir ou mourir,
Possesseur, ivre en mon délire,
Je meurs, je me suis vu bénir !
Irai-je, dans ma plainte amère,
De mon choix accuser le sort?
Non, au milieu de ma misère,
Je serais ferme, sans la mort
De Leila, que ce cœur adore.
Me donnât-on peine ou plaisir ;
Je vivrais pour aimer encore,
Ma vie alors pourrait finir.
Je pleure, ô saint guide, je pleure,
Non point pour cet homme mourant,
Mais pour la morte, qui demeure
Et dort en un cercueil flottant.
Ah, que n'est-il gisant sous terre !
Ma tête en feu, mon cœur brisé
Eussent cherché sous la poussière
Et partagé son lit glacé.
Forme de vie et de lumière,
J'ai vu son pur rayon jaillir,
Et poindre à mes yeux la première,
L'étoile de mon souvenir !

VIII

« L'amour, rayonnante étincelle,
Est un reflet du feu divin,
De l'ange splendeur immortelle,
Qu'Allah dispense au cœur humain.
Pour s'élever loin de la terre,
La piété sait prendre essor,
Et gravir la sublime sphère;
Mais dans l'amour aux ailes d'or,
C'est le ciel qui descend lui-même.
Sentiment exquis, éthéré
Émanant de l'Être suprême,
Du désir terrestre épuré,
Souffle d'un Dieu, dont la parole
Émut le chaos ténébreux,
De l'âme céleste auréole,
Et sa gloire en cercles de feux!
Mon amour fut illégitime,
Les mortels lui donnent ce nom,
Et, je sais, le jugent un crime,
Mais non pas le sien, ah, dis : non!
De ma vie elle fut l'étoile,
Le sûr fanal qui s'est éteint.
Quel rayon, du deuil sous le voile
Rompra la nuit de mon destin?

Ah, puisse-t-il à mes yeux luire,
Pour entraîner ma course encor
A tous les maux, et vers le pire,
A l'abîme et même à la mort !
Privé de joie et d'espérance,
Cesse à la fin d'être étonné,
Si l'homme, en son impatience,
Contre le mal tout mutiné,
Blâme le sort dans sa folie,
Et se porte aux nouveaux forfaits,
Paroxysme de frénésie,
Qui de ses maux comblent l'excès.
Le cœur, au fond, hélas ! qui saigne,
Du dehors ne craint pas le coup,
En tombant, que veux-tu qu'il craigne
De si haut, si bas ; n'importe où ?

« O vieillard, devant toi mon crime,
Sombre comme l'œil du vautour,
T'apparaît du fond de l'abîme,
Je te vois frémir à ton tour.
Ce fut mon lot et mon partage,
Comme l'oiseau de proie, alors,
J'ai dû marquer tout mon passage
De destruction et de morts ;
Mais la colombe sut m'apprendre
A mourir, n'aimant qu'une fois ;

De la brute l'homme vient prendre
La leçon que donne sa voix.
L'oiseau chantant dans le bocage,
Le cygne, ce roi de sa cour,
Pour vivre heureux, fuit le veuvage,
Près d'une compagne d'amour.
Que l'étourdi, fol et volage,
Se raille d'un fidèle cœur,
Suivant les erreurs du jeune âge ;
Je trouve faux un tel bonheur.
Auprès du cygne solitaire,
J'estime le vil séducteur,
Bien moins que la fille légère,
Dont il abusa la candeur ;
Sa honte, au moins, n'est pas la mienne,
Tous mes pensers furent pour toi,
Il n'est rien qui ne t'appartienne,
Leila, dans ce cœur et dans moi !
O toi, mon bien, mon mal ensemble,
Espoir là-haut, tout ici-bas,
Aucune autre ne t'y ressemble ;
S'il en est une, elle n'est pas
Pour celui qui te pleure et t'aime ;
Quand ta semblable existerait,
Ah ! fût-elle une autre toi-même,
Pour tout un monde, il n'oserait
Contempler ta fidèle image.

Tous ces excès, dont mes erreurs
Ont flétri la fleur de mon âge,
Et cette couche où je me meurs
Viennent proclamer ma tendresse.
C'en est fait, tu fus, sois encore
Ma seule joie et mon ivresse,
L'arbitre unique de mon sort !
Je t'ai perdue, et je respire !
Mais ce n'est plus d'un souffle humain.
Car un noir serpent me déchire
Le cœur, et me ronge sans fin,
Poussant ma pensée à la haine
De tous les temps, de tous les lieux,
Et j'abhorre jusqu'à la scène
De la nature, où, pour mes yeux,
De ses couleurs la vive teinte,
Jadis ma joie et mon orgueil,
S'est altérée et s'est éteinte,
De mon sein revêtant le deuil !

IX

« Tous mes péchés te sont connus,
Tous, même à moitié ma souffrance ;
De grâce, ne me parle plus
De châtiments, de pénitence.
Père, je vais bientôt partir,

Et, si ta parole est sincère,
Ce que l'on a vu s'accomplir,
Pourrais-tu bien, toi, le défaire?
Ne vas pas me croire ingrat. Mais
Ma douleur si profonde et folle
N'est point de celles que jamais
Ton saint ministère console.
Comprends ce qui se passe en moi,
Plus de pitié, moins d'éloquence.
Si Leila revivait par toi,
J'implorerais ton assistance;
Toi, dispensateur des pardons,
Pour moi, là-haut, avec instance,
Prie, où les messes et les dons
Achètent grâces, indulgence.
Vas, de ses lionceaux ravis,
Au fond de l'antre qui résonne
De rugissements et de cris,
Va donc consoler la lionne;
Mais n'apaise pas ma douleur;
Ne te ris pas de ma souffrance.

« En des jours passés de bonheur,
Aux heures calmes d'espérance,
Quand le cœur au cœur put s'unir,
Dans le val qui vit mon aurore,
Où le bocage aime à fleurir,

J'avais... Peut-être l'ai-je encore...
Un ami. Pour lui charge-toi
De ce fidèle témoignage
De mon souvenir, de ma foi ;
D'un vœu d'enfance c'est le gage,
Qui lui rappellera ma fin.
Bien qu'une âme comme la mienne
Repousse l'amitié bien loin,
Mon nom flétri vit dans la sienne,
Chose étrange ! il prédit mon sort ;
Je souris, mon insouciance,
Alors pouvait sourire encor,
D'avis dictés par la prudence.
Une voix murmure tout bas
L'accent trop indulgent du sage,
Qu'en ce tems je n'écoutai pas.
Hélas ! son funeste présage
Est devenu la vérité.
Hélas, dis lui !... de ce message,
Il va frémir épouvanté :
Dis-lui qu'au torrent de ma vie,
Dans l'éclat de songes dorés,
Je suivis mes sens égarés ;
Mais qu'au moment de l'agonie,
Ma langue, avant que de mourir,
Bégaie, essayant de bénir
Sa mémoire à mon cœur si chère ;

Mais vainement. Le ciel d'airain
Rejetterait en sa colère,
Des souhaits pour l'homme de bien,
Adressés par l'homme coupable.
Je ne veux pas qu'en sa pitié
Ce mentor me jugeant blâmable,
Croie ainsi trahir l'amitié.
Non! Il chérit trop ma mémoire.
D'ailleurs qu'ai-je à faire d'un nom?
Qu'importe ce que l'on peut croire?
Mais je ne veux pas non plus, non,
Que, froid sur ma tombe, il demeure.
Ah! qui saurait mieux que le deuil
De la tendre amitié qui pleure
D'un frère honorer le cercueil?
Porte-lui sa bague, ancien gage,
En lui peignant ce que tu vois,
D'un corps usé l'affreux ravage.
Un esprit, l'ombre d'autrefois,
Des passions débris funeste,
Rameau sec, poudreux, où languit
Une feuille morte qui reste;
Et, pendante à son tronc détruit,
Au vent d'automne, un matin tombe,
Et que le souffle du chagrin
Va disperser sur une tombe,
Où tout s'engloutit à la fin!

X

« Non, ne dis pas : c'est un mensonge,
Et le vain prestige des sens.
Mon père, ce n'est point un songe,
Les rêves sont moins saisissants.
Je le voudrais, mais pour qu'on rêve,
Il eût fallu d'abord dormir,
Et moi, sans repos et sans trêve,
Hélas! je n'ai su que gémir.
Mais ma tête brûlait, fiévreuse,
Mon front battait comme à présent.
D'une larme si précieuse
Que j'appelais, j'appelle encor,
J'aurais savouré le présent.
Ma volonté cède vaincue
Au désespoir, en moi plus fort,
Et la prière est superflue,
Je ne veux point, si je le puis,
Père, que ta main me bénisse.
Je ne veux point le paradis,
Mais bien la fin de mon supplice.

« Je la vis! dis-je, en ce moment[32],
Alors elle vivait encore,

En simare, blanc vêtement,
Comme, dans la nue incolore,
L'étoile, où se mirent mes yeux,
Là-haut m'apparaît et scintille;
Elle, en astre plus radieux,
Scintillait et même encor brille.
Je la vois en tremblant qui luit,
Se couvrant d'un manteau plus sombre,
Ah! demain, tombeau de la nuit
Plus obscure sera son ombre,
Et moi, quand un pâle reflet
Rendra sa lumière affaiblie,
Je ne serai qu'un triste objet,
Craint des vivants, chose sans vie.

« Je sens s'égarer ma raison,
Et cette âme au loin, ô mon père,
Va s'élancer de sa prison.
Oui! j'ai vu sa forme éphémère.
Oubliant alors ma douleur,
De ma couche ardent je m'élance,
Je la serre contre mon cœur,
Je la presse avec violence.
Ah, que pressé-je sous ma main?
Nulle forme, hélas, ne respire,
Et nul cœur ne répond au mien;

Mais c'est ta forme et ton sourire.
Es-tu si changée, ô Leila,
Que tu veuilles, offerte à ma vue,
Fuir mes baisers amoureux? Ah!
Si cette beauté froide et nue
Est de marbre, il n'importe pas.
C'est toi, l'idole de mon âme,
Toujours toi que poursuit ma flamme,
Que je veux serrer dans mes bras.
Hélas! autour d'une chimère,
Ils se sont pliés sur mon sein,
Sur un cœur vide et solitaire...
Pourtant, sa suppliante main
Se tend vers moi, dans le silence,
Et fait un signe à son amant;
Sous sa tresse un œil noir me lance
L'étincelle du diamant.
C'était une fausse nouvelle.
Non, elle ne pouvait mourir,
Il est mort d'une mort réelle;
Car je le vis ensevelir.
Il ne peut s'élever de terre.
Ainsi pourquoi te réveiller?
Mais, sur cette forme si chère,
Et ce beau corps, pour le souiller,
La vague a roulé mugissante.
On le dit, mais non sans frémir.

Pour l'affreux récit, impuissante,
Ma langue ici pourrait faillir,
S'il est vrai, si ta noble tête
Laissant les cavernes des flots,
Contre le choc de la tempête
Vient chercher l'abri des tombeaux,
Que ta main, de rosée humide,
Touche ce volcanique front,
Mets-la sur ce cœur sec et vide,
Sans espoir, lourd comme le plomb.
Mais ombre ou corps, Leila, de grâce,
Qui que tu sois, ah ! par pitié,
Que je me cramponne à ta trace,
Ne m'enlève plus ma moitié !
Ne pars plus seule ou bien emporte
Mon âme entière qui te suit,
Bien plus loin que le vent ne porte,
Ou le flot en roulant qui fuit ! . .

. . . .

« Tel est mon nom et mon histoire,
Ma bouche exhale mes douleurs,
Les confiant à ta mémoire.
Ah ! merci de ces tendres pleurs,
Qu'un œil glacé ne peut répandre ;
Puis couche-moi près des vils morts.
Sauf la croix que tu vas suspendre,
Point de nom, d'emblème au dehors,

Pour l'étranger qui cherche et passe,
Pour le fugitif pèlerin. »

. . . .

. . . .

Il vécut, son nom et sa race
N'ont laissé nul vestige, rien,
Sauf ce qu'a dû cacher ce père
Qui reçut le dernier aveu
D'un fils à son heure dernière.
Ce récit tronqué, c'est bien peu ;
C'est tout ce qu'on a vu de celle
Qu'idolâtra son tendre cœur,
De celui que sa main fidèle
Perça jadis d'un fer vengeur.

FIN DU GIAOUR

NOTES

1. Le Giaour est un jeune Vénitien qui a abandonné sa foi pour venger son amante, noyée par ordre d'un pacha. Ce poëme fragmentaire, publié en 1813, ressemble, dans le premier chant, à un collier de pierres précieuses de nuances diverses, enlacées au hasard, mais que le contraste même rend plus brillantes.

Nous y avons introduit des divisions que nous croyons utiles à son intelligence.

2. Allusion au tombeau de Thémistocle, en vue d'Athènes.

3. Le Sunium ou cap Colonne, où enseignait Platon.

4. Les amours du rossignol et de la rose sont la légende dominante de l'Orient.

5. Le poëte écrivait ces lignes si pathétiques avant le réveil de la Grèce, qu'il appelait de tous ses vœux.

6. Un vieux pêcheur turc, rentrant le soir au Port-Léone ou Pirée, est témoin de la fuite du Giaour qu'il observe et qu'il décrit.

7. Les tophaïques, mousquets qu'on décharge au milieu des illuminations pour annoncer la fin du Ramazan, temps de jeûne, et le retour du Bairam, temps de carnaval.

8. Peinture du palais désert de Hassan, le cruel meurtrier de Leila, tué par le Giaour dans la suite du poëme. Tout en respectant l'ordre usuel des éditions, nous voudrions voir ce passage placé après le paragraphe XIV, et c'est là que nous en recommandons la lecture.

9. Le Simoun, vent enflammé du désert.

10. Après cet épisode anticipé, le vieux pêcheur reprend son récit.

11. Ataghan, poignard de luxe. Couleur verte, réservée aux émirs de la race de Mahomet. Salam, salutation des Musulmans entre eux.

12. La ravissante image du papillon, et la sombre peinture du scorpion, font allusion, par leur contraste, au sort funeste de la jeune fille et au noir projet de son amant.

13. Ce gracieux portrait de Leila explique la fureur jalouse du pacha.

14. Le rubis de Jamschid, patriarche de la Perse, était surnommé le flambeau de la nuit.

15. Pont aussi mince qu'un fil d'araignée, que les Musulmans doivent franchir pour entrer dans le paradis.

16. Le Franguestan, province de Circassie.

17. Les Arnautes, les Mainotes, Turcs d'Albanie, indépendants, souvent rebelles.

18. Liakura, défilé de l'Attique.

19. Bismilla! exclamation turque : « Au nom de Dieu! » — Chiaus, guide de caravane.

20. Le Vénitien s'était fait Musulman afin de trouver des aides pour sa vengeance.

21. Palampore, châle précieux des dignitaires.

22. La mère de Hassan. Souvenir de la Bible, où la mère de Sisura, général des Philistins, attend vainement le retour de son fils. (Livre des Juges, v.)

23. C'est ici qu'on devrait lire, selon nous, les beaux vers du paragraphe VI, peignant la ruine du palais désert de Hassan.

24. Tous les tombeaux d'hommes en Turquie sont surmontés d'un turban en pierre. Des aloès entourent les tombeaux des deux sexes. Voir, pour ces vers et les suivants, mon Voyage en Orient (*Grèce, Turquie, Égypte*, par A. Regnault, 1856).

25. Monkir et Nekir sont les inquisiteurs des morts. Éblis ou Satan règne aux enfers.

26. Les Ghouls et les Afrits sont des démons et des vampires.

27. Caloyer, καλος ἱερεύς, moine grec. Ce dialogue entre deux moines nous montre le Vénitien renégat réfugié dans un couvent grec des îles Ioniennes, où il est torturé par l'amour et le remords. Ce second chant, moins poétique, offre un caractère entièrement différent du premier.

28. Paynim ou Moslem, musulman.

29. Allusion au pélican, qu'on suppose nourrir ses petits de son sang.

30. Le Giaour parle à un vieux moine qu'il adopte pour confesseur.

31. Tahir, génie du pressentiment.

32. Ce rêve palpitant, analogue à ceux qu'on remarque dans Shakspeare, relève et ravive heureusement l'interminable confession du Giaour.

LE
SIÉGE DE CORINTHE

NOUVELLE TURQUE ET VÉNITIENNE

INTRODUCTION

L'an de Jésus dix-huit cent dix[1],
Quand il mourut pour nous jadis,
Notre compagnie était fière,
Voguant sur l'eau, courant sur terre.
Ah le bon temps, qu'il était gai!
Grimpant aux monts, passant le gué,
Pour nos chevaux nul jour tranquille;
N'importe la grotte ou l'asile
Le dur était le meilleur lit,
Dans son manteau soit qu'on dormît

Ou sur la planche encor plus dure
De la barque à la vive allure;
Soit qu'à chacun pour sommeiller
Grève ou selle fût l'oreiller.
Frais et dispos après ce somme
Le matin réveillait chaque homme
Ayant en pensée un objet,
Ayant en parlant un sujet.
Avec la santé l'espérance,
Le travail, la persévérance,
En voyage, exempt de chagrin,
Le cœur calme et le front serein.
Quelques-uns comptant leur rosaire
A la mosquée appartenaient;
D'autres murmuraient leur bréviaire
Et de l'Église nous venaient.
Un grand nombre était infidèle.
Ah! par tout ce vaste univers,
Non, jamais bande ne fut telle,
Plus gaie en éléments divers.
Mais les uns sont morts, et les autres
Dispersés, ne sont plus des nôtres;
D'autres, rebelles sur les monts
De l'Épire, sur les vallons
Où la liberté se rallie,
Paient de leur sang, de leur vie,
Tous les maux de l'oppression.

L'un est au loin là-bas qui traîne
A l'étranger sa lourde chaîne;
L'autre, au pays vit d'action.
Mais plus de vie aventureuse,
Plus de vie errante et joyeuse;
Légers, passaient ces rudes jours.
A présent, qu'ils tombent plus lourds,
Mes pensers, comme l'hirondelle
Du rapide vol de leur aile
En arrière effleurent la mer,
La terre et le vide de l'air.
Oiseau vagabond et sauvage.
C'est ce souvenir du voyage,
Qui de nouveau vient m'inspirer
Et me fait souvent implorer
Ceux qui souffrent mes chants, ma plainte.
Au loin veux-tu me suivre, toi,
Étranger, assis avec moi,
Au sommet de l'Acro-Corinthe?

I

Beaucoup d'ans, d'âges ont roulé,
Beaucoup de souffles de tempête
Et de batailles ont hurlé,
D'Acro-Corinthe sur la tête;

Et pourtant Corinthe est debout,
Fort de liberté, sanctuaire,
Dont la tourmente à chaque coup,
Et le lourd tremblement de terre
Ont épargné le rocher nu;
La clef d'un pays en ruine
Qui, même encor qu'il soit déchu,
Garde un air fier sur la colline.
C'est le point du double reflux
Dont les flots de pourpre s'opposent
Près de se joindre confondus
Et mourant à ses pieds reposent.
Ah! si le sang devant ses yeux
Bu dès longtemps par cette terre
Pouvait rejaillir généreux;
Depuis qu'ici celui d'un frère
Fut versé par Timoléon[2].
Si le sang dont le cruel maître
De la Perse, emplit le sillon,
Pouvait se lever et renaître,
Cet océan inonderait
Son Isthme en bas qui se dessine,
Tout entier il s'abîmerait.
Si cet amas qui se calcine
Des os des morts, blanchis, poudreux,
Montait pyramide rivale,
Elle s'élancerait aux cieux

Au pic des montagnes égale,
Plus que l'Acropole et sa tour,
Cette couronne de sa tête
Qui rayonne et semble du faîte
Baiser la nue aux feux du jour.

II

Au Cithéron, au pic sauvage
Ont apparu vingt mille fers[3]
Qui descendent vers les deux mers
De la plaine isthmique au rivage.
En bataille les musulmans
Plantent leurs tentes. Dans les rangs
Le croissant brille; alors s'avance
Le corps des Spahis[4] en silence,
Sous les yeux d'un pacha barbu.
Aussi loin que l'œil étendu
Pourrait atteindre, sur la grève
La cohorte en turban se lève;
La chamelle arabe a plié
Le genou; l'agile coursier
Du Tartare qui court et vole
Ici piaffe et caracole.
Loin du troupeau, le Turcoman,
Berger-soldat, s'est ceint le flanc

Du formidable cimeterre.
Chaque volée est un tonnerre.
C'est le tonnerre du canon ;
Des flots il étouffe le son
Qui rugit avec moins de rage.
La tranchée ouverte, un message
De mort partout vole en sifflant
De son tube d'airain, hurlant
Pour ébranler les murs qui roulent
Et par degrés battus s'écroulent.
Des créneaux l'ennemi répond
Avec une grêle de plomb,
De feux, de soufre sombre haleine,
Et, dans les cieux et sur la plaine,
De poudre et fumée obscurcis ;
Par globes compactes, unis,
De feux foudroyants une grêle
Riposte drue à l'infidèle.

III

Auprès, en face du rempart,
Parmi ceux qui poussent le siége,
Contre le Grec qui le protége,
Un est plus habile dans l'art,
Dans l'art destructeur de la guerre

Qu'ensemble tous les fils d'Othman.
Triomphant aux scènes de sang,
Haut de cœur, à la mine fière,
De poste en poste, toujours prêt,
A chaque exploit prompt il courait.
De son coursier qu'il éperonne,
Que tout fumant il aiguillonne,
Partout où l'assiégé sortant
A fait trembler le musulman,
Où la batterie imprenable
A l'assaillant est redoutable,
Il met pied à terre, et du cœur
Des guerriers ranime l'ardeur.
Pour la valeur, la renommée,
C'est le premier chef de l'armée
Dont s'enorgueillit le sultan,
Guide du soldat dans le champ
Et du carnage et de la gloire,
En le menant à la victoire,
Soit qu'il pointe un tube enflammé
Ou qu'il soit de la lance armé :
C'est Alp avec son fer magique,
Renégat de l'Adriatique[5].

IV

Vénitien d'un sang généreux
Et sorti d'une noble race,
A Venise il compte la trace
Et les noms d'illustres aïeux;
Mais, exilé de sa patrie,
Contre elle, qui lui mit en main
Le fer pour protéger son sein,
Il a tourné son arme impie.
Et coiffe aujourd'hui d'un turban
Son front rasé de musulman.
Aux mains de Venise la Grèce
Ayant passé par maint retour,
Avec Corinthe tour à tour,
Venise est enfin leur maîtresse,
Et devant ses murs l'ennemi,
Contre toutes deux aguerri,
Alp, se tient animé du zèle,
De l'ardeur d'une foi nouvelle,
De convertis jeunes, fervents,
Qui sentent dans leurs cœurs brûlants
De cent offenses la mémoire.
Venise avait perdu la gloire
Pour lui de la libre cité;
Pour lui, proscrit et rejeté

Au palais de Saint-Marc, dans l'ombre,
L'accusateur perfide et sombre
Mit dans la bouche du Lion,
La voix de la délation,
Qui ne s'est jamais assoupie.
Il fuit à temps, sauve sa vie
Et passe ses jours en combat,
En cent exploits et coups d'éclat
Qui font sentir dans sa souffrance
A son pays la perte immense
D'un bras de la croix triomphant,
Contre elle élevant le croissant;
La combattant avec outrance,
Dût-il périr dans sa vengeance.

V

Coumourgi, c'est le commandant,
C'est lui dans la suprême scène,
Qui d'un vainqueur, le prince Eugène,
Orna le triomphe éclatant,
Quand de Carlowitz dans la plaine
Le guerrier sur la rouge arène
Tomba, le dernier, le plus fort,
Mais, sans s'effrayer de la mort,
Des chrétiens maudit la victoire.

Coumourgi dont vivra la gloire,
Lui, ce dernier chef musulman
De la Grèce fier conquérant.
Sa gloire à lui cessera-t-elle
Tant que la Grèce doit souffrir?
Non, elle doit être éternelle
Tant que la Grèce doit languir;
Tant que les chrétiens à la Grèce
Par leurs glaives, en sa détresse,
Ne rendront pas la liberté
Dont Venise a jadis doté
Des Grecs la patrie immortelle.
Plus d'un siècle a passé sur elle
Depuis le joug turc rétabli
Alors par le fier Coumourgi.

C'est au Renégat qu'il confie
L'avant-garde, et le Renégat
Répond au choix qu'il justifie
Par plus d'un terrible combat,
Par maintes cités en poussière
S'écroulant sous son cimeterre,
Et prouve en cent actes de sang
Son zèle en la foi du croissant.

VI

Par degrés le rempart chancelle
Sous l'épaisse et brûlante grêle
De la mitraille sans repos
Qui fond et pleut sur les créneaux.
Bouillonnant, chaque couleuvrine
Fait tonner sa voix argentine.
Parfois le dôme avec fracas
Tombe sous la bombe en éclats;
Et, quand le bâtiment s'écroule,
L'haleine du volcan qui roule
Sa lave liquide de fer,
Lance et vomit la flamme en l'air
En rouge et spirale colonne,
En cercle, auréole et couronne,
Qui chasse à la voûte des cieux
Des globes de la terre en feux,
Des myriades de météores
Et de ténébreuses aurores.
Le soleil au jour s'obscurcit
Du nuage qui s'épaissit
Dans cette atmosphère enflammée
De flots de soufre et de fumée.

VII

Mais la haine du nom chrétien
N'a pas seule poussé la main
Du Renégat à la vengeance
Qu'il différait depuis longtemps,
Tout en enseignant la science
Et l'art aux guerriers musulmans
De percer la brêche promise :
Dans ces murs vit une beauté
Que ses vœux ont déjà conquise
Sans obtenir la volonté
De son inexorable père
Dont le rejetait la colère,
Quand de la vierge, alors chrétien,
Il osait prétendre à la main.
Aux jours d'aimable fantaisie,
Pur du crime d'apostasie,
Jeune, brillant dans le salon,
Folâtre et léger papillon,
Au carnaval dans la gondole,
Il fredonnait la barcarolle,
Ou le plus suave chant de nuit,
En sérénade romantique,
Que fille italienne entendît
A minuit, sur l'Adriatique.

VIII

De Francesca, dit-on, le cœur
A trouvé son heureux vainqueur.
Recherché de tous, à personne
La belle vierge ne le donne,
Et jusqu'ici sa jeune main
Est libre du sacré lien,
Et de l'Église sans la chaîne.
Après que l'onde vénitienne
Eut emporté Lanciotto
Vers les bords musulmans, bientôt
Sur sa bouche le doux sourire
Avec la joie éteint, expire.
On la voit pâlir et rêver,
La première, en hâte, arriver
Au tribunal de pénitence.
Plus rare devient sa présence
Aux jours de masque, au carnaval.
Paraît-elle un moment au bal,
C'est en baissant les yeux aux fêtes
Par le dédain de ses conquêtes.
Indifférente en son regard,
Qu'elle laisse errer au hasard
Sur cette foule obéissante,
Dans sa parure insouciante.

Son chant est moins joyeux, moins vif;
Son pas léger est moins actif,
Quand ses compagnes par l'aurore
Sont surprises dansant encore.

IX

Chef des Vénitiens, Minotti
Défend le sol que Sobieski
Ravit aux Turcs dans sa vaillance,
Des Moslems domptant l'insolence,
Terrassant d'un coup leur orgueil
De Bude et Vienne sur le seuil[6].
D'Eubée à Patras par Venise
La région était conquise.
Des pouvoirs du doge investi
C'est le gouverneur Minotti
Qui garde, active sentinelle,
De Corinthe la citadelle.
Quand la paix d'un œil de pitié
Souriait au Grec oublié
Avant la rupture du ban
Et les chaînes du musulman
Oppresseur de la foi chrétienne,
L'on vit la douce Vénitienne
De son père escorter les pas.

Depuis le temps de Ménélas,
Depuis qu'une épouse parjure
Quitta la Grèce et son mari,
Prouvant par cet insigne injure
De combien de maux est puni
L'amour illicite, adultère,
Ce pays, sous l'azur des cieux,
N'a vu d'astre aussi radieux
Que l'incomparable étrangère.

X

Les murs sont ruinés, béants,
Et c'est demain avec l'aurore
Qu'unis d'efforts les assaillants
Portent les derniers coup encore
A ce débris tout chancelant.
Déjà chacun a pris son rang.
Tartare et Turc, en corps d'armée,
Font l'avant-garde, mal nommée,
Quoique d'élite : enfants perdus !
Alors qu'ils espèrent le plus.
De la mort bravant la pensée,
Ils s'ouvent la route tracée
Le cimeterre dans la main
Et, pavant de morts le chemin,

Ils font de leurs corps, s'ils succombent,
Des degrés aux derniers qui tombent.

XI

Il est minuit : aux sombres monts,
La lune brille pâle et pleine,
Le flot bleu coule; en globes ronds
Le ciel s'étend, liquide plaine,
Comme un océan pailleté
De milliers d'îles de lumière,
Fantastiquement marqueté
D'esprits semés dans la carrière.
Ah! qui jamais a contemplé
Ces lampes fixes, éternelles,
Retombant du monde étoilé
Sur terre, n'a voulu des ailes
Du ciel pour voler aux clartés ?
Mais les flots se sont arrêtés
Sur l'un et sur l'autre rivage
Calmes et clairs comme l'azur
De l'air qui caresse la plage
D'un souffle balsamique et pur.
A peine glapit à cette heure
L'eau sur le caillou qu'elle effleure;
Et les vents dorment sur les flots.

Pesants, retombent les drapeaux,
Et, tandis que pend la bannière,
Le croissant plane en flamme altière.
Le silence règne profond,
Sauf quand le guet seul l'interrompt,
Quand hennit le cheval de guerre
Ou répond l'écho solitaire.
Tout à coup, s'élève à l'entour
Dans l'armée un murmure sourd,
Courant de rivage en rivage,
Ainsi que frémit le feuillage.
C'est le camp qui s'est réveillé
Par le muezzin appelé,
Quand minuit sonne, à la prière,
A la psalmodie ordinaire.
Chant aérien, langoureux,
Ton lugubre, mélodieux,
De quelque esprit accent mystique
Et doucement mélancolique.
Ainsi viennent se rencontrer
Les vents, aux cordes d'une lyre
S'unissant, et lui font vibrer
Un son prolongé qui soupire,
Aux mortels accent inconnu.
Cette voix funèbre a paru
Aux assiégés, clos dans l'enceinte,
Un cri prophétique de mort

Et de la chute de Corinthe.
Puis l'assiégeant frémit encor,
Saisi d'un trouble involontaire
Dont nul ne perce le mystère,
Qui glace le sang et le cœur ;
Fatal présage de malheur
Il fait de nouveau qu'il palpite
Plus violemment et plus vite
Comme honteux de sa terreur,
Et rejette une indigne peur.
Tel de la cloche funéraire
Qui vient en passant retentir,
Même sur la tombe étrangère,
Le glas fait soudain tressaillir.

XII

La tente d'Alp était dressée,
Et toute voix s'est apaisée
Avec la prière et le bruit.
Il a placé la sentinelle ;
Il a fait sa ronde de nuit,
Et l'on exécute avec zèle
Ses sévères commandements.
C'est une autre nuit de tourments,
Une nuit de fiévreuse transe

Qui lui reste encore à passer
Et dont l'amour et la vengeance
Vont demain le récompenser.
Il a quelques heures encore
Avant le lever de l'aurore,
Pour le repos, pour respirer,
Au combat pour se préparer,
Pour mieux aiguillonner sa rage
Et mieux s'aiguiser au carnage.
Mais ses pensers sont agités
Roulant comme les flots heurtés.
Seul, dans le camp, le fanatisme
Ne pousse point ici son cœur
Sur une croix, de l'islamisme
A planter le croissant vainqueur ;
Ni, quand il va risquer sa vie,
A braver la mort qu'il défie,
Sans crainte, sûr au paradis
De l'amour constant des houris.
Il ne sent pas non plus dans l'âme
Cette patriotique flamme,
Ni ce zèle farouche, ardent,
Qui rend prodigue de son sang
Le musulman infatigable,
Ou le fanatique soldat
Qui, se croyant invulnérable
S'élance au milieu du combat.

Le Renégat est solitaire
Sans compter sur un bras, un cœur;
Suivi cependant à la guerre.
Car l'on connaissait sa valeur.
On l'escortait dans la mêlée,
Et les dépouilles qu'il gagnait,
Lui-même, à sa troupe zélée,
Grandes et riches, il les donnait.
Elle à ses pieds rampait servile;
Car il possédait le talent
De guider un troupeau docile
Qui sous lui fléchissait tremblant.
Mais à leurs yeux la pire offense
Était de chrétien sa naissance,
Et de Turc même sous le nom,
Ils enviaient le chef félon.
Car de ce chef en son jeune âge
Qui sait les plier à sa voix,
Du Nazaréen d'autrefois
Ils essuyaient l'indigne outrage.
Combien l'orgueil peut s'abaisser
Sous un choc qui le vient froisser,
Ils l'ignoraient; combien la haine
Brûle avec rage et se déchaîne
Au fond d'un cœur exaspéré,
Sensible avant, puis ulcéré.
Ils ignoraient aussi ce zèle

Faux et fatal qui, dans ce cœur
De se venger en sa douleur,
Excite une soif immortelle.
Il les mène; l'on peut mener
Même d'humains la pire race,
Si quelque chef se sent l'audace
De les conduire et gouverner.
Tel est le lion qui déploie
Son empire sur le chacal
Qui pour lui découvre sa proie;
Le lion abat l'animal,
S'en repaît et laisse au vulgaire,
A l'instrument auxiliaire,
Les restes vils, pour se gorger,
De ce qu'un roi vient d'égorger.

XIII

La tête d'Alp était brûlante;
Son cœur convulsif et fiévreux.
En vain son ardeur haletante
S'agite sur sa couche en feux,
Ou, si quelque temps il sommeille,
Soudain en sursant il s'éveille
D'un poids de douleur oppressé,
Sous ses noirs pensers affaissé.

Son large turban se dessine
Et pèse sur son rouge front;
Sa cuirasse sur sa poitrine
L'étreint comme un cercle de plomb,
Quoique souvent sous cette masse
Le sommeil ait fermé ses yeux
Tantôt sur la couche de glace,
Tantôt sous la voûte des cieux,
Non pas comme ici sous la tente,
Mais sans coussin, sur un sol dur,
Et même sous un ciel moins pur.
Il ne peut endurer l'attente
Sans repos, de ces jours derniers,
Et marche errant sur le rivage
Où de soldats tant de milliers
Dorment étendus sur la plage.
Ont-ils donc un lit plus moelleux?
Pourquoi ce sommeil savoureux,
Qui s'est enfui de sa paupière,
Vient-il bercer sur cette terre
Le plus humble de ses soldats?
Leur existence a plus d'alarmes,
Et plus sanglants sont leurs combats,
Et pourtant, déposant les armes,
Sans crainte de leurs ennemis,
Ils rêvent du butin promis,
Pendant que leur chef solitaire,

Aux lieux où sa troupe a passé
Une nuit, pour eux la dernière
Peut-être, le regard fixé
Promène sa cruelle veille,
Jaloux de celui qui sommeille.

XIV

Son âme enfin se rafraîchit
Des douces brises de la nuit.
Dans le ciel règne le silence,
Et l'air, de sa tiède influence,
D'un baume calme un sang bouillant,
Le camp est derrière ; en avant
S'ouvre le golfe de Lépante,
Sur le rivage accidenté.
Puis, en remontant vers la pente
De Delphe au sommet respecté,
La neige, couronne immobile,
De mille étés, en ces climats,
Au golfe, au mont, ne fondra pas ;
Quand l'homme, passera fragile
Du soleil aux rayons ardents
Avec l'esclave et les tyrans.
Mais ce voile blanc, léger, frêle
Qu'on salue au pic montueux

Qui voit tomber arbre et tourelle,
Brille aux rochers chenus et vieux;
Sur leur cime, en nuée il plane
Et forme un linceul diaphane.
Ainsi la liberté s'enfuit
En quittant sa chère retraite,
Où longtemps parla son esprit,
Avant de languir, en prophète.
Son pas encor s'est arrêté
Au champ aride, dévasté,
Et sur les autels en ruine,
Où luit en vain aux cœurs brisés
L'astre lointain qui l'illumine.
Fanal brillant des jours passés,
Sa voix est impuissante encore
Jusqu'au temps où viendront éclore
Des jours d'un meilleur avenir;
Reflets d'un heureux souvenir,
Rayons de ces siècles de gloire
Et d'une éternelle mémoire,
Qui virent le Perse s'enfuir,
Le Spartiate heureux de mourir.

XV

Le temps de l'héroïque Grèce
Avec ses exploits, sa prouesse

Pour Alp n'est pas sans intérêt.
Malgré les crimes de sa vie,
Lorsqu'en sa pensée il errait,
Il songe à son apostasie,
Au présent, au passé ; séduit
Il pèse tout en son esprit.
Puis il se rappelle à cette heure
Cette moisson d'illustres morts
Qui, pour une cause meilleure,
Périrent jadis sur ces bords.
Il sent trop bien, chef de la bande
Qu'il encourage et qu'il commande,
Le sabre au poing, quel vil renom,
Traître, en la horde enturbanée,
Viendra retomber sur son nom
Et sur sa race abandonnée ;
Lorsque l'infâme Renégat
Conduisant à l'indigne siége
Le barbare et brutal soldat,
N'aura qu'un succès sacrilége.
Tel ne fut point ici le sort
Des héros dont la cendre dort.
Leur phalange marchait en plaine,
Leur défense n'était pas vaine,
Tombant, mais sans devoir mourir.
Leur nom dans l'air semblait frémir
Au bois, au murmure de l'onde,

Et dans la brise vagabonde.
L'obélisque silencieux
Et la colonne solitaire
Étaient debout, fiers, orgueilleux
De toucher leur sainte poussière.
Leur ombre parcourait les monts;
Et la fontaine des vallons
Jaillissant, louait leur mémoire;
Le fleuve et les petits ruisseaux
Roulaient en mêlant à leurs eaux
Et leur renommée et leur gloire.
En dépit du joug écrasant
Qui tombe sur elle pesant.
De l'honneur c'est toujours la terre,
De la gloire elle est solidaire;
C'est son mot d'ordre, son signal;
La gloire, des Grecs le fanal.
Quand il médite une prouesse,
Chaque homme regarde la Grèce;
Foulant la tête des tyrans,
Il s'élance au milieu des rangs
Pour perdre avec bonheur la vie,
Gagnant la liberté chérie.

XVI

Alp sur le rivage rêvait
Dans cette nuit fraîche, azurée,
Où ne baissait ni s'élevait
La mer sans flux et sans marée.
Dans son éternel roulement,
L'onde ici la plus irritée
Devant ces bords est arrêtée,
Immobile et sans changement.
Ici Phébé sans influence
Lui voit éluder sa puissance;
De son départ, de son retour,
Jamais le flot ne se soucie,
Quel que soit le ciel tour à tour
Furieux, calme, il le défie.
Inaccessible, le rocher
Voit à sa base protégée,
Et par les eaux jamais rongée
La mer dédaignant d'approcher.
Sur le continent ou la baie
Reste l'ineffaçable raie
De l'écume et des flocons blancs
Au repos depuis de longs ans.
D'un sable jaune un faible espace
Du vert naissant marque la trace.

D'Alp sur la grève erraient les pas,
Sous le jet de la carabine,
Les assiégés ne le voient pas,
Ou du plomb de la couleuvrine
Sans doute il eût été frappé.
Comment a-t-il donc échappé?
Chez les chrétiens, troupe ennemie,
Des traîtres seraient-ils cachés?
Leur ardeur est donc refroidie.
Leurs bras seraient-ils desséchés?
Je l'ignore, de la muraille
Sur la tête du Renégat
Ni la balle ni la mitraille
Ne font entendre aucun éclat.
Bien que sous le coup, la menace
Du bastion, saillant en face
Flanquant la porte sur la mer,
Vienne le son distinct et clair
De l'âpre voix des sentinelles,
Même par-dessus les tourelles,
Lorsque frappant la dalle en bas,
Mesurés, lourds, sonnent leurs pas.
Bien que sous les murs même il voie
Les chiens affamés sur leur proie
La déchiqueter de la dent;
Des morts se gorger en grondant.
Mais de son temps la meute avare

Et sans perdre de chers moments
En inutiles aboiements,
Sur le crâne nu d'un Tartare
S'est cramponnée à son repas.
La chair déjà ne reste pas
A cette tête, sa pâture ;
Nue, ainsi qu'une figue mûre,
Sous les crocs blancs elle grinçait,
Et le crâne plus blanc glissait
De ces mâchoires émoussées,
De le ronger enfin lassées.
Leur gueule s'appesantissait
Sur ce repas qui finissait ;
Elle se soulevait à peine
Des restes de l'horrible scène.
Alp sait reconnaître aux turbans
Qui roulent gisants sur la terre
Que les premiers rangs musulmans
Ont déjà mordu la poussière.
Sous des châles pliés en rond
Rouges et verts ceignant leur front,
De cheveux la touffe laissée
Flottait sur leur tête rasée ;
De ces lambeaux restes affreux
A la gueule sanglante trace
Pendait la touffe de cheveux
Aux lèvres de la gent vorace.

Sur le bord du golfe un vautour,
Non moins affamé de carnage,
Frappait à coup d'aile à son tour
Un loup accouru sur la plage.
Mais les chiens tenaient écarté
Le loup de la pâture humaine;
Le loup saisit de son côté
Un cheval gisant sur l'arène
Et prend une part des lambeaux
Qu'arrachent les serres d'oiseaux.

XVII

D'horreur Alp détourne la vue,
Lui qui jamais n'eut l'âme émue,
Au combat; il aime en son sang
Qui bouillonne, à voir le mourant,
De la soif souffrant l'agonie,
Et de douleur quand il se tord.
Mais, dès la torture finie,
Avec dégoût il voit la mort.
Au fort de la crise à son heure
L'orgueil est là, quoique l'on meure.
La gloire dira votre exploit;
L'œil de l'honneur aussi le voit.
Mais, quand tout est passé, la scène

Est ignoble, à fouler la plaine
De morts jonchée et sans tombeaux,
Où rampent les vers de la terre;
La brute fond de sa tannière
Et dans l'air volent les oiseaux.
L'homme à leurs yeux n'est qu'une proie
Sa destruction fait leur joie.

XVIII

Un temple en ruine, à demi,
Ici s'élève séculaire.
Le sculpteur tombé dans l'oubli,
Le fit de granit, marbre et pierre.
Deux, trois colonnes sont debout,
Que le gazon couvre, et c'est tout.
O temps, qui ne laisses survivre
Ni passé, ni ce qui doit suivre,
Inexorable temps, assez !
Pourtant tu retiens du passé
Une assez frappante mémoire
Pour faire craindre les retours,
Et les phases de mauvais jours;
La monotone et triste histoire
De ce que nous vîmes déjà,
Et que verront nos fils, fragile

Débris de ce qui se passa,
Poussière d'une œuvre d'argile.

XIX

Alp à la base d'un pilier
D'une des colonnes s'assied.
Tout en rêvant là, sa main glisse
Sur son front que le souci plisse.
Sa tête tombe sur son cœur
Qui bat d'une fiévreuse ardeur,
Et, dans le trouble de son âme,
Sur son visage court sa main
Comme celle du musicien,
Qui parcourt, en cherchant la gamme
Et le son qu'il veut éveiller
Sur l'ivoire blanc du clavier.
Il s'est assis, l'âme oppressée
En sa douloureuse pensée,
Lorsqu'il entend dans l'air frémir
Des brises de nuit le soupir.
Mais de la nuit est-ce la brise
Qui pour son oreille surprise
Dans le rocher frappe ses sens
De sons plaintifs, doux et touchants?
Il lève la tête, et sa vue

Sur la mer qui n'est point émue
Ne saurait même apercevoir
Une ride au luisant miroir.
Mais d'où venait un son si tendre?
Il a regardé les drapeaux.
Aucun bruit ne s'y fait entendre,
Chaque bannière est au repos.
Sur le Cithéron le feuillage
N'est pas ébranlé davantage,
Alp n'a pas senti voltiger
Sur son front le zéphir léger.
Il se tourne à gauche. O surprise!
Il voit... Est-ce une illusion,
Une brillante vision?
Une jeune femme est assise[7].

XX

Il a d'effroi plus tressailli
Que devant même un ennemi.
« Ah! que vois-je, Dieu de mon père!
Qui donc es-tu, que viens-tu faire?
Et qui t'envoie ici? Comment
Si près d'un hostile armement? »
Sa main tremblante se refuse,
A se signer de cette croix,

Croix qu'il renie et qu'il récuse.
A cette heure, il l'eût ressaisie,
De sa perfide apostasie
S'il n'avait eu le sentiment
Et la poignante conscience,
Qui de ce premier mouvement
Ont paralysé la puissance.
Il regarde, il voit, reconnaît
Un cher, un gracieux objet.
Oui, c'est Francesca son amante,
Qu'il aperçoit à son côté!
Cette Francesca si charmante
Et cette divine beauté
Qu'il espérait pour fiancée.
De la rose elle a l'incarnat;
Mais une ligne nuancée
En a terni le vif éclat
S'épanouissant sur sa joue.
Ah! d'une bouche qui se joue,
Ce nid de grâces et d'amours
Où s'est enfui le doux sourire?
S'est-il donc enfui pour toujours?
L'Océan où le ciel se mire
Près de ses yeux, miroir d'azur,
A tous semblait d'un bleu moins pur;
Mais, comme le flot, froid, de glace,
Leur clair rayon pâle s'efface.

Sur son corsage un fin tissu
Montrait son sein à demi nu.
De sa chevelure ondoyante,
A travers la forêt flottante,
Son bras nu d'albâtre, arrondi,
Dans sa blancheur s'était trahi.
Avant de répondre, en silence,
Sa main se lève dans les airs,
Et telle en est la transparence
Qu'on verrait la lune à travers.

XXI

« Je viens de mon asile à cet homme que j'aime,
Je viens, pour mon bonheur, pour assurer le sien.
Te cherchant, j'ai passé portes, murs et gardien
En sûreté, sans peur de tant d'ennemis même.
On dit que le lion se détourne et s'enfuit
Loin de la vierge chaste et qui s'enorgueillit
De cette pureté, sa force et son égide.
La Puissance d'en haut qui du tyran des bois
Protége l'homme bon et la fille timide,
Étendit sa pitié tutélaire sur moi,
Contre cet infidèle ici qui nous assiége;
En ces lieux, sa bonté me garde et me protége.
Je viens, et si je viens vainement sans effets

Nous ne nous reverrons jamais, oh non jamais !
Tu commis un forfait abominable, impie,
En violant ton pacte et la foi qui te lie
Au culte de ton père, à ses autels, ta foi.
Jette ici ce turban, et signe, signe-toi,
De la croix du chrétien devant une chrétienne.
Pour qu'à jamais enfin Francesca t'appartienne,
Efface cette tache imprimée à ton cœur ;
Que demain pour toujours scelle notre bonheur ! »
« — Mais où se dressera la couche nuptiale,
Sur les morts, les mourants ? Couche, hélas ! sépulcrale !
C'est demain à la flamme, au fer, oui, c'est demain,
Que nous livrons les fils et le temple chrétien ;
Et nul, je l'ai juré du Coran sur le livre,
Hormis les tiens et toi demain ne doit survivre !
Toi, je veux te conduire en un réduit charmant
Où ta main doit s'unir à ton heureux amant.
Nos maux seront finis ; notre peine effacée,
Là tu vas être enfin ma douce fiancée,
Quand j'aurai de Venise humilié l'orgueil,
Quand, d'enfants odieux cette Venise en deuil,
Aura senti le poids d'une main qu'elle abaisse,
Sur elle se levant terrible et vengeresse,
Flagellant d'un fouet de scorpions, ses fils
Que le vice et l'envie ont fait mes ennemis. — »

Sur sa main une main se place,
Mais ce toucher léger le glace
Et jusqu'au cœur le fait frémir,
Puis l'empêchant de tressaillir,
L'enchaîne et le fixe immobile.
De cette main frêle et débile
Quel que soit le faible toucher,
Il ne saurait s'en détacher;
Jamais une si douce étreinte
Ne fit naître une telle crainte,
Quand, sous un doigt effilé, blanc,
Dans les veines d'Alp tout le sang,
Comme en une nuit de prestige,
Se suspend, s'arrête et se fige.
Son front brûlant n'est plus fiévreux.
Soudain son cœur se pétrifie
Lorsqu'il a soulevé les yeux
Sur Francesca, sur son amie,
Lorsqu'il aperçoit la couleur,
La même beauté, mais éteinte,
Mais sans la flamme et sans la teinte
Qui de son esprit émanait,
Dont tout son front s'illuminait,
Comme la vague étincelante
Aux feux du soleil rayonnante.
L'immobilité de la mort
Siége sur sa lèvre glacée,

Et la voix s'en échappe et sort
Comme sans haleine chassée.
Cessa-t-elle de respirer?
Ce beau sein se soulève à peine;
Son pouls semble se retirer
De chaque artère et chaque veine.
Malgré l'éclat de son regard
Sous son immobile paupière,
Il est étrange, il est hagard,
Il présente le caractère
De l'œil du dormeur éveillé
Et de l'inquiet somnambule
Marchant dans son rêve troublé;
Ou telles que l'esprit crédule
Croit voir des figures le soir,
Dans une longue galerie,
Sombres sur la tapisserie
Fantastiquement se mouvoir
Sous un souffle de froide bise,
A la lueur tremblante et grise
De la lampe qui va mourir.
Inanimés, mais comme en vie,
Ces personnages font frémir.
On croirait, dans sa fantaisie,
Qu'ils vont des murs se détacher
Avec leurs ombres menaçantes
En long, en large pour marcher,

Épouvantables, saisissantes,
Lorsque des tourbillons de vents
Agitent ces portraits vivants.

« Si pour l'amour de moi, ma bouche le répète,
Ajoute Francesca, tu crois avoir trop fait,
Fais-le pour le ciel même, et de ton front rejette
Cet indigne turban, ta honte et ton forfait,
Et jure d'épargner les fils de ta patrie;
Ou ta ruine est sûre, et tu ne verras plus
Non la terre, c'est fait déjà, mais ton amie,
Et le ciel; sans retour tous les deux sont perdus.
Si tu cèdes ici, docile à mon instance,
Si même contre toi vient à sévir le sort,
Que le sort soit pour toi la clef de pénitence
De l'absolution de tes péchés. Le port
De la miséricorde et des divines grâces
Peut encore pour toi, si tu le veux, s'ouvrir.
Ta lâche apostasie à moitié tu l'effaces;
Réfléchis: de ce Dieu que tu viens de trahir
La justice t'attend, terrible, inévitable.
Regarde encor le ciel, implore son amour,
Et désarme envers toi sa colère implacable,
Ou vois-le se fermer à jamais sans retour!
Près de la lune, vois, court un léger nuage;
Tu l'observes; bientôt il va la dépasser.
Eh bien! quand la vapeur qui de son voile ombrage

Le disque, cessera pour nous de l'effacer,
Si ton cœur en ce temps se trouve encor le même
Et si tes sentiments en toi ne sont changés,
Ton sort sera scellé dans cette heure suprême,
Dieu, l'homme, l'un et l'autre à la fois sont vengés.
Ta sentence sera redoutable, terrible,
Et ton éternité de malheur plus horrible ! »

    Alp à ces mots lève les yeux,
    Les porte à la voûte des cieux ;
    Sa vue en ce moment rencontre
    Ce même signe qu'elle montre,
    Mais par l'orgueil son cœur gonflé
    S'est endurci, s'est refoulé,
    Et ne donne libre passage
    Qu'au paroxysme de la rage.
    La passion, comme un torrent,
    Absorbe en lui tout sentiment.
    Lui, Renégat, demander grâce !
    A la parole, à la menace
    D'une faible enfant obéir,
    Se laisser désarmer, fléchir ;
    Lui qu'à Venise, sa patrie,
    Poursuivent la haine et l'envie,
    Prêter serment de secourir
    Ses fils condamnés à périr !
    Non, dût en affreuse tempête

Sur lui ce nuage éclater,
Dût la foudre écraser sa tête,
Qu'elle éclate, il doit résister.
Il observe d'un œil intense
La nue en gardant le silence
Pendant qu'elle passe. Elle a fui;
La lune alors en plein a lui
Du Renégat sur le visage.
Puis il tient ce hardi langage :
« Quoi qu'il arrive, vain, léger,
Aujourd'hui je ne puis changer;
Le roseau frêle tremble et plie
Sous le vent, l'orage en furie,
Et peut se relever encor;
L'arbre doit rompre, c'est mon sort!
Oui, je serai ce que Venise
M'a fait, ennemi; qu'il suffise!
Hormis mon seul amour pour toi;
Sous ma garde, fuis avec moi! — »
Il se retourne : elle est partie;
Quand, où, comment s'est-elle enfuie?
Il ne voit rien à son côté,
Rien près de lui, rien n'est resté
Que cette colonne de pierre.
La vierge est-elle donc sous terre?
S'est-elle évaporée en l'air?
Il n'a rien vu..., ce fut l'éclair!

XXII

La nuit n'est plus. Le soleil brille
Et promet le jour le plus beau;
Le gai matin point et scintille,
Et, dépouillant son gris manteau,
A darder sa flamme s'apprête.
Entendez-vous tambour, trompette[8],
Du cor sauvage les échos,
Et l'ondoyant frémissement
Du drapeau, de la banderolle;
Et du coursier qui caracole
Le belliqueux hennissement;
Les avant-coureurs des alarmes,
Et les cris : aux armes, aux armes!
Voilà qu'ils viennent, les voilà!
La queue, insigne du pacha,
Est attachée à la bannière.
On a tiré le cimeterre
De son fourreau tranchant, fatal;
Puis chacun se range en bataille
Et n'attend plus que le signal
Pour frapper d'estoc et de taille.
Tartares, Spahis, Turcomans,
Levez vos tentes, en avant!

Vous, cavaliers, bordez la plaine,
Et rendez inutile et vaine
La fuite à qui veut échapper
De la ville, et sachez frapper
Sans distinguer jeunesse ou l'âge,
Tout chrétien avec même rage.
Pendant que le léger piéton
Armé du fer et du brandon
Et se précipitant en masse,
A l'assaut ira s'élançant
De la brèche combler l'espace
De carnage et de flots de sang.
Sous le cavalier qui le guide,
Chaque coursier cède à la bride
Dressant la tête fièrement
Avec son encolure altière,
Avec sa flottante crinière ;
Le frein, qu'il mord impatient,
Qu'il tord dans sa bouche qui fume,
Se couvre d'une blanche écume.
La lance est levée en arrêt,
Du canonier brûle la mèche.
Le canon est pointé, tout près,
Contre les murailles en brèche
Qu'il ébranla de ses éclats,
A tonner d'un double fracas.
En phalange est le janissaire,

Alp est à sa tête, nu-bras,
Tel est aussi son cimeterre.
A leurs postes sont khans, pachas.
Le vizir en personne même
De l'armée est le chef suprême. —
Quand le signal sera donné,
Quand le canon aura tonné,
En avant et que chacun suive ;
Que nul Corinthien ne survive,
Sans laisser un prêtre à l'autel
Foudroyé par le plomb mortel
Sans laisser un chef dans les salles,
Aux palais, un foyer aux dalles,
Et sous les coups fermes et surs
Sans laisser une pierre aux murs.
Par Allah-Hu ! Dieu, le Prophète !
Qu'on pousse au ciel ce cri de fête :
Halloo ! halloo ! sauvage cri. —
« Voilà, s'écria Coumourgi,
La brèche ! Du croissant fidèles,
Appliquez aux murs les échelles,
Le sabre au poing, la force au cœur,
Ah ! comment n'être point vainqueur?
Le premier brave qui s'élance
Là-haut pour renverser la croix,
Il obtiendra tout à la fois,
En demandant pour récompense

L'objet de son plus cher désir. »
Ainsi parla le fier vizir.
On répond en vibrant la lance
Par cent cris d'un transport joyeux,
D'enthousiasme ardent : Silence !
Qu'on écoute le signal : Feu !

XXIII

Telle sur un buffle sauvage
De loups une troupe avec rage
Se précipite en bondissant,
Malgré ses yeux rouges de sang,
Son beuglement plein de colère,
Son sabot qui frappe la terre,
Que, menaçant, il foule au pied ;
Bien que sa corne meurtrière
Perce et jette en l'air le premier
De cette bande carnassière
Au rude choc qui vient s'offrir,
Pour s'y briser et pour mourir.
Contre les murs et leur barrière
Tels les Turcs se sont élancés ;
Mais les plus hardis en arrière
Repoussés, tombent écrasés.
Maint guerrier que l'airain cuirasse

Est fracassé comme une glace
Par les boulets sur le sol nu,
Où leur cadavre est étendu.
Ainsi qu'il tombèrent, en file
Ils gisent couchés, tour à tour,
Comme du blé sous la faucille
Les épis au déclin du jour,
Après que sur la plaine unie
La moisson est faite et finie.

XXIV

Telles, au printemps, de leurs chocs
Les envahissantes marées
Arrachent des masses de blocs
Aux flancs des roches déchirées
Par le flot qui les vient ronger :
L'onde furieuse en arrière
Roulant en éclats de tonnerre
S'efforce de se prolonger,
Et vomit son écume blanche,
Comme dans l'abîme du val
Des Alpes la lourde avalanche
Coule avec un bruit infernal.
Les fils de Corinthe de même
Foulés, haletants, acculés,

Après une lutte suprême,
Sans espoir se voient accablés
Par l'assaillant qui fond sans cesse,
Qui les harasse et qui les presse.
Leur héroïque fermeté
Solide a longtemps résisté ;
Mais debout, enfin à leur place,
Ils ont succombé tous en masse,
Pied à pied, et la main en main.
Rien alors n'était muet, rien,
Si ce n'est la mort, sur l'arène,
Sur cette rugissante scène
De chocs, de blessures, de coups,
Où le vaincu prie à genoux
Demandant grâce à l'infidèle ;
Où le cri, victoire, se mêle
A la tempête du canon ;
Qui tient, en écoutant ce son,
De loin les villes en alarmes,
En doute sur le sort des armes ;
A qui la fortune a souri,
Pour eux ou pour leur ennemi ;
S'il faut de ces coups de tonnerre
S'affliger ou se réjouir.
Lorsqu'ébranlant au loin la terre
Leurs longs échos semblent mugir
Au loin de colline en colline.

On les entendit en ce jour
Jusqu'à Mégare et Salamine,
Et même, dit-on, à l'entour
Au Pirée et jusqu'en la baie,
Que cette foudre encore effraie.

XXV

Depuis la pointe sont rougis
Jusqu'au pommeau, les cimeterres,
Murs brisés et remparts conquis,
Tout est rompu, digues, barrières,
Et le pillage a commencé;
Des cris déchirants ont percé
Les maisons, siége du pillage
Où se déchaîne le carnage.
Entendez-vous le pied glissant
Des fuyards dans les flots de sang?
Voyez les bandes éperdues
Courir en tous sens par les rues.
Mais aussi parfois ces fuyards,
De tous côtés, errants, épars,
A la faveur d'une surprise,
Sur leur ennemi trouver prise,
Désespérés, groupes unis
De douze ou seulement de dix,

S'arrêtant, d'un effort suprême,
Se retourner sous les murs, même
Résister, droits, fermes, luttant,
Et succomber en combattant.

Alors on voit un homme d'âge[9]
Aux cheveux blancs, chenus, d'argent,
Dont le cœur rempli de courage
Soutient un bras de vétéran,
Tant son épée avec furie
Et sa main pleine d'énergie
Abattaient d'hommes en ce jour,
Accumulés en demi-tour;
Tant cette main si forte et sûre
Frappait exempte de blessure;
Et, quand son pied se retirait,
Personne encor ne l'entourait.
Sa brillante cotte de maille
Cache mainte trace et maints coups
De plus d'une ancienne bataille.
Les cicatrices sont dessous.
Nulle blessure n'est nouvelle,
De celles qu'il a sur le sein;
Malgré les ans, la force est telle
De son corps dur comme l'airain,
Qu'il est peu de notre jeunesse
Qui puisse égaler sa prouesse.

On compterait plus d'ennemis
Qu'a terrassés sa forte épée,
Qu'on ne compte de cheveux gris
Sur sa belle tête argentée.
Son sabre allait dans tous les sens
Parmi les milliers d'Ottomans.
On vit pleurer plus d'une mère
Sur son enfant non encor né
Lorsque, d'abord, son cimeterre
Du sang musulman fut baigné
Avant qu'il eût ses vingt ans d'âge.
Il eut servi de père à ceux
Qu'en ce jour immola sa rage
Sous le poids d'un bras valeureux.
Depuis longtemps, malheureux père,
Privé d'un fils, dans sa colère,
Implacable à ses ennemis,
Il priva maint père d'un fils,
Depuis la fatale journée
Qui vint sceller la destinée
De ce fils unique, au détroit[10].
Du père irrité le bras droit,
La main de fer plonge en la tombe
Mainte et mainte humaine hécatombe
Par le carnage et par le sang.
Si l'ombre des morts est calmée,
Du grand Patrocle menaçant

L'ombre jadis fut moins charmée
Que celle de ce fils chéri,
Qui termina sa noble vie
A tes côtés, vieux Minotti.
Où l'Europe touche l'Asie,
Il gît aux lieux où sont gisants
D'autres milliers depuis mille ans,
Ensevelis sur le rivage.
Quel survivant en fut laissé,
Pour nous apporter le message,
Dire où leur corps fut déposé,
Comment a fini leur carrière?
Sur le gazon n'est nulle pierre,
Dans leurs tombeaux nuls ossements;
Mais ils vivront avec leur gloire,
Sauvés par la prose et les chants
Immortalisant leur mémoire.

XXVI

Mais entendez le cri d'Allah !
Des meilleurs musulmans voilà
La troupe de choix, toujours prête.
Leur chef d'un bras nerveux et nu
Prompt à frapper sans qu'il s'arrête,
Pour ce combat est bien connu,

Guidant les siens à la mêlée,
L'épaule à l'air et dépouillée.
Tel autre chef plus fastueux,
A l'envi devant nous déploie
Des ornements plus somptueux,
Pour l'ennemi, tentante proie,
La riche garde en pur acier
D'un magnifique cimeterre.
Mais Alp brandit un fer grossier
Mal doré, de rude matière,
Beaucoup ont un plus haut turban;
Alp est noté pour son bras blanc.
Dans la foule la plus épaisse,
De l'action dans le plus fort,
C'est Alp qui se rue et se presse.
Nul étendard n'est sur ce bord
Plus en avant. Quelle bannière
Pousse les Delhis au combat
Si loin dans la sanglante guerre?
C'est comme un astre au rouge éclat;
Chacun, quand frappe sa furie,
Devient ou fut homme de cœur.
Le lâche, au Tartare vengeur,
Demande en vain quartier et vie;
Mais le brave, muet, gisant,
Réprime un soupir en mourant.
Méditant, sous l'ennemi même,

D'un bras qui tombe languissant,
Plus proche un coup faible et suprême,
Et lutte dans un bain de sang.

XXVII

Mais dans une attitude fière,
Droit, l'intrépide et vieux guerrier,
D'Alp a retardé la carrière :
« Minotti, demande quartier;
Pour ta fille et pour toi, demande,
Ce que votre salut commande ! » —
« Jamais, non, Renégat, jamais,
Fallût-il même à tes bienfaits
Devoir une vie éternelle ! » —
« Ah ! ma promise devra-t-elle,
Ma Francesca par toi mourir,
Par ton orgueil ainsi périr ? » —
« Ma fille est sauve en sûr asile,
A l'abri dans un port tranquille. » —
« Où donc ta fille est-elle ? » — « Aux cieux !
D'où Dieu repoussera ton âme de parjure,
Loin de toi, loin d'un souffle impur, contagieux,
Pure et chaste là-haut, sans tache et sans souillure. »
D'un sourire amer, Minotti,
Au vil Renégat a souri.

A l'instant, il voit l'infidèle
Atterré par cette nouvelle,
Alp qui chancelle et qui fléchit.
« Ah! Dieu, quand mourut-elle? »—« Hier pendant la nuit;
Et cette belle âme envolée
Sans mes regrets s'est exilée.
Qui jamais des miens, ou de moi,
Servirait Mahomet et toi? »

En garde!... Mais l'attaque est vaine
Et ces défis sont superflus.
A cette heure Alp déjà n'est plus.
Tandis que Minotti déchaîne
Sa vengeance en traits plus sanglants
Que n'aurait fait dans sa colère,
Si le glaive en eût eu le temps,
La pointe de son cimeterre,
D'une église au porche voisin
Que défendait un rare essaim,
Où la lutte ardente s'engage
En désespérés, avec rage,
Alp par la foudre est abattu [11];
Avant que l'œil eût aperçu
Le coup qui, frappant l'infidèle,
Avait fait sauter sa cervelle.
Puis sur lui-même il a tourné.
Son corps a mesuré la terre.

Sous un tel choc inopiné,
Dans ses yeux un trait de lumière,
Prompt comme un rapide éclair, luit.
Ensuite, une éternelle nuit
L'enveloppant d'un voile sombre,
Sans retour le couche et l'étend,
Sans un seul fil de vie, une ombre,
Sauf les nerveux frémissements
De tous les membres frissonnants.
On tourne son corps. De poussière
Son sein, son front était souillé
Et du sang inondant la terre,
Qui par la bouche avait coulé
De chaque veine avec la vie,
Toute la source était tarie.
Le pouls n'a plus de battement
Ni sa lèvre un sanglot mourant.
Nul mot, nul soupir, nulle haleine
Luttant en hoquets avec peine
N'ouvraient un passage à la mort.
Sans que, par un dernier effort,
Il pût prier même en pensée,
Déjà son âme était passée
Sans un espoir de moribond,
Enfin, Renégat sans pardon.

XXVIII

Un cri part, d'une voix unie,
Poussé d'un seul et même élan,
Élan de joie ou de furie,
Par le Grec, par le musulman.
Puis le combat se renouvelle,
Chaque combattant croise et mêle
A ses hurlements et ses cris
De cent glaives le cliquetis;
Le transpercement de la lance,
L'attaque et chaque coup intense
Au sol abattant le guerrier.
De rue en rue et pied à pied
Minotti défend la dernière,
La seule portion de terre
Laissée à son commandement
Sous lui, du bras, du cœur aidant,
Combat de ses braves le reste;
Et l'église résiste encor.
C'est là qu'une balle funeste,
De ce point, ministre de mort,
Et de Corinthe vengeresse,
Sur Alp, son plus rude assaillant,
Par le coup d'une heureuse adresse,
Avait atteint le mécréant.

Là, revenant droit en arrière,
En laissant un sillon sanglant,
Se tournant contre l'adversaire,
Et se retirant d'un pas lent,
La troupe fait mainte blessure
A chaque fois d'une main sûre.
Avec elle, au temple sacré,
Le chef enfin s'est retiré,
Auprès d'une autre bande amie ;
Là, l'une à l'autre s'est unie,
Là, sous le massif monument,
On peut reposer un moment.

XXIX

La troupe à peine ici respire.
Court répit ! L'armée en turbans,
En proie à la rage, au délire,
Avance, et grossissant ses rangs,
Pressante et d'ardeur enflammée.
Des Turcs les bataillons nombreux,
Coupent la retraite fermée.
Un passage étroit mène aux lieux,
Où l'essaim chrétien plein d'audace,
Tient bon, lutte et résiste encor.
Mais vainement en son effort,

Cherchant dans la foule une place,
Tel assaillant voudrait s'enfuir;
Au premier rang, la mort en face,
Il doit passer ou bien mourir.
Il meurt. Avant que sa paupière
Même soit close à la lumière,
Déjà sur son corps maint vengeur
Accourt, se lève avec fureur,
Comblant la place du ravage
Fait dans les rangs par le carnage.
Les chrétiens, épuisés et las,
S'affaiblissent dans ces combats.
Les Ottomans gagnent la porte :
Porte d'airain, solide et forte
Par son inébranlable poids.
La grêle de plomb, toutefois,
Vole et pleut par chaque crevasse;
Et par chaque fenêtre en masse,
Est vomi le soufre brûlant.
Mais le portail est chancelant;
Battu par l'incessante attaque,
Le lien de fer, le gond craque;
Il plie, il tombe; c'est fini,
Et Corinthe est à l'ennemi.

XXX

Minotti se tient solitaire,
Farouche à l'autel, sur la pierre
Où la Madone rayonnait,
Et de sa face illuminait
Ses sombres traits, resplendissante
D'en haut, de la couleur des cieux,
D'un pur amour éblouissante,
Toute séraphique en ses yeux.
Empreinte de céleste flamme,
Placée au tabernacle saint,
Pour fixer la pensée et l'âme,
Elle inspire un transport divin.
Là, peinte de cette manière,
Elle exauce chaque prière
De qui se prosterne à genoux,
Sur son sein pendant qu'elle presse
Son Enfant-Dieu qu'elle caresse,
De ses sourires les plus doux ;
Portant, messagère inspirée,
Nos vœux ardents à l'empyrée.
Et même encore elle sourit
Lorsque le carnage rugit,
Et que le sang, vaste rivière,
Inonde tout le sanctuaire.

Minotti, qui lève les yeux,
Sa tête vénérable et digne,
Et l'argent de ses blancs cheveux,
En soupirant alors se signe.
Il prend une torche à l'autel,
Qui brûle flamboyante et vive,
Et debout regarde le ciel,
Tandis que l'Ottoman arrive
En dedans, par flots écumeux,
Bardé de fer, armé de feux.

XXXI

Là, sous la pierre mosaïque,
Reposaient tous les trépassés
D'un autre temps, d'un siècle antique.
Leurs noms, sur le marbre tracés,
Noyés de sang, sont illisibles
Sous ces enveloppes horribles,
Cachant maint blason ciselé,
En dessins gothiques taillé.
Toutes ces curieuses teintes,
Veines du marbre, sont empreintes
D'un rouge pourpre, au pied glissant
Offrant une nappe de sang
Que couvre une affreuse litière.
Casques brisés, fer, cimeterre,

Ici gisaient, amas confus
De morts couchés partout, dessus,
Dessous, glacés en mainte bière,
En rangs de corps dans leur suaire,
Où tous s'élevaient empilés,
L'un pressant l'autre, accumulés;
Éclairés au fond des ténèbres
Par les lueurs pâles, funèbres.
Mais la guerre, au fond des caveaux,
A porté même en ces tombeaux
Les grains soufrés qu'elle promène
En masse sur l'horrible scène
De ces cadavres décharnés
Au sabre turc abandonnés.
Ces lieux secrets et solitaires,
Ces arsenaux dépositaires,
Pendant le siége, des chrétiens
Avaient formé les magasins.
Là de la poudre une traînée
Est avec mystère minée,
Dernier rempart de Minotti,
Terrible contre l'ennemi.

XXXII

Leur flot montait. D'un nombre à peine
De survivants la lutte est vaine.

Ne trouvant plus d'êtres vivants
Pour calmer sa soif de vengeance,
La horde, en son acharnement
Barbare, en sa fureur s'élance,
Et s'attaque jusques aux morts,
Tranche une tête inanimée;
Et de butin ivre, affamée,
Pille la châsse, ses trésors
Et son offrande la plus riche;
Ravit la statue à sa niche,
Et saisit de ses rudes mains
Les vases d'argent que des saints
Avaient bénis de leur présence.
Le Turc se rue au grand autel.
Ici, dans sa magnificence,
S'ouvrait à la face du ciel,
L'auguste, glorieux spectacle
Du grand mystère au tabernacle.
La meute, avide du trésor,
A vu le saint calice d'or,
Richesse unique, étincelante.
Pour l'œil du pillard séduisante.
Il avait contenu le vin
Que le Christ change en sang divin,
Et les fidèles à l'aurore
L'avaient bu, religieux soldats,
Se sanctifiant aux combats;

Laissant quelques gouttes encore.
Du métal le plus précieux,
Autour de la table sacrée,
Douze lampes, proie assurée,
Brillent en cercle radieux.
C'est d'un tel prix que la journée
Verra son œuvre couronnée.

XXXIII

Du plus proche ennemi la main
Déjà va saisir le butin,
Lorsque le filet de la poudre
Est allumé par Minotti,
Et l'explosion de la foudre
Dans les caveaux a retenti !
Dôme, voûte, dépouilles, châsse,
Vaincus, vainqueurs enturbanés,
Et chrétiens immolés sur place ;
Morts ou vivants sont entraînés
Et partout lancés dans l'espace,
Avec le temple en mille éclats,
Et retombant, informe masse,
Avec un horrible fracas.
Tout périt dans un tel ravage.
C'est un rugissement sauvage.

De la cité l'écroulement
Et la ruine des murailles,
La mer qui reflue un moment,
Les monts émus dans leurs entrailles,
Bien qu'ils ne soient point déchirés
Comme en un tremblement de terre.
Ces mille corps défigurés
Volent broyés par ce tonnerre,
En tourbillons épais de feux,
En nuages noirs vers les cieux.
D'une lutte désespérée
Tout proclame ici la durée,
L'acharnement et les fureurs,
Toutes les tragiques horreurs
De cette rive désolée.
C'était une immense volée
De cent débris, de mille amas,
Lancés en haut, roulant en bas,
Effroyable feu d'artifice
S'abîmant dans un précipice.
Maint homme de taille, imposant,
Noble en sa physionomie,
Grésillé, retombe gisant,
Réduit en informe momie,
Je ne sais quoi, carbonisé,
Sans nom et tout pulvérisé.
Les plaines autour sont jonchées

De cendres tombant desséchées,
Volant comme une pluie au fond
De la mer qui s'est obscurcie,
Formant mille rides en rond,
Au loin sur la plage noircie.
Cent autres débris sont gisants :
Sont-ils chrétiens ou musulmans?
Pour les distinguer, c'est l'affaire
De l'œil clairvoyant d'une mère.
Lorsque naissant, tendres jumeaux,
Ils reposaient dans leurs berceaux ;
Que dans sa joie et son délire,
La mère au sommeil de l'enfant,
Souriant du plus doux sourire,
Le regardait en triomphant.
Quelle déception amère !
Chacune alors ne pensait guère
Que ces membres, ces tendres fruits,
Déchirés en ce jour horrible,
A celle qui les a produits
Seraient une énigme invisible
Que nulle ne devinerait ;
Qu'en un moment n'existerait
Aucun vestige, aucune trace
De traits d'humaine forme ou face,
Sauf un crâne au hasard jeté,
Sauf un os tout déchiqueté.

Puis l'on vit au fond des cratères
Tomber en feux des soliveaux
Et rouler un chaos de pierres
Perçant l'argile, affreux chaos,
Toutes noires, toutes fumantes;
Et les créatures vivantes,
Entendant la terre trembler,
Loin du désastre disparurent,
Et d'épouvante elles se turent
Au choc qui les fit chanceler.
D'effroi les oiseaux s'envolèrent,
Et les chiens sauvages hurlèrent
En laissant les morts déterrés
Et leurs repas non dévorés.
Au gardien le chameau s'arrache,
Du joug le taureau se détache:
Plus près, le coursier d'un essor
Plonge et s'échappe dans les plaines,
Rompant sa sangle avec effort,
D'un bond il a brisé ses rênes.
Et la grenouille pousse au fond
De ses marais un cri profond,
D'une voix deux fois rauque, aiguë.
Au loin, sur la colline émue,
Le loup dans son antre a hurlé.
L'écho du tonnerre a roulé;
Des chacals gémissant ensemble

Le long troupeau qui se rassemble
Produit un funèbre concert,
Un son plein de mélancolie,
De loin, au rivage désert,
Comme un enfant qui pleure et crie,
Comme un chien sous les coups gémit.
L'aigle tressaille, et sur la roche
Battant l'aile, a laissé son nid,
Il plane, et du soleil s'approche;
La nue a semblé s'épaissir
Sous l'oiseau qui, dans ces désastres,
Monte en glapissant jusqu'aux astres. —
Corinthe en succombant devait ainsi périr[12]!

FIN DU SIÉGE DE CORINTHE

NOTES

1. Cette date rappelle le temps heureux où Byron fit son premier voyage en Grèce. Mais le poëme ne fut publié qu'en 1816.

2. Timoléon de Corinthe tua son frère Timophane qui aspirait à la tyrannie.

3. Ce récit repose sur un fait historique. En 1715, Ali Coumourgi, grand vizir des Turcs, prit Corinthe, après une défense désespérée, sur Minotti, général des Vénitiens.

4. Les Spahis sont les cavaliers d'élite. Le reste de l'énumération nous montre successivement l'infanterie turque, les auxiliaires arabes, tartares, turcomans.

5. Le portrait d'Alp, jeune Vénitien devenu renégat par vengeance et par amour, est une invention pleine d'énergie, analogue mais supérieure au portrait du Giaour.

6. Vienne fut sauvée du joug des Turcs par Sobieski, roi de Pologne, en 1680; ce qui prolongea la domination de Venise sur la Morée.

7. Cette pure et touchante apparition de Francesca respire toute la majesté biblique.

8. Contraste heureusement amené des passions humaines déchaînées, étouffant tous les sentiments du cœur.

9. Le portrait de Minotti est un hommage historique rendu à son éminente bravoure.

10. Il avait perdu son fils unique au combat naval des Dardanelles, entre les Vénitiens et les Turcs.

11. La mort d'Alp, subite et foudroyante, contraste avec la fin glorieuse de Minotti.

12. Le poëte relève par ces derniers traits l'importance de Corinthe, citadelle de la Grèce.

MANFRED

DRAME LYRIQUE

—

SCÈNES DÉTACHÉES

Ce poëme, aussi brillant que bizarre, nous montre un magicien poursuivi par la mélancolie et par le remords d'une faute mystérieuse, évoquant, pour obtenir l'oubli, les esprits gardiens de la nature, dont il est l'admirateur le plus ardent et le plus éloquent interprète. De là les peintures majestueuses répandues dans ces trois actes qui ne se rattachent entre eux que par de faibles liens. Ce sont ces peintures seules respirant un lyrisme sublime que nous reproduisons ici, en indiquant, autant que possible, leur motif et leur enchaînement.

ACTE I

SCÈNE I

MANFRED (seul)
(Minuit; galerie d'un château gothique.)

ÉVOCATION[1]

O vous, esprits gardiens de ce vaste univers,
Esprits que j'ai cherchés dans la nuit ténébreuse
Et dans l'éclat du jour; qui régnez sur les mers,
Qui de l'éther sondez l'essence vaporeuse,
Qui siégez sur les monts, et dont l'œil vigilant
Perce les profondeurs de l'infernal abîme :
Je vous adjure, armé de ce pouvoir sublime,
Venez, apparaissez à mon commandement!
. . . .
(Signes magiques; une étoile parait à l'horizon.)

PREMIER ESPRIT[2]

Sur ton commandement, mortel,
Je viens, docile à ton appel,
De mon séjour dans le nuage
Qu'édifia par son mirage

D'été le crépuscule pur
Dans le vermillon et l'azur,
Pour m'en former un dôme, un voile ;
J'accours sur un rayon d'étoile.
Tu m'adjuras, bien qu'à tes vœux
Je puisse moi ne pas souscrire ;
Mortel, hâte-toi de me dire,
De déclarer ce que tu veux !

DEUXIÈME ESPRIT

Le souverain des monts est le royal Mont Blanc,
Sa robe est le nuage, et les rocs sont le trône
Où, dès les anciens temps la neige le couronne
    D'un diadème étincelant.
Des forêts la ceinture à ses côtés l'enserre ;
Il porte l'avalanche en ses puissantes mains.
Mais, avant qu'elle tombe en mugissant tonnerre,
    Moi je l'arrête et la retiens.
    Du glacier la mobile masse
    Se meut en avant jour par jour ;
    C'est par moi seul que tour à tour
    Elle se fixe ou qu'elle passe.
    Car je suis l'esprit de ces lieux,
    Qui dans ce royaume domine.
    Par moi la montagne s'incline
    Dans ses abîmes caverneux.
    Homme, dis-moi ce que tu veux !

TROISIÈME ESPRIT

Au lit d'azur des mers profondes,
Sans bruit, sans combat, où le vent
Ne siffle pas au fond des ondes,
Où vit, se roule le serpent;
Où la sirène au doux langage
Orne en tressant ses verts cheveux
De perles et de coquillage :
Comme un ouragan furieux
Ta voix vient d'éclater sonore
Au palais calme de coraux,
Menaçante en lointains échos.
Sous ton charme pliant encore,
J'accours ici dans mon élan;
Parle à l'esprit de l'océan !

QUATRIÈME ESPRIT

Aux lieux où dort le tremblement de terre
Amoncelé sur des coussins de feux,
Où le bitume en lac sort du cratère
Et fend les airs en volcan sulfureux;
Où du géant des vastes Cordillères
Le pied au sol s'enfonce enraciné,
Tandis qu'au ciel vont ses crêtes altières :
Laissant pour toi ces lieux où je suis né,
A ton appel j'accours d'un pas rapide,

Ta voix magique a subjugué mes sens.
Ivre, entraîné, je cède à ses accents;
Ta volonté, mortel, sera mon guide!

CINQUIÈME ESPRIT

Je suis le cavalier du vent,
Je suis l'aiguillon de l'orage,
Laissé derrière, l'ouragan
Porte encor la foudre, et sa rage
Sur mon passage brûle encor.
Son aile a hâté mon essor
Par terre et par mer sur ta trace.
Sur la plage où j'ai navigué,
Tous les vaisseaux ont bien vogué,
Mais ils s'abîmeront avant que le jour passe!

SIXIÈME ESPRIT

Des ombres de la nuit j'habite le séjour.
Pourquoi me torturer de la clarté du jour?

SEPTIÈME ESPRIT

L'étoile qui domine ici ta destinée
Avant la terre était par ma loi gouvernée,
C'était un monde neuf et beau dans l'univers,
Égal aux plus brillants qui roulent dans les airs;
Libre en sa course régulière,
Nul astre n'était plus charmant
Que cette étoile en sa carrière.

Son heure vint; au firmament
Soudain changée en masse énorme,
En bloc de feux, errante, informe;
En comète, ce corps maudit
Par qui tout peut être détruit,
Force brutale en la matière,
Elle court sans règle et sans sphère;
Un météore furieux,
Un monstre enfin au haut des cieux.
 Et toi! né sous son influence,
Ver de terre à qui j'obéis,
Quoique l'objet de mon mépris;
Mais, contraint par une puissance
Qui ne réside pas en toi,
Et t'est perfidement prêtée
En me mettant à ta portée
Pour te faire venir à moi.
Un moment forcé de descendre
Où sont autour de toi pressés
Ces faibles esprits abaissés;
De parler avec toi, d'entendre
Un être bas, vil comme toi:
Argile, que veux-tu de moi?

LES SEPT ESPRITS

L'air, l'océan, la nuit, la terre,
Sont prêts à tes commandements,

Et les montagnes et les vents,
Et ton étoile tributaire.
Fils de mortel, dis ton vouloir!
Qu'attends-tu de notre pouvoir?

. . . .

MANFRED

L'oubli!... J'entends vos voix au son mélancolique,
Telle que sur les eaux une suave musique;
Un astre large et clair apparaît à mes yeux;
Mais c'est tout, rien de plus, et je demande mieux!...
Qu'un de vous, le plus grand, m'approche et m'apparaisse.
(Le septième Esprit apparaît sous la forme d'une belle femme.)
Ah Dieu! que vois-je ici? dans ma brûlante ivresse,
Si tu n'es pas un songe, oui, si tu ne l'es pas,
Je pourrais être heureux, je t'enlace en mes bras,
Et nous serions encor... (La forme s'évanouit.)
Ah la douleur m'oppresse[3]!
(Manfred tombe.)

. . . .

VOIX DE SORTILÉGE (pendant son sommeil)[4]

Lorsque la lune est sur les flots,
Le ver luisant sur l'herbe brille,
Qu'au marais feu follet scintille,
Et le météore aux tombeaux;
Et lorsque l'étoile filante
Dans les airs passe étincelante;
Quand au hibou du même ton

Le hibou gémissant répond;
Lorsque la feuille est immobile
Au coteau, muette et tranquille :
Alors ton être sentira
Mon âme ici qui planera
Avec un signe, une puissance
Dont tu subiras l'influence.

Ton corps aura beau sommeiller,
Ton esprit doit toujours veiller.
Il est d'immobiles pensées,
Des ombres jamais effacées;
Par l'irrésistible vertu
D'un pouvoir encore inconnu
Tu ne peux vivre solitaire;
D'un nuage le voile épais
Te captivera pour jamais,
Enveloppé d'un lourd suaire,
Sous l'empire et sous l'action
D'une telle adjuration.

Même en passant, bien qu'invisible,
A ton œil je serai sensible,
Étrange objet, sans être vu,
Tout près de toi, comme il le fut.
Et lorsqu'en ta frayeur secrète
Autour tu porteras la tête,
Alors que tu ne verras pas
Ton ombre, tu t'étonneras;

Mais ce pouvoir, sans t'y soustraire,
Tu dois le sentir et te taire.
   Un son magique, un vers fatal
Te baptisèrent pour le mal;
L'esprit de l'air, en sortilége
T'enveloppa des nœuds d'un piége.
Une voix devra retentir
Du sein des vents, mystérieuse,
Qui t'interdira tout plaisir,
Même en la nuit silencieuse.
Te déniera jusqu'à la paix
D'un ciel serein et ses bienfaits;
Du soleil les tristes journées,
Tu voudras les voir terminées....
   Et sur ta tête je répands,
Pour te vouer à ces tourments,
Le philtre auquel ta destinée
Fatalement fut condamnée
A ne point dormir ni mourir;
Bien que ta mort semble imminente,
Ce n'est qu'une terreur poignante
Et qui déçoit tout ton désir.
Ah! le charme magique opère,
Et la chaîne sans bruit t'enserre,
Et sur ton cœur et tes esprits
La parole a passé : péris!

. . . .

SCÈNE II

MANFRED (au sommet de la Jungfrau)[5]

Chaque esprit que j'avais évoqué m'abandonne,
L'art des enchantements impuissant m'a trahi.
J'ai cherché le remède, il brûle ma personne,
L'aide surnaturelle est un trop faible appui;
Elle a sur le passé perdu son influence,
Et le sombre avenir est hors de ma puissance.
Je ne puis ni chercher, ni sonder l'avenir
Que le passé ne vienne en la nuit m'engloutir.
O ma mère, la terre, et toi jour, dont l'aurore
Dans sa lueur si fraîche à mes yeux vient d'éclore,
Et vous, montagnes, vous, pourquoi tant de beauté?
Je ne puis vous aimer! Toi, du monde enchanté
Œil brillant dilaté sur toute la nature,
Que la nature adore; ah! ta lumière pure,
Ton éclat sur ce cœur de glace ne luit pas.
Vous, cîmes de rochers où vacillent mes pas,
Où, des bords du torrent, debout dans mon vertige,
Des pins majestueux je vois de loin la tige
Comme un frêle arbrisseau, dans le même moment
Quand un élan, un bond, un léger mouvement,
Un souffle peut en bas me briser sous la crête
Et m'y fixer toujours, d'où vient que je m'arrête?
Je sens l'impulsion sans me précipiter,

Et je vois le péril pourtant sans l'éviter.
Ma tête tourne, eh bien! mon pied demeure ferme.
Il est une puissance en moi que je renferme,
Qui me fait de la vie une fatalité;
Si c'est vivre qu'avoir cette stérilité,
Ce lourd marasme avec une âme éteinte et morte,
Qu'au fond de mon sépulcre en moi-même je porte.
J'ai cessé d'excuser mes actes à mes yeux :
C'est le dernier degré de l'homme vicieux.

(Un aigle passe.)

Et toi, ministre ailé qui perces le nuage
Et dont l'essor heureux, libre de l'esclavage,
Aspire au plus haut ciel, tournoie autour de moi !
Tu le peux, si tu veux. Viens donc, approche-toi ;
Sous tes serres ici je puis être ta proie,
Celle de tes aiglons s'en gorgeant avec joie.
Tu t'élèves où l'œil ne peut suivre ton vol,
Le tien plonge en avant, en bas atteint le sol,
Comme une vision pénétrante et sensible.
Ah, grand Dieu ! qu'il est beau cet univers visible,
Quand il se meut en soi, comme il est glorieux !
Mais nous, qui nous nommons ses souverains, ses maîtres,
    Demi-poussière et demi-dieux;
Pour ramper ou planer peu faits, fragiles êtres,
    De notre essence nous faisons
Un conflit d'éléments, et la décomposons,
    En respirant à pleine haleine

La dégradation, l'orgueil à gorge pleine.
Contre de vils besoins un vouloir exalté
Lutte, jusqu'à ce que notre mortalité,
Balancée un moment, succombant, prédomine;
Et jusqu'au jour enfin où le mortel honteux,
Aux autres comme à soi refuse ses aveux,
Défiant et suspect... (On entend la flûte d'un berger dans le lointain.)
    Qu'entends-je? une musique,
 Le simple son du chalumeau rustique.
 Du premier âge ici les jours joyeux
  Ont conservé les mœurs patriarcales;
C'est l'idylle, et non pas les fables pastorales.
L'air de la liberté fait vibrer en échos
Le vieux ranz du berger, les cloches des troupeaux
Sur l'herbe bondissants. Ah! si mon âme aride
S'en pouvait abreuver, souffle d'un son limpide,
 Moi-même, un invisible esprit,
Palpitante harmonie, écho qui me séduit!
Naître et mourir en toi, jouissance suprême,
En m'unissant à toi, qui me formes moi-même!

  UN CHASSEUR DE CHAMOIS (gravissant la montagne)

 C'est ici que s'est élancé
 Le chamois qui m'a devancé.
Mes profits d'aujourd'hui compenseront à peine
Ma course à casse-cou; je ne suis pas en veine.
Qu'est-ce? Voici quelqu'un qui n'est pas du métier,

Il me semble; et pourtant de son agile pied
>   Il a franchi l'abîme,
>   Il a touché la cîme
>   Dont, sauf les grands chasseurs,
>   Nul n'atteint les hauteurs.

Son vêtement est riche; il est de bonne mine,
Tout son dehors décèle une mâle fierté,
Tel qu'un Helvétien, fils de la liberté.
Pour m'approcher de lui gravissons la colline.

MANFRED (sans voir le chasseur)

Par l'angoisse être ainsi blanchi, comme un débris
De ces pins qu'un hiver a fanés, amaigris,
Sans écorce ou rameaux, dont le tronc se calcine
Et se pourrit déjà, séché dans sa racine,
Ne fournissant de séve assez que pour sentir
Que l'arbre va tomber et doit bientôt mourir.
Être ainsi, toujours l'être, avec la différence
De ce qu'on fut avant, et d'une autre existence!
Être tout sillonné de rides, labouré
Par heure, par minute, et non point par année;
Survivre à cet état, telle est ma destinée!
Crêtes de glaces, vous, près de vous écrouler,
>   Vous, avalanches qu'une haleine,
>   S'il lui plaisait, prête à souffler,
>   Abattrait comme un grain d'avène,
Tombez, lourde montagne, en masse écrasez-moi!

Dessus, dessous, j'entends par moment votre voix
Lutter en craquements. Vous passez en ravage,
Roulant sur des objets qui sans vous survivraient,
Sur de jeunes forêts qui sans vous fleuriraient
Sur la hutte et le toit de l'innocent village.

LE CHASSEUR

Mais le brouillard s'élève du vallon,
Que l'imprudent descende et se défie.
Je vais lui dire; il pourrait d'un seul bond
Perdre à la fois son chemin et sa vie.

MANFRED

Sur les glaciers, le brouillard vaporeux
Est bouillonnant. Épais et sulfureux,
Flotte à mes pieds le nuage qui fume,
De l'océan, de l'enfer blanche écume
Dont tous les flots se roulent déchaînés,
Où sont amoncelés à grands tas les damnés.
J'ai le vertige...

LE CHASSEUR

    Il faut que je m'approche
D'un pas prudent. Un trop prompt sur la roche
Peut le surprendre... Il semble chanceler...

MANFRED

On vit des monts descendre et s'écrouler
En déchirant et fendant le nuage,

Même ébranler tous leurs frères alpins,
Déraciner les mélèzes, les pins,
Sur la vallée en semant le ravage,
En endiguant les eaux de bris épars,
Et les changer en vapeurs, en brouillards,
Et par leur choc imprimer à la source
Une autre route en détournant sa course.
Le Rosenberg, le vieux mont fit ainsi.
Que n'étais-je au-dessous!

LE CHASSEUR

Ah! prenez garde, ami,
D'un pas de plus vous seriez la victime.
N'avancez pas, pour Dieu, près de l'abîme.

MANFRED (sans l'entendre)

C'est le tombeau qu'il me fallait; mes os
Eussent trouvé dans son sein le repos
Et n'auraient point jonché les précipices.
Légers jouets des vents dans leurs caprices,
Comme ils vont l'être en m'y plongeant. O cieux!
Qui vous ouvrez sur ces membres, adieux!
Ne jetez pas du haut de votre dôme
Un dur regard sur un triste damné,
Il n'était pas pour vous prédestiné,
Et terre, toi, reçois ce frêle atome!

(Manfred va se précipiter lorsque le chasseur le saisit et le retient.)

LE CHASSEUR

Arrête, malheureux insensé, si tes jours
Te pèsent, si tu veux en abréger le cours,
Ne rougis pas du moins de ton sang nos vallées,
De ce coupable sang elles seraient souillées.
 Mais viens avec moi, suis mes pas...
Je ne puis te lâcher...

MANFRED

    Ah! ne me serre pas!
Je me sens défaillir, ma tête a le vertige,
Je suis faible et malade, et tout ici voltige,
Et les monts tournoyants roulent autour de moi...
Je ne vois plus... Mais qui, parle donc, es-tu, toi?

LE CHASSEUR

Je répondrai plus tard. La nue est épaissie,
 Viens avec moi... Là que ton bras s'appuie
 Sur moi; ton pied ici; prends ce bâton;
 Accroche-toi bien ferme à ce buisson.
A ma forte ceinture attache-toi, demeure;
Nous gagnerons tous deux le chalet dans une heure.
 Avance donc. Pour assurer ton pied,
 Nous trouverons promptement un sentier
 Que le torrent a jonché de ravage,
 L'hiver passé, dans le dernier orage.

A merveille, très-bien! quel excellent chasseur
Tu pouvais être! Allons, marche, suis-moi sans peur!
            (Ils descendent péniblement les rochers.)

. . . .

ACTE II

SCÈNE II

(Une vallée des Alpes ; une cascade ceinte d'un arc-en-ciel.)

MANFRED

Midi n'a pas sonné. Dans son arc radieux [6]
      Le soleil peint encore
      Le torrent qu'il colore
De sa teinte multiple et du reflet des cieux.
      L'onde en feuille déroule,
      Sur les cîmes plongeant,
      Dans sa nappe qui coule
      Sa colonne d'argent,
      Et darde en son écume
      Mille flots lumineux
      Dont l'étincelle fume
      Dans les airs vaporeux.

Du coursier gigantesque et pâle
Que l'Apocalypse montra,
Ainsi la queue aux yeux s'étale,
C'est la mort qui le montera.
Seul de ce grand spectacle éprouvant les délices,
Je voudrais être seul à goûter leurs prémices,
Et partager avec l'esprit mystérieux
L'hommage de ces eaux aux solitaires lieux.
Je vais donc l'évoquer... (Manfred jette en l'air quelques gouttes d'eau ; aussitôt la Fée des Alpes apparaît sous l'arc-en-ciel.)
Salut ! belle déesse
Aux cheveux radieux ; brillante enchanteresse
Aux yeux de gloire. Tes attraits,
Des plus ravissantes mortelles
Semblent diviniser les traits,
Passant leurs grâces naturelles.
Ton essence est plus pure en tous ses éléments,
Ton visage est plus frais dans sa fleur de printemps
Que celui de l'enfant qui sommeille, et repose
Sur le sein maternel, sa joue au teint de rose ;
Ou le tendre reflet que laisse un jour douteux
Au glacier virginal d'un pic majestueux,
Quand la terre rougit par le ciel embrassée,
Dans sa chaste pudeur d'un baiser caressée.
Car sur toi s'abaissant tu fais pâlir l'Iris
Même dans ses beautés. Ah ! perle des Esprits,
Ton front calme et serein est le miroir limpide

Où vient dans sa sérénité
Se réfléchir l'âme candide
Et briller l'immortalité..
Et j'y vois un pardon pour le fils de la terre
A qui de hauts pouvoirs secrets
Permettent d'évoquer les Esprits de plus près
Et de les contempler dans leur sublime sphère.

. . . .

LA FÉE

Si je dois t'assister, jure de m'obéir,
De soumettre à mes vœux ta fière indépendance.

MANFRED

Moi t'obéir! à toi que ma haute science
Vient d'évoquer? Oh non, jamais!... tu peux partir.

. . . .

(La Fée disparait.)

SCÈNE III
(Sur les glaciers; la nuit.)

LES TROIS DESTINÉES [7]

PREMIÈRE DESTINÉE

Pleine et ronde, la lune abaisse son éclat
Sur ces rochers neigeux où la mortelle race
N'a jamais imprimé la marque d'un seul pas.

Nous, nous marchons la nuit, sans laisser une trace
Sur les sauvages mers, transparent océan
De montagnes de glace; effleurant son brisant
Abrupte, irrégulier d'écumeuse tempête,
Gelé dans sa tourmente en un tourbillon mort;
Sur le pic le plus haut, sa fantastique crête,
Feston d'un tremblement de terre, où plane et dort
Le nuage en passant, qui s'arrête et sommeille.
C'est là que le génie ou repose ou s'éveille.
J'attends ici mes sœurs, pour nous rendre au palais
D'Arimane. Ce soir, c'est notre grande fête,
Nous allons ordonner ces solennels apprêts.
Qui retarde mes sœurs? Quel motif les arrête?

VOIX (au dehors, chantant)

    Le fier usurpateur
    Précipité du trône,
    Captif, en sa torpeur,
    Quand chacun l'abandonne,
    Isolé dans l'oubli,
    Gisait enseveli.
Mais j'ai rompu son sommeil et sa chaîne
    Et brisé toute entrave vaine;
    Grâce à mon enchantement,
    Il est redevenu tyran.
    Lui, dans sa reconnaissance,
    Me donnera pour récompense

Un million de sang humain
Répandu de sa propre main,
Toute une nation en fuite,
Et dans son désespoir détruite.

AUTRE VOIX (au dehors, chantant)

Le navire voguait rapide,
Haut, noble, pavoisé, splendide.
Je n'ai laissé voile ni mâts,
Ni le pont volant en éclats ;
Pas un seul débris du naufrage,
Pas un seul pleureur au rivage,
Sauf un seul que par les cheveux
Je saisis, sujet précieux,
Traître sur terre et flibustier sur l'onde,
Mon pourvoyeur des ravages du monde.

PREMIÈRE DESTINÉE (répondant)

Sur la cité qui dort
La nuit à peine encor,
Se lèvera l'aurore,
Qui tout en pleurs luira,
Quand un noir météore,
Lent, affreux, plongera
Un millier d'hommes dans la tombe.
D'autres milliers seront gisants,
Amis et frères survivants

Fuiront leur frère qui succombe.
Rien ne pourra dompter, guérir,
Ce fléau dont il faut mourir;
    L'épouvantable peste,
    Son cortége funeste
    L'angoisse et la douleur,
    Le mal et la terreur,
Enveloppant d'un coup des nations entières.
Bienheureux sont les morts qui n'ont plus de lumières
    Pour voir leur désolation.
    Cette œuvre de destruction,
    L'œuvre d'une nuit, le naufrage
    D'un royaume, tout mon ravage;
Les temps l'ont déjà vu, les temps le reverront,
    Car sous ma main ils renaîtront.

(Se montrent la seconde et la troisième Destinée.)

LES TROIS ENSEMBLE

De ces mortels nos mains contiennent
Tous les cœurs qui nous appartiennent;
Ces cœurs humains sont nos vassaux,
 Nos marchepieds sont leurs tombeaux;
Nous leur donnons, pour le reprendre,
Le soufle qu'ils doivent nous rendre.

. . . .

SCÈNE IV

(Le palais d'Arimane.)

Arimane siége sur un globe de feu. Les Démons sont rangés en cercle autour de lui.)

HYMNE DES DÉMONS [8]

Salut à notre maître, au prince de la terre,
Salut au roi de l'air, qui marche sur les eaux,
Qui marche sur la nue. A sa voix tributaire
L'élément se dissout et fait place au chaos.
Il souffle, et l'océan mugit dans la tempête;
Il parle, et le tonnerre en un long roulement
Lui répond. Son regard, sous un signe de tête,
Fait s'enfuir le soleil, et dans un tremblement,
Quand il se meut, le sol en éclat se déchire.
Son ombre, c'est la peste; il l'exhale et respire.
    Sous lui jaillit l'éruption:
    Et, terrible apparition,
    La comète messagère,
    Au signal de sa colère,
    Heurte les cieux embrasés,
    Et réduit en poussière
    Tous les astres brisés.
La guerre, chaque jour, immole l'hécatombe
Et fauche sa moisson sur la béante tombe
    Où siége son autel.

La mort lève sa dîme, en tyran, sur la vie,
Avec ses millions d'horreurs et d'agonie,
    Pour ce qui naît mortel.
. . . .

ACTE III

SCÈNE
(Château de Manfred.)

L'ABBÉ (seul) [9]

Qu'il eût fait une noble et belle créature,
Avec son énergie et sa forte nature,
Composé comme il l'est d'éléments généreux;
S'ils se conciliaient, quel assemblage heureux!
Quel étonnant conflit d'ombres et de lumière,
De pensers purs, d'excès, de grandeur, de poussière,
S'entre-choquant sans fin, sans ordre confondu;
Inerte ou destructif! Il veut être perdu.
Non! Il ne le faut pas. Cette âme vaut la peine
Qu'on la sauve. Malgré ma tentative vaine,
N'importe, en essayant avec mon bon vouloir
D'arriver à mes fins, j'aurai fait mon devoir.
. . . .

SCÈNE II

MANFRED (sur sa terrasse, au coucher du soleil) [10]

Majestueux soleil! D'une fraîche nature
L'idole à son berceau, de cette race pure
Dans sa pleine vigueur, invincibles géants
Nés d'anges, fils du ciel, et des embrassements
D'un sexe encor plus beau, dont l'attrait put séduire
Ces esprits, sans retour chassés de leur empire.
O globe lumineux, qu'on avait adoré,
Avant que le mystère eût été pénétré
De ta création. Du Créateur lui-même
Ministre primitif, qui sur le pic suprême,
Des montagnes, ton siége, as réjoui les cœurs
Éclairés et ravis des pasteurs de Chaldée.
A tes pieds en prière, ardents adorateurs,
Leur âme fut d'amour, de lumière inondée
Jusqu'à déifier ton cratère éclatant.
Issu de l'Inconnu dont ta flamme est une ombre,
Astre roi, rayonnant d'auréoles sans nombre,
Foyer incombustible, et le centre du jour
Par qui la terre a pu devenir un séjour
Habitable aux humains! Tempérant les nuances,
Tu fais subir aux cœurs toutes tes influences.
Souverain des saisons, arbitre des climats
Et des hôtes vivant près ou loin ici-bas.

Car nos esprits innés de toi prennent leurs teintes,
Même à l'extérieur sur nos formes empreintes.
Ton lever, ton midi, ton soir sont glorieux.
Astre resplendissant, je te fais mes adieux!
Je ne te verrai plus, toi, ma première extase;
Prends mon dernier regard à ta dernière phase!
De vie et de chaleur ton radieux fanal
A nul homme ne fut un présent plus fatal.

. . . .

(Manfred sort.)

SCÈNE III

(Intérieur d'une tour; nuit étoilée.)

MANFRED (seul) [11]

Les étoiles déjà scintillent; sur le faîte
De ces monts argentés la lune se reflète.
Nature, je demeure avec toi, car la nuit,
Génie à mes pensers familier, me sourit
Plus que l'aspect de l'homme. En son ombre étoilée,
D'un charme vaporeux discrètement voilée,
Un autre monde à moi s'est venu révéler,
Avec les souvenirs qu'il sait renouveler.
Quand, par semblable nuit, aux murs du Colysée,
Parmi les grands débris de Rome renversée,
Rome toute-puissante et que mon pied foulait,
Entre les arcs brisés maint arbre vacillait

Sombre au sein de l'azur de minuit. La crevasse
De l'étoile admettait la miroitante face.
Là-bas le chien du guet, se lamentant, hurlait
Loin par delà le Tibre, et le hibou huait
Au palais des Césars, devant l'écho fidèle
Du mot d'ordre donné par chaque sentinelle,
Commençant et mourant au murmure des vents.
Quelques cyprès semblaient sur les brèches du temps
Limiter l'horizon, et n'étaient qu'à distance
D'un trait d'arc. Des Césars où régnait la puissance,
Là perchent des milliers d'oiseaux muets des nuits ;
Sous un berceau formé de colosses détruits,
La racine serpente, aux grands foyers s'enlace,
Le lierre du laurier ose usurper la place.
Mais des gladiateurs le Cirque ensanglanté
Est seul debout, ruine en pleine majesté ;
Tandis que gît au loin la chambre impériale,
Et croule sur le sol des Augustes la salle,
De la destruction un lamentable amas.
O lune ! cependant secourable ici-bas,
Ton disque large et plein, de sa douce lumière
Tempérant de ces lieux la décadence austère,
Éclairait ces géants en masse accumulés.
Les abîmes des temps ainsi par toi comblés,
Respectant de ces lieux les beautés éternelles,
Celles qui l'étaient moins, toi, tu les faisais belles.
Et la religion a plus tard consacré

Ce monument, par tous en silence honoré
Du culte qu'on accorde à des grandeurs antiques,
Aux morts, aux souverains couronnés, aux reliques,
Qui du fond des tombeaux gouvernent notre esprit.
Ah, quelle majesté régna dans cette nuit!...
Chose étrange! elle vient d'égarer ma pensée
Qui sur un grave objet devait être fixée.

. . . .

SCÈNE IV

MANFRED (au Démon) [12]

Tu ne peux rien sur moi, je le sens dans mon être,
Tu ne peux, je le sais, me posséder en maître.
Ce que j'ai fait est fait, et je porte dans moi
Un tourment qui ne peut rien emprunter de toi.
Un esprit immortel est lui seul responsable
De toute sa pensée, innocente ou coupable;
De son mal il est seul l'origine et la fin,
Il est son temps, sa place; et, dans son propre sein,
L'esprit inné, jetant l'enveloppe grossière,
Ne prend pas du dehors la couleur passagère,
Il s'absorbe en lui-même, et de son sentiment
Intime, naît en lui sa paix ou son tourment.
Tu ne m'as point tenté, tu n'as pas cette joie.
Je suis mon destructeur, non ta dupe ou ta proie;

Fuis loin de moi, Démon! Tu me poursuis en vain.
C'est la Mort, non pas toi, qui met sur moi la main!

. . . .

(Manfred se tourne vers l'abbé, et expire.)

L'ABBÉ

Il est parti... Son âme a, loin de notre terre,
Pris à l'instant son invisible essor.
Où? qui le sait? Insondable mystère!
Je tremble d'y penser... Mais, hélas, il est mort!

FIN DE MANFRED

NOTES

1. Le drame de Manfred a pour base la légende du magicien Faust, si populaire au moyen âge; mais le génie original de Byron, son inflexible indépendance, sa mystérieuse mélancolie, jointes à un sentiment profond des beautés de la nature, donnent à son œuvre un caractère multiple qui suggère l'idée de rapprochements auxquels peut-être il ne pensa jamais. Manfred est à la fois Prométhée et Oreste dans leurs aspirations et dans leurs souffrances ; et les analogies de ce début s'étendent jusqu'à la poésie indienne.

2. Cette brillante évocation de la nature, représentée par les gardiens des éléments, les génies de l'éther, des montagnes, des mers, des volcans, des vents, des comètes, ne se rencontre chez aucun des auteurs qui ont traité le même sujet. Mais, si l'on remonte jusqu'aux hymnes de l'Inde, on trouvera dans les Védas des invocations analogues, et non moins poétiques, aux génies du feu, de l'air, de la mer, du tonnerre, du soleil, de l'aurore, considérés par les patriarches de cette antique civilisation comme les agents d'un pouvoir suprême et bienfaisant, que Byron, dominé par son sujet, a dû transformer ici en pouvoir malfaisant. (Voir nos extraits de Rig-Véda, traduits en vers latins, E.)

3. Ces vers, écrits en 1817, font peut-être allusion à la vaine et dernière tentative du poëte pour se réconcilier avec lady Byron. Quant à la sombre légende d'Astarté, elle est tout à fait imaginaire.

4. Le sortilége, erreur accréditée chez tous les peuples, a fourni au poëte des développements à la fois gracieux et terribles, supérieurs aux tableaux de Goethe dans Faust et de Shakspeare dans Macbeth, dont le type plus accentué se trouve dans l'Edda scandinave.

5. Pour cette peinture splendide de la Jungfrau, la reine des Alpes bernoises, Byron n'avait pas besoin de modèle. Il l'avait vue et gravie lui-même; il en connaissait les charmes et les dangers, et son esprit mélancolique en a caractérisé les âpres merveilles avec une vérité saisissante.

6. L'arc-en-ciel se reflétant sur une cascade et l'entourant d'une écharpe aux sept couleurs, est un spectacle dont ont joui, comme moi, beaucoup de voyageurs. Mais qui a tenté, comme Byron, de le poétiser en une fée céleste? Cette ravissante personnification, qu'inspira à l'auteur l'amour de la nature, ne saurait être dignement comparée qu'à celles dont abondent les Védas, et particulièrement les hymnes à l'Aurore :

« Elle est venue cette lumière, la meilleure des lumières, répandant partout sa splendeur; la Nuit, fille aussi du Soleil, a ouvert son sein pour faire naître l'Aurore. La voie infinie des deux sœurs est la même; elles la parcourent instruites par le dieu lumineux; unies par leur naissance, immortelles, successives, toutes deux parcourent le ciel en variant leurs couleurs. La fille du jour se montre à nos regards revêtue d'un voile éclatant, dominatrice des trésors terrestres. Elle suit la trace des aurores précédentes, elle précède celles qui se suivront toujours; elle réveille tout ce qui vit, et ranime même ce qui est mort. O toi qui repousses les ennemis, qui favorises les oblations, qui inspires l'hymne et la prière, qui amènes les heureux augures et les rites agréables aux dieux, belle Aurore, sois-nous aujourd'hui favorable ! » (Rig-Véda, livre I.)

Quelle douce piété dans cette invocation naïve des anciens temps ! Mais Manfred doit rester dans son rôle en repoussant l'influence de la déesse.

7. Le chœur des Destinées, ou génies malfaisants, est reproduit ici exactement d'après ceux de Macbeth et de Faust.

8. Arimane, principe du mal chez les Perses, opposé à Auromaze, principe du bien. Ici encore Byron ne fait qu'imiter ses devanciers. Que n'a-t-il pu s'inspirer, dans une intention meilleure, de ces beaux vers des Védas sur le dieu suprême :

« Brahma remplit le ciel et la terre ; il est ce qui fut, ce qui est, ce qui sera, n'étant limité par aucune forme. Semblable à une rosée bienfaisante, il crée, il renouvelle, il vivifie tous les êtres. Partout présent, il anime le soleil, la lune, les constellations de sa lumière intarissable. Son souffle éveille les esprits, son regard les éclaire. S'il se lève, il produit les œuvres des hommes ; s'il repose, il répand le calme dans leurs cœurs. Sa marche règle seule le cours du temps ; de lui jaillissent, comme des étincelles, les légions innombrables des génies. » (Sâma-Véda.)

9. Dans ces paroles du pieux abbé, Byron a paru vouloir retracer son propre portrait.

10. Ici le poëte retrouve toute sa grandeur. Il a su rester original à côté des hymnes magnifiques consacrés au soleil chez les anciens et les modernes. Il n'a imité ni Milton dans le Paradis perdu, ni Goethe dans les chœurs des Anges, poétique début de Faust. La seule contemplation de la nature lui a suffi pour être sublime.

11. Le souvenir des ruines de Rome, éclairées en silence par la lune, souvenir personnel du poëte, sera apprécié et confirmé par tous ceux qui ont joui de cet imposant coup d'œil.

12. Ce dernier morceau, lutte suprême d'une âme d'élite contre le mal qui l'a entraînée, mais non subjuguée, proclame le pouvoir de la conscience, la responsabilité des actes et l'immortalité, avec une force qu'on est heureux de retrouver chez un sceptique qu'un sentiment profond tend à ramener vers la vérité.

F. G. Eichhoff.

FIN DU PREMIER VOLUME

TABLE

	Pages.
Pèlerinage de Childe-Harold.	1
La Fiancée d'Abydos.	271
Le Giaour ou le Mécréant.	333
Le Siége de Corinthe.	415
Drame de Manfred.	485